LE **DESIGN**

HISTOIRE • PRINCIPAUX COURANTS • GRANDES FIGURES

Anne BONY

LAROUSSE

Édition
Bethsabée Blumel

Lecture-correction
Frédérique Gest

Conception graphique et mise en page
François Junot

Recherche iconographique
Agnès Calvot
Bridgett Noizeux

Fabrication
Anne Raynaud

Illustrations de couverture :
de haut en bas et de gauche à droite,
Lampe Sinerpica dessinée par Michele de Lucchi,
1978, musée national d'art moderne, CGP, Paris.
Ph. © J. Faujour / CNAC/MNAM, Dist. RMN © Michele de Lucchi
Détail de la Tour Eiffel. Ph. Coll. Archives Larousse
Le *i-book*, micro-ordinateur portable
couleur mandarine, Jonathan Ive, 1999. Apple.
© Apple/AAR/SIPA PRESS.
Embryo Chair, fauteuil à structure tubulaire,
polyuréthane et néoprène, Marc Newson, 1988.
Édition Idée. © Marc NEWSON Ltd/www.marc-newson.com.

ISBN 978-2-03-584320-3

Introduction

Quelle définition pour le design ? Quel est son champ d'application ?
Design de produits, design industriel, design d'environnement...

Le design, qui vient du latin *designare*, signifie à la fois «marquer, tracer, représenter, dessiner, indiquer, montrer, désigner, signifier, disposer, ordonnancer, régler, produire quelque chose d'inhabituel». Dans sa définition commune, le design est une discipline visant à une harmonisation de l'environnement humain, depuis la conception des objets usuels jusqu'à l'urbanisme. Pour le designer français, Roger Tallon : «Ce n'est ni un art, ni un mode d'expression, mais une démarche créative méthodique qui peut être généralisée à tous les problèmes de conception.» Le mot design est introduit dans la langue française à partir des années 60, et accepté par l'Académie française en 1971. Ce terme vient de Grande-Bretagne, mais il est proche des vocables français dessiner et désigner ; on y décèle à la fois un sens propre lié au dessin et au dessein, à la forme et à la finalité.

Le design pose la problématique d'un «faire» qui se confronte aux matériaux et à leur processus de transformation. Le designer s'attache à procurer un surcroît de sens ou de beauté à un objet fonctionnel, qui s'inscrit dans une réalité sociale. Par son rôle de la conception à la production, il s'inscrit dans une dialectique entre idée et matière. Le cahier des charges prend, grâce à lui, une dimension formelle ou esthétique. En ne dissociant pas l'utilitaire et l'esthétique, le designer ajoute une valeur à l'objet. Le débat sur la distinction entre l'utile et le beau est entretenu depuis le milieu du XIXᵉ siècle par les mouvements européens avant-gardistes et par les artistes.

Le processus de création et d'innovation prend aussi en compte le consommateur. L'objet est le révélateur privilégié de l'homme. Il n'est pas un simple accessoire de la civilisation, il en est le fondement. Dans l'optique d'une archéologie de notre temps, les objets constituent les signes les plus probants pour l'étude anthropologique. Ils fournissent des informations sur la civilisation, à travers la maîtrise des matériaux, la méthodologie de fabrication, la stratégie de commercialisation. Du vase primitif à la roue, l'objet a toujours été un outil, une prothèse de l'homme, une victoire de l'humanité et le signe de sa maîtrise du monde. Il est un symbole des grandes époques qui se succèdent.

Plus encore, les objets évoquent une présence, ils sont comme des fantômes du corps, et des témoins indestructibles. Ils sont là comme des stèles, ou des reliques de la création humaine. À l'ère du marketing et de la consommation de masse, l'objet est considéré comme un ensemble de messages auxquels correspondent des codes conventionnels. Jean Baudrillard, dans *le Système des objets* (1968), décrit cette relation entre la mise en scène de la vie sociale et la combinatoire symbolique des objets. Mais son analyse se réfère alors à la sémiologie – la science des signes –. Il structure une classification des objets selon un système comparable à celui de la langue.

Le design est né du projet de synthèse entre forme et fonction appliqué aux objets industriels. Il apparaît précisément avec la révolution industrielle. L'ensemble des facteurs sociaux, économiques et productifs amorcent alors une évolution rapide sans précédent. Le design prend tout son sens lorsque la production utilitaire auquel il ajoute une valeur esthétique répond aux exigences de la production industrielle. Il s'introduit alors dans le domaine de l'équipement domestique et préconise, dans son projet et sa pratique, une réconciliation du beau et de l'utile. Il est porteur d'un véritable enjeu social, car partie prenante du système de production-consommation.

Le design évolue à travers l'histoire, et son rôle est essentiel depuis la première Exposition universelle de Londres en 1851, où se confrontent l'ère mécaniste et le chef-d'œuvre artisanal, jusqu'à aujourd'hui, où le design interactif implique un dialogue de l'homme avec l'ordinateur et produit une réalité aux contours virtuels qui donne le vertige : au royaume du virtuel, l'objet est-il encore objet ?

Cet ouvrage retrace cent cinquante ans d'une fresque historique aux mouvements contrariés, animée d'une réflexion théorique sans cesse renouvelée : du mouvement anglais du XIXe siècle Arts and Crafts et du Bauhaus allemand, en passant par la naissance de l'*Industrial Design* aux États-Unis, l'esthétique industrielle en France, et le miracle italien, au «tout-plastique» des années pop, l'antidesign des studios Alchymia et Memphis et le design virtuel des années 2000...

L'histoire du design est multiple : histoire esthétique, sociale et politique, histoire des techniques et des matériaux, histoire du système commercial et du système production-consommation.

Anne Bony

Sommaire

Les années 1980, des années éclectiques 168

Les années 1990-2000, une ère virtuelle 190

Conclusion 222

Annexes 226

Le temps des esthètes (1851-1914)

En ce temps de luttes et de paradoxes qui suscite un désir illusoire de symbiose entre industrie et art, de nombreuses tendances contradictoires coexistent. La révolution industrielle liée au progrès scientifique et à ses applications voit l'apparition de nouvelles techniques, de nouveaux matériaux. Saint-Simon, Owen, Fourier, Proudhon et Marx prônent une société socialiste et des modèles égalitaires. Louis Sullivan, architecte américain, développe une idéologie fonctionnaliste : « La forme suit la fonction. » John Ruskin et William Morris défendent l'artisanat et la nostalgie du travail bien fait conforme à l'idée du beau. Un regard neuf est porté sur la nature, l'architecture intérieure et les objets comportant tout un répertoire de formes organiques. Une démarche de stylisation qui marque les prémisses de l'abstraction.

L'Exposition de 1851

Nées du désir d'une confrontation pacifique entre les productions les plus diverses des puissances industrielles, les Expositions universelles constituent de précieux jalons pour l'étude des arts décoratifs de la seconde moitié du XIXᵉ siècle. Elles présentent l'activité des manufacturiers et fabricants, qui s'attachent à exposer le meilleur de leur production.

L'Exposition universelle de Londres en 1851 est la première grande manifestation industrielle et technique de l'histoire du XIXᵉ siècle. C'est une incomparable promotion de l'industrie humaine : une certaine « histoire du monde », se risque à déclarer Henry Cole, promoteur de l'événement. Jusque-là, des expositions locales ou nationales se sont tenues régulièrement. Henry Cole visite l'Exposition quinquennale à Paris avec le critique Matthew Digby Wyatt, en 1849 ; en juin, revenu à Londres, il expose son idée au prince Albert au Buckingham Palace : monter la première exposition internationale dans la capitale britannique. Le prince consort lui donne son accord et s'investit personnellement à ses côtés pour mener à bien le projet. Doué d'un grand sens pratique, Henry Cole dirige l'organisation de l'entreprise, qui rencontre un immense succès d'estime, mais aussi financier : il réalise un profit de 186 000 livres sterling, qui seront allouées à la recherche industrielle.

Le Crystal Palace

Le projet du Palais des Expositions, longuement débattu, controversé et finalement adopté, est conçu en neuf jours par William Paxton (1803-1865), conseiller du duc du Devonshire. Ni architecte, ni ingénieur, ni scientifique, il propose une construction qui se présente comme une grande serre, une version gigantesque de la serre de Chatsworth. L'édifice est baptisé « Crystal Palace » quelques mois plus tard par le magazine *Punch*. Sa construction est basée sur des principes d'une grande efficacité. Des éléments préfabriqués sont construits en grande série et assemblés. La première colonne est dressée le 26 septembre 1850, à Hyde Park.

Page précédente :
Intérieur du salon
de la Hill House, Charles
Rennie Mackintosh, 1903.
L'ensemble baigne dans
une atmosphère lumineuse :
mobilier en bois peint
blanc, fauteuils en bois
naturel, dont un à dossier
haut à motifs celtiques.
La maison fut construite
pour l'éditeur Walter
Blackie, à Helensbourg,
près de Glasgow, en Écosse.
Hunterian Museum.

Le Crystal Palace,
Joseph Paxton, palais
de l'Exposition universelle
de Londres, 1851. Constitué
d'éléments préfabriqués,
il mesure 563 mètres de
long, 124 mètres de large
et 36 mètres de haut; il
comprend 2 224 poutrelles
et 300 000 éléments
de verre. Sa construction,
réalisée en six mois, est
une prouesse technique
exceptionnelle. Il a servi
de modèle à la gare de
l'Est, à Paris.

En quatre mois, la structure principale est achevée. L'une des exigences de la commission d'exposition est la protection des arbres : trois grands ormes sont intégrés sous la structure, laissant deviner la hauteur du transept voûté. La construction du palais et l'exposition gagnent en renommée, et les Londoniens voient arriver du monde entier, à partir du mois de février, des marchandises issues de tous les procédés de fabrication connus. Pour la première fois est envisagée une association des arts, des sciences et de l'industrie. Cette évolution des arts appliqués à l'industrie accrédite le positivisme qui voit dans la science une chance pour la démocratisation du bien-être. L'Angleterre et l'Empire consacrent à l'exposition de leur propre production la partie ouest du Crystal Palace, les sections étrangères occupent la partie est. Les organisateurs envisagent différentes subdivisions nationales et générales, afin de déterminer les classifications des exposants, qui constituent la base pour les rapports des jurys, lors des concours. Les divisions principales sont les suivantes. A, matières premières ; B, machines ; C, produits manufacturés : textile ; D, produits manufacturés : métal, verre et céramique ; E, divers ; F, beaux-arts. Nouveauté, économie dans la fabrication et la maintenance, résistance, excellence de l'exécution, adéquation à la fonction, innovation dans la réflexion sur des principes anciens, progrès de l'esthétique formelle, précision et fiabilité de la performance, beauté du dessin, de la forme ou de la couleur, ou des deux en référence à l'utilité, sont autant de critères pris en compte par le jury pour la distinction des médaillés. La plus haute distinction est la « Council Medal ». Les médailles sont à l'effigie de la reine Victoria et du prince Albert.

L'union de l'art et de l'industrie

Le 1er mai, la reine Victoria inaugure l'exposition devant une foule de 25 000 personnes. L'inauguration est relatée par *The Times* (2 mai 1851): «Il y avait là de nombreuses personnes habituées aux spectacles magnifiques, de nombreuses personnes qui avaient assisté aux couronnements, aux fêtes, aux solennités; mais ils n'avaient jamais rien vu de comparable... Autour d'eux, parmi eux et au-dessus d'eux était présenté ce qui était beau ou utile dans la nature et dans l'art... Certains l'ont perçu comme une seconde et plus glorieuse célébration de la royauté.»

L'exposition propose des objets utilitaires, mais aussi des chefs-d'œuvre artistiques. Une des ambiguïtés de cette sélection est le développement d'un esprit qui, quoique moderne par les processus de fabrication avec une réflexion engagée par un faisceau d'artistes et d'artisans, se rattache à des sources historicistes. Ainsi, chaque pays choisit le style qui valorise son identité nationale. Tandis que l'Italie présente des pièces inspirées de la Renaissance du xve siècle, la France opte pour la Renaissance du xvie siècle et l'époque Louis XV.

L'Angleterre revitalise le style gothique, à travers une section baptisée «Mediaeval Court», conçue par le héros du «Gothic revival» Augustus Welby Northmore Pugin, dans laquelle celui-ci présente un grand nombre d'objets décoratifs. Il analyse les règles de l'architecture gothique et conclut à la nécessité de rendre évidente la structure des créations; il propose une conception claire face aux tricheries de l'éclectisme.

La France présente un chef-d'œuvre, la table et la garniture de toilette de la duchesse de Parme, de François-Désiré Froment-Meurice, qui est à la tête d'une manufacture employant à l'époque plus de cent ouvriers. Le meuble obtient un succès triomphal, et la «Council Medal» salue le résultat d'un véritable travail de collaboration (entre François-Désiré Froment-Meurice, orfèvre, Jean-Jacques Feuchère, sculpteur, Adolphe-Victor Geoffroy-Decheaume, sculpteur, Marie-Joseph Liénard, dessinateur, et enfin Sollier, Grisée et Meyer-Heine, émailleurs). Cet objet consacre un remarquable travail d'harmonisation des arts; mais peut-on réellement parler de synthèse des arts?

Une collaboration étroite entre le fabricant et l'artiste s'impose. C'est la thèse que soutient le comte Léon de Laborde (1807-1869), auteur d'un rapport monumental sur l'Exposition universelle de Londres publié en 1856, précisément intitulé *De l'union de l'art et de l'industrie*. En s'adjoignant la collaboration d'artistes, certaines manufactures industrielles améliorent nettement le niveau de qualité de leur production. Les fabricants sont devenus capables de réaliser des pièces témoignant d'une grande virtuosité technique, qui n'ont rien à envier aux productions des siècles passés. Et, dans tous les domaines, les recherches aboutissent à l'invention de machines permettant la production abondante et économique de modèles qui étaient fabriqués à la main. La sculpture sur bois est désormais assurée par des machines-outils. Dans le domaine de l'or-

Michael Thonet

La firme Thonet produit, en 1860, le *Fauteuil à bascule n° 1*, réalisé en bois de hêtre moulé. L'entreprise a adapté au bois courbé les éléments de construction d'un fauteuil en fer forgé de la société R. W. Winfield & Co, de Birmingham, vu à l'Exposition universelle de Londres (1851). Pour cet archétype du fauteuil à bascule, la technique du bois moulé est utilisée de façon optimale.

L'histoire de la production Thonet témoigne d'une innovation conforme aux progrès de l'industrie. Vers 1830-1835, Michael Thonet (1796-1871) de nationalité allemande, met au point un procédé pour courber le bois. Il obtient un privilège impérial en 1842, ouvre un magasin à Vienne en 1852, établit sa société en 1853 et dépose un brevet d'exclusivité en 1856. Ses modèles sont des exemples parfaits de l'utilisation, dans la conception d'un mobilier pratique, de formes produites par la seule industrie : la *chaise de consommation n° 14*, dont le dessin rappelle des sièges de l'époque Biedermeier, se compose de six pièces seulement, le dossier et les pieds arrière d'un seul tenant, l'intérieur du dossier vissé, le siège, les deux pieds avant et un anneau stabilisant les quatre pieds.

Ce modèle offre les meilleures conditions pour la production de masse et l'exportation. Une caisse d'environ un mètre cube contient trente-six chaises démontées, et les modèles sont assemblés sur le lieu de livraison. L'idée de Thonet, pour assurer une production de masse et réduire le coût, est l'interchangeabilité des pièces, avec une grande variété de modèles. Thonet expose à Londres, en 1851, une gamme de sièges du même modèle, chaise, fauteuil, banquette. Dès 1859, une affiche fait office de premier catalogue de vente illustré, présentant vingt-six modèles, dans diverses nuances de couleurs. Les pièces sont numérotées, simplifiant le travail de l'acheteur.

Michael Thonet participe, entre 1841 et 1900, à cinquante-cinq expositions, dont treize Expositions universelles. Il propose des catalogues de vente en plusieurs langues. Dépourvus de tout ornement, les meubles Thonet, admis dans les lieux publics, ne parviennent pas à pénétrer dans l'habitation bourgeoise. Aussi le fabricant se voit-il contraint, dans les années 1880, d'introduire dans sa production le style Makart, qui comble le goût bourgeois !

fèvrerie, le perfectionnement des procédés électrochimiques fait disparaître le plaqué. Christofle en tire la leçon. En ce qui concerne le mobilier,
l'invention du contreplaqué permet d'imiter l'ébénisterie du xviie siècle, à
l'aide de machines nouvelles (scies circulaires et toupies) apportant rapi-
dité et précision.

Mais la recette n'est pas toujours comprise, et certains chefs de file
de l'industrie, mal à l'aise avec les nouveaux matériaux ou les nouvelles
techniques, se contentent de transposer simplement les styles du passé,
sans tenir compte du caractère spécifique de la technique. Ainsi se multiplient les procédés visant à imiter les matériaux les plus raffinés, l'écaille
et le cuir de Cordoue, d'où une inéluctable décadence, qui conduit à la
copie médiocre, à la pacotille. L'effet est désastreux, c'est le triomphe du
pastiche et de l'éclectisme.

Un autre point de vue est soutenu par les défenseurs du rôle de l'artisan, seul capable d'engendrer non seulement le beau, mais aussi le bien.
Ils fustigent l'industrie, qui, d'une part, ne sait pas produire la beauté
unique, et, d'autre part, soumet les ouvriers à un véritable esclavage.

En 1851, Matthew Digby Wyatt publie *Metalwork*, dans lequel il
attaque les «utilitaristes» et les «idéalistes». Les premiers sont coupables,
à ses yeux, de produire du laid au quotidien, et les seconds de «sacrifier
le confort et la convenance à l'ornement et à l'effet». L'exposition de
1851 est l'occasion d'une réflexion approfondie et conflictuelle sur la
place et le rôle de l'ornement, et le procédé industriel dans la création.
Cette exposition stimule le commerce et lance une nouvelle tendance:
le tourisme et la découverte de nouveaux pays.

Arts and Crafts (1862), un mouvement anglais

Entre 1850 et 1875, en Angleterre, s'ouvre une période caractérisée par
nombre d'éléments nouveaux: la naissance du courant préraphaélite, le
mouvement Arts and Crafts de William Morris, une nouvelle architecture,
l'influence japonaise, l'Aesthetic Movement et l'orientation vers la nature
comme source d'inspiration. Ces différents mouvements suscitent une
renaissance des arts décoratifs, une prise de conscience sociale, l'ambition
que des artistes et des artisans travaillent ensemble pour faire progresser
le goût du public, et ainsi améliorer le cadre de vie.

L'Arts and Crafts Exhibition Society est créée en 1888, à l'apogée des
activités du mouvement, pour diffuser son idéologie. L'idée d'une exposition régulière avait été envisagée dès 1886 par Walter Crane, afin de
présenter la création de mobilier et les arts décoratifs.

Charles Robert Ashbee (1863-1942), architecte, crée la Guild of
Handicrafts en 1888, avec des artisans tels John Pearson et John
Williams. Ils produisent des objets dans des matériaux divers, cuir, bois,
métal et métaux précieux, et réalisent des travaux de décoration. En
1898, la guilde est chargée de la fabrication du mobilier du palais du

grand duc de Hesse, à Darmstadt, sur les plans de H. M. Baillie Scott.

C. R. Ashbee est une personnalité centrale du mouvement. Il se passionne pour les idées de Ruskin, et se rend aux États-Unis, où il rencontre Frank Lloyd Wright. En 1896, il est élu membre de l'Art Workers Guild. Il fonde, en 1898, la première maison d'édition Essex House Press. En 1899, la guilde ouvre un magasin dans Bond Street, à Londres. L'organisation s'épanouit internationalement jusqu'à sa dissolution en 1907. Dans son ouvrage *Craftsmanship in Competitive Industry* (1909), C. R. Ashbee établit le constat de son action et, serein, admet l'utilisation de la machine dans le processus de «conception» et de «production».

William Arthur Smith Benson (1854-1924), ferronnier, est l'un des membres de l'Art Workers Guild. Il prend la présidence de l'entreprise de William Morris à sa mort en 1896. Fidèle aux idées de William Morris et John Ruskin, il produit des meubles, des papiers peints, des grilles en fer forgé. Ses créations en ferronnerie sont commercialisées par Siegfried Bing, à Paris. Il évolue dans sa réflexion ; dans le domaine des appareils d'éclairage, il se laisse dicter les formes par les exigences de l'industrie. Il confirme cet engagement en équipant sa nouvelle usine de Hammersmith de l'outillage le plus performant disponible sur le marché.

Secrétaire dessiné par Charles Robert Ashbee, 1902. Produit par la Guild of Handicrafts, il est en acajou avec placage d'ébène et houx ; le piètement peint en rouge est en chêne, les incrustations sont en fer forgé.

William Morris

Décoration intérieure de la Red House, 1859. Dans la salle à manger verte, les panneaux, le plafond et la frise sont des créations de Philip Webb. William Morris, assisté de ses collaborateurs de la William Morris & C°, milite en faveur d'une création globale. Londres, Victoria and Albert Museum.

William Morris (1834-1896) est le théoricien du mouvement Arts and Crafts. Disciple de John Ruskin (1819-1900), il adhère aux idées exprimées dans son ouvrage *The Stones of Venice* (1851). Au chapitre «The Nature of Gothic», Ruskin détaille les qualités du style gothique, son «honnêteté» sur le plan esthétique et moral, et exige un retour à la dignité du travail artisanal. William Morris rencontre Philip Webb (1831-1915), jeune architecte, et lui confie en 1859 la construction de sa maison, la Red House, à Bexleyheath (Kent), dont il prend en charge lui-même l'aménagement intérieur. Cette

expérience l'encourage à créer en 1861, grâce à sa fortune personnelle et au soutien de ses amis les peintres préraphaélites Edward Burne-Jones (1833-1898) et Dante Gabriel Rossetti (1828-1882), sa société, Morris, Marshall, Faulkner & Co. En 1875, il assure seul la direction de l'entreprise, qui prend alors le nom de Morris & Co. Les ateliers sont situés à Merton Abbey, et agrandis afin de développer la production de papiers peints et de toiles imprimées, et le tissage de tapis et de tapisseries.

À travers une organisation communautaire du travail, l'atelier se double d'une maison de commerce.

On peut lire sur les prospectus publicitaires: «Une société d'artistes vient de se former dans le but de produire des objets marqués d'un caractère artistique et à des prix élevés; ils ont résolu de se consacrer à la production d'objets utiles auxquels leur intention est de donner une valeur d'art.» En 1891, William Morris installe, non loin de son domicile londonien, une imprimerie, la Kelmscott Press. Il conçoit lui-même les caractères typographiques, lettrines et bordures, et détermine la composition des pages, tandis qu'est confiée à Edward Burne-Jones l'illustration de près de soixante-six ouvrages publiés de 1891 à 1896.

William Morris apparaît assurément comme l'un des héritiers des enseignements du «*Gothic revival*», notamment dans le domaine du mobilier: il privilégie les structures simples et apparentes, même si les meubles sont peints par lui-même

ou ses amis préraphaélites, ce qui arrive fréquemment. Il préconise l'usage de matériaux naturels. Son amour du beau métier manuel pratiqué au sein d'ateliers est évocateur des guildes médiévales. Son désir d'associer le plus étroitement possible artistes et artisans, sa quête d'une unité de conception entre architecture et décor intérieur relèvent d'une fascination pour une société gothique mythique, née de la vision exaltée de John Ruskin. Morris s'éloigne cependant du style néogothique, par une stylisation, un enchevêtrement, une vitalité organique et une densité des motifs qui trouvent sans doute leurs origines dans les riches textiles italiens des XVe et XVIe siècles.

Papier peint *Orchard*, conçu par John Henry Dearle pour la William Morris & C°, 1899.

Cabinet *Kelmscot*, dessiné par Charles Francis Annesley Voisey, vers 1890, en chêne avec applications de fer forgé dont les motifs sont inspirés par la nature ; réalisé par F. Coote. Londres, Collection The Fine Art Society.

Christopher Dresser (1834-1904) est une personnalité intéressante, au sein de cette époque victorienne. Il est tourné vers l'avenir. Élève de la Government School of Design, partisan d'une ornementation naturaliste fortement géométrisée, il est sensible au progrès technique. Il comprend la nature des processus de fabrication industrielle, accepte la mécanisation et a conscience de la nécessité d'une production spécifiquement adaptée. Il cherche à s'associer avec des entreprises pour produire ses créations. Dans l'optique d'une mise en œuvre industrielle, il démontre ainsi que l'œuvre réalisée par la machine n'est pas nécessairement en contradiction avec la création. Dès la fin des années 1870, il crée, pour le compte de grandes manufactures telles que Elkington, Hukin & Heath, Dixon & Son, des objets usuels pouvant être fabriqués soit en laiton, soit, plus simplement encore, en fer émaillé de couleur vive. Frappé, comme E. W. Godwin (1833-1886), par la présence japonaise à l'exposition de Londres en 1862, il effectue un long séjour au Japon en 1876-1877, s'en inspirant pour décliner des formes plus sobres.

Le mouvement Arts and Crafts, dans les années 1880, emporte l'adhésion de créateurs qui soutiennent des idéaux. S'intéressant au mode de travail, il détermine une attitude envers la vie plutôt qu'un style. Il fait des émules notamment aux États-Unis, en Scandinavie et en Europe centrale. Son incidence sur le plan esthétique est considérable, en particulier sur l'Art nouveau.

Secrétaire dessiné par A. H. Mackmurdo, vers 1886. Ce modèle de forme rigoureuse et géométrique est précurseur du style de C. R. Mackintosh. Londres, collection William Morris Gallery.

Les moyens d'une éducation du public

Au XIXe et au XXe siècle, les Expositions universelles jouent le rôle qu'avaient les cours royales au XVIIIe siècle. Elles donnent leur nom au style de l'époque. L'exposition, qu'elle soit internationale, nationale ou sur un thème particulier, est un phénomène du XIXe siècle, motivé par le développement de l'industrie, dans une société nouvelle à la démographie croissante, qu'il est nécessaire d'informer et de stimuler.

En France, la première exposition consacrée aux «produits de l'industrie» se tient au Champ-de-Mars en août 1798. Proposant exclusivement des produits français, elle a déjà pour but de prouver que les travailleurs indépendants peuvent fabriquer des objets d'aussi bonne qualité que ceux des guildes d'artisans. Les gouvernements successifs souhaitent que l'industrie évolue en relation étroite avec les sciences et l'art : c'est une des conditions du progrès.

Des expositions nationales se succèdent à Paris, en 1801, 1802, 1806, 1819, 1823, 1834, 1839, 1844, 1849. Durant toutes ces années règne le «pastiche», qui atteste d'une absence totale de créativité. Après l'exposition internationale de Londres de 1851, Paris, à son tour, en organise une, en 1855. L'attention est focalisée sur la salle des Machines et le palais de l'Industrie. En 1867, l'Exposition universelle se tient à Paris, et la participation du Japon impressionne de nombreux créateurs, tels Eugène Rousseau, Émile Gallé pour le verre, de nombreux ensembliers et Christofle. En 1876, les États-Unis organisent pour le centenaire de leur indépendance une exposition internationale à Philadelphie. L'exposition de 1878 en France confirme la notoriété de l'Art nouveau, avec une présentation de joaillerie de Tiffany & Co, de New York, et un ensemble important d'Émile Gallé. L'Exposition universelle de 1889 marque une date pivot, les artistes et les créateurs s'affranchissant enfin de l'historicisme, grâce à des techniques mises à leur disposition qui leur permettent d'imaginer l'impossible. La tour Eiffel témoigne de cette hardiesse. La visite des différentes expositions à l'étranger encourage l'évolution et la découverte, comme le montrent Louis Sullivan et l'école de Chicago à la «World's Columbian Exhibition» en 1893. Les plans pour l'exposition de 1900 sont établis très tôt. «Tous les secteurs de l'activité humaine tireront un égal profit de cette vaste exposition, et toute la lumière sera apportée sur les conditions morales et matérielles de la société contemporaine», écrit Jules Roche, alors ministre du Commerce et de l'Industrie. L'exposition de 1900, point culminant des trente ans écoulés, marque à la fois l'apogée et le déclin de l'Art nouveau.

Musées et revues

À Londres, le South Kensington Museum, aujourd'hui Victoria and Albert Museum, se structure immédiatement après la grande exposition de 1851 et réunit une collection exemplaire. À Vienne, un musée des Arts de l'industrie ouvre ses portes en 1864. En Allemagne et en Autriche, la plupart des villes ont leurs associations pour le développement des arts décoratifs, appelées «Kunstgewerbevereine», qui achètent des œuvres, montent des écoles et publient des revues spécialisées. Depuis 1877, date de son ouverture en France, le musée des Arts décoratifs développe une politique d'expositions et d'acquisitions, d'œuvres aussi bien contemporaines qu'anciennes. En 1884, à Paris, l'Union centrale des beaux-arts appliqués à l'industrie fusionne avec la Société du musée des Arts décoratifs, et devient l'Union centrale des arts décoratifs. Elle propose des expositions à thème, l'habillement, la tapisserie, puis, à partir de 1880, les premières expositions technologiques : les arts du métal, les arts du bois, du papier et du textile ; en 1884, pierre, bois, terre et verre, avec les arts du feu ; et, en 1887, l'Union présente un panorama, «Les arts appliqués à l'industrie». Entre 1889 et 1900, les salons qui étaient traditionnellement réservés à la peinture ouvrent progressivement leurs portes aux arts décoratifs, comme le Salon de la Société nationale des beaux-arts et le Salon des artistes français.

Les expositions et les salons mettent le public au contact des objets, tandis que les revues d'art lui apportent l'information et la critique des formes nouvelles avec des illustrations. La première publication est *la Revue des arts décoratifs*, issue de l'Union centrale des arts décoratifs de Paris, puis, en 1893, est publié *The Studio* à Londres, suivi à Bruxelles par *l'Art moderne*, organisme de promotion de l'avant-garde bruxelloise. À Munich, c'est en octobre 1897 que paraît *Dekorative Kunst*. Une édition française est publiée à Paris, *l'Art décoratif*, en 1898. Cette revue constitue un véritable pont entre la France et l'Allemagne. En 1897 paraît le mensuel *Art et décoration*. Ces publications sont les meilleurs témoins de l'époque.

Remarquable réalisation technique de l'ingénieur Eiffel pour l'Exposition universelle de 1899 à Paris, la tour Eiffel possède une architecture d'une logique constructive visible.

L'art des ingénieurs

L'art de l'ingénieur doit être appréhendé en tenant compte de cette ambiguïté fondamentale d'une technique tour à tour désirable et repoussante, source féconde d'inspiration et de rejet. Les ingénieurs ont toujours été de proches collaborateurs des architectes. Le XIXe siècle amorce une réconciliation entre les notions d'art et de technique. La beauté n'est pas recherchée en tant que telle par les ingénieurs, mais une réelle créativité s'exprime dans la construction et le génie civil.

Il y a aux États-Unis de nombreux exemples d'immeubles construits à partir de structures métalliques. William Le Baron Jenney élève le premier gratte-ciel pour la Home Insurance Company à Chicago en 1883. Il s'agit de la première construction entièrement métallique pour laquelle la recherche formelle commence à se fonder sur la vérité des structures. La tour élevée par Gustave Eiffel et la salle des Machines construite par l'architecte Ferdinand Dutert et l'ingénieur Victor Contamin, pour l'Exposition universelle de 1889, représentent l'apothéose de l'art des ingénieurs. La multiplication des matériaux constitue l'une des données les plus frappantes de ce phénomène de développement. À la fonte et au fer de la première révolution industrielle succèdent l'acier et le béton armé, tandis que les matériaux traditionnels comme le verre et la brique s'industrialisent, donnant naissance à des produits de plus en plus nombreux. L'industrialisation et la standardisation qui lui est liée n'impliquent pas forcément un appauvrissement de la gamme des éléments constructifs, bien au contraire. Si, par exemple, les dimensions des briques ont été standardisées, vers la fin du XIXe siècle, toute une série de produits dérivés, dont la brique émaillée, sont apparus.

La diversification des matériaux de construction s'accentue au XXe siècle, grâce à l'apparition d'alliages métalliques et de bétons, au développement du verre flotté, à la mise au point des plastiques, des matériaux composites et intelligents. De nouvelles perspectives s'ouvrent, alors qu'au début du XIXe siècle le choix de matériaux restait limité.

L'Art nouveau, une nouvelle attitude

L'Art nouveau doit beaucoup à William Morris. Il défie avec force les valeurs esthétiques du milieu de l'ère victorienne ; il condamne radicalement toute utilisation de la machine ainsi que la division abusive du travail, avec sa perte d'humanité. Un autre courant fondateur du mouvement est la réflexion menée en France par Viollet-le-Duc sur la logique interne de l'art gothique, consignée dans le *Dictionnaire raisonné de l'archi-*

Lit dessiné par Gustave Serrurier-Bovy, datant de 1899, aux lignes tendues arquées, en bois d'acajou avec incrustations de laiton, orné de broderies à motifs en soie.

tecture française du XIe au XVIe siècle (1854-1868). Cette mise en lumière de la structure interne, des codes et de son application globale sera reprise par les créateurs de l'Art nouveau. Une autre source d'inspiration marque les artistes : la conquête coloniale en Orient, qui révèle un univers artistique particulier à Londres, Paris et Bruxelles. Liberty & Co, à Londres, ouvre un magasin d'import oriental. À Paris, Bing se spécialise dans les imprimés orientaux, avant d'ouvrir son propre magasin : l'Art nouveau. Gustave Serrurier-Bovy lance un magasin de décoration en 1884 à Liège, important des objets du Japon et d'Orient. Ce contact avec l'Extrême-Orient, qui influence Van Gogh et Gauguin, amène les artistes à regarder la nature différemment. Il faut aussi évoquer le comportement social en pleine évolution, avec un engagement pour la démocratisation de l'art.

L'Art nouveau n'est pas un style, c'est une attitude, un mouvement qui tend vers un but unique : renverser l'ordre établi dans le domaine des beaux-arts et des arts appliqués. Aucun architecte, aucun créateur ni aucune école n'incarnent à eux seuls l'Art nouveau. Chacun cherche à sa manière à régler son compte à l'historicisme qui règne à l'époque. Le mouvement se manifeste de façon exubérante en France, en Belgique et en Allemagne, alors qu'en Écosse et en Autriche il est plus sobre, voire plus austère. La solution proposée par l'Art nouveau est illustrée par les ensembles décoratifs modernes qui présentent une harmonisation de tous les éléments d'une pièce, des tons généraux, jusqu'au plus petit détail du plus petit objet, tels les caches des serrures ou les charnières du mobilier, en somme une conception globale.

L'art nouveau en Belgique

C'est dans un contexte prospère que se développe l'Art nouveau, sous le règne du roi Léopold II. La Belgique, jeune pays à la pointe dans tous les domaines, industrie, recherche, commerce, est stimulée par une classe de bourgeois aisés, généreux par nature, qui défendent les causes sociales. Comme un gué entre l'Angleterre et l'Europe continentale, la Belgique devient pour un temps le creuset dynamique du style nouveau.

Le mouvement esthétique place l'Angleterre en précurseur par rapport au continent dans la recherche d'un style nouveau, mais c'est en Belgique que la démarche aboutit. Bruxelles est un centre de première importance pour la propagation des idées novatrices. En 1884 se constitue le groupe des XX, fondé sous l'autorité de l'avocat bruxellois Octave Maus, et qui naît de la revue *l'Art moderne*. Son but : attirer des artistes progressistes d'Europe pour contrer l'historicisme en vigueur. Le groupe organise son premier salon annuel, où sont exposées les avant-gardes européennes. L'exposition inaugurale compte la participation d'Auguste Rodin, qui fait sensation. Toorop, Ensor, Khnopff, Van de Velde et Van Rysselberghe figurent parmi les membres signataires de la charte du groupe, ce qui permet, en 1892, aux arts décoratifs d'être exposés au

même titre que la peinture. Le groupe des XX procure à tous les exclus des compétitions officielles un forum, un lieu où ils peuvent s'exprimer. Les stylisations révolutionnaires de Mackmurdo sont exposées pour la première fois à Bruxelles, où elles suscitent l'admiration de la communauté des artistes de la ville.

Des expositions sont organisées chaque année, jusqu'à la dissolution du groupe en 1894. Il se reforme sous un nouveau nom, la Libre Esthétique, encourageant plus encore les arts décoratifs. Le salon annuel témoigne du foisonnement de tous les arts : peinture, sculpture, arts graphiques, arts appliqués. Les arts appliqués, au terme d'une lutte longue contre la hiérarchie des genres, semblent s'être hissés à égalité avec les beaux-arts. Ce sont les architectes Horta, Van de Velde et Serrurier-Bovy qui, les premiers, dessinent des meubles conçus pour être en totale harmonie avec les bâtiments qui les abritent. Paul Hankar, Georges Hobé, Antoine Pompe et Georges Lemmen suivront. Ils exposent au Salon des XX.

L'œuvre des architectes

En 1893, l'ingénieur Émile Tassel confie à l'architecte Victor Horta (1861-1947) la construction de son hôtel particulier à Bruxelles. Victor Horta révolutionne le plan de la traditionnelle maison bourgeoise en utilisant le fer et la fonte en évidence. Il lie structure et décor intérieur en créant un langage décoratif basé sur l'arabesque. Dans la cage d'escalier surmontée d'un lanterneau vitré, l'espace est encadré de tous les côtés par de souples rubans qui s'enroulent et qui montent comme des flammes du bas des escaliers de façon aléatoire. Le motif des rubans est repris en parallèle sur la rampe d'escalier en fer forgé ou dans les arabesques peintes du plafond et en mosaïque sur le sol. L'aménagement intérieur révèle une remarquable unité, même dans les plus infimes détails, sa ligne architecturale se poursuivant dans le mobilier. Les meubles créés par Horta sont personnalisés pour chaque client ; aucune de ses créations n'est conçue pour être reproduite industriellement.

Son anticonformisme stylistique et ses amitiés avec le Parti populaire belge déterminent les choix de Horta pour construire la maison du Peuple à Bruxelles. Il choisit la brique, la pierre, le fer et la fonte. Il acquiert une grande notoriété en présentant à l'exposition « La libre esthétique », en 1897, une collection de meubles et de peintures murales liée à un ensemble architectural pour l'hôtel Solvay et l'hôtel Van Eetvelde. Toutefois, contrairement à Van de Velde ou Serrurier-Bovy, il n'envisage pas la diffusion de son mobilier.

Gustave Serrurier-Bovy (1858-1910). L'œuvre de cet architecte et créateur de meubles tisse des liens entre la Belgique et l'Angleterre. Il se rend très tôt en Angleterre pour y suivre des cours d'artisanat, et en revient avec des idées sur un type d'ameublement simple et bien construit. Dans son magasin, à Liège, il vend aussi bien son propre mobilier que du mobilier anglais, et il obtient une concession de vente de la firme Liberty. En 1894, il est le premier créateur de meubles invité à présenter son travail à l'exposition «La libre esthétique». Il y propose un aménagement intérieur complet, inspiré du style anglais néogothique, et installe dans une salle du musée des Beaux-Arts un décor d'appartement avec du mobilier, des tentures, du papier peint, des luminaires. L'année suivante, en 1895, il expose une *Chambre d'artisan*, dans l'optique de favoriser «la popularisation du sens esthétique». Van de Velde et après lui Horta présentent également des ensembles au salon. Le mobilier de Serrurier-Bovy est moins exubérant que celui de Horta, mais révèle dans sa structure des lignes de tension. Cette tension visuelle est un trait caractéristique relevé par Henry Van de Velde, qui considère à juste titre Serrurier-Bovy comme le précurseur du design belge.

Serrurier-Bovy est l'un des fondateurs de l'exposition «L'œuvre artistique» qui ouvre à Liège en 1895, consacrée uniquement aux arts décoratifs. C'est là que sont présentés les travaux de l'école de Glasgow, ainsi que les premiers projets d'un jeune architecte français, Hector Guimard. Serrurier-Bovy ouvre son magasin à Bruxelles, puis fonde une succursale parisienne sous l'enseigne «l'Art dans l'habitation». Très impressionné par sa visite de l'exposition de la Colonie d'artistes de Darmstadt, il abandonne les courbes pour plus de géométrie, cette simplification des formes illustrant son souci de réduire les coûts des meubles et des objets. Il présente, au Concours pour la décoration et le mobilier d'habitations à bon marché, un mobilier en orme et peuplier baptisé *Silex*, destiné à être assemblé et éventuellement décoré au pochoir par son acquéreur. Après quelques années difficiles, son entreprise retrouve une meilleure santé, dont témoigne l'exposition de Bruxelles en 1910, avec du mobilier aux formes sobres mais aux détails raffinés. Gustave Serrurier-Bovy disparaît brutalement en novembre 1910.

Le refus de la hiérarchie des arts

Des peintres et des sculpteurs se lancent dans la réalisation d'objets de la maison. Le peintre Willy Finch devient céramiste, Fernand Dubois sculpteur, d'autres exposent des statuettes, des candélabres et des centres de table. Henry Van de Velde, peintre, s'exprime clairement sur les arts décoratifs. «Nous ne pouvons autoriser une division qui vise à classer avec un esprit résolu les arts par ordre d'importance, une séparation des arts entre beaux-arts et arts de second ordre, art industriel mineur.» On emploie à l'époque des matériaux non traditionnels, des bois sombres du Congo, harmonisés avec du métal ouvragé. En Belgique, le mouvement Art nouveau dure quinze à vingt ans. Il s'achève avec l'exposition de Turin en 1902 et celle de Bruxelles en 1905. Les courbes diminuent, les objets deviennent plus géométriques, l'influence de Vienne se devine sans doute à travers le palais Stoclet, construit par Josef Hofmann à Bruxelles en 1905.

Henry Van de Velde

Ensemble de Henry Van de Velde dessiné en 1898-1899. Le grand bureau est en chêne, la frise, la lampe et les poignées en bronze doré. Le fauteuil est assorti, en chêne et cuir. Au mur, des panneaux décoratifs peints en 1891 par Pierre Bonnard : *Femme à la robe à pois blancs, Femme à la robe quadrillée, Femme au chat, Femme à la pèlerine.* Paris, Musée d'Orsay.

Henry Van de Velde (1863-1957), peintre, créateur de mobilier et architecte à la recherche d'une esthétique nouvelle, fait partie du groupe des XX. Sensible aux mouvements de révolte sociale qui traversent l'Europe, il s'inspire de la situation de l'art en Angleterre et de l'action de Ruskin et Morris, et devient un pionnier de la forme. Il imagine une complète recréation dans le domaine des arts appliqués. En 1894, au salon inaugural «La libre esthétique», il expose son manifeste *l'Art futur: déblaiement d'art.* En 1895, il conçoit sa première maison, *Bloemenwerf,* à Uccle, qui milite pour un mode de vie global, libre de toute convention; le mobilier est sobre, ses qualités décoratives sont liées au mouvement des lignes de structure. Van de Velde suscite un grand intérêt et se trouve au centre d'un mouvement international. Présenté par Julius Meier-Graefe à Siegfried Bing en 1895, il dessine pour son nouveau magasin «l'Art nouveau», à Paris, quatre intérieurs. Le magasin devient la plaque tournante d'un mouvement qui en prendra finalement le nom.

À l'exposition de Dresde, il obtient un grand succès; Meier-Graefe l'introduit à la revue *Pan,* pour laquelle il écrit un article retentissant sur la conception et la fabrication des meubles modernes (Berlin, 1897). Il crée sa manufacture pour l'exploitation des «arts d'industrie, de construction et d'ornementation» en 1898 à Ixelles-lez-Bruxelles. Les commandes que Van de Velde reçoit en Belgique ne compensant guère une hostilité croissante, il finit par céder à l'invitation de l'Allemagne, et entame en 1900 une série de conférences. Le grand-duc de Saxe-Weimar le charge de fonder une école des Arts décoratifs, en 1908. C'est une consécration pour ce théoricien du renouveau qui applique un système d'enseignement novateur basé sur une culture immédiate de la sensibilité et l'appel constant à l'invention, à l'abri de tout modèle du passé. Sa méthode, racine du Bauhaus, sera reprise par Walter Gropius en 1919: les bâtiments de l'école de Weimar qu'il construit expriment fortement les principes de pensée et l'évolution d'Henry Van de Velde.

L'Art nouveau français

La France du XIXᵉ siècle est la France de «tous les Louis». Le style en vogue est un recyclage de différentes époques qui suscite la désapprobation des architectes. Ils développent alors un style organique, les façades des bâtiments s'animant en parfaite harmonie avec les intérieurs. Francis Jourdain, architecte et critique d'art, décrit en 1899 dans la Revue d'art, à propos du mobilier moderne, la collaboration qui existe enfin entre l'architecte, l'artiste, le sculpteur, le graveur, le musicien, l'homme de lettres et le décorateur. «Tous partagent la même vision, le même objectif esthétique commun et le même idéal.» L'une des plus belles réussites de l'Art nouveau est le concept d'ensemble appliqué au mobilier. Avant 1900, les meubles sont le plus souvent conçus individuellement et s'intègrent avec un manque total d'harmonie dans les intérieurs types du XIXᵉ siècle ; si l'on peut généralement acheter les sièges en série, il faut rechercher les sellettes, les tables et les buffets pour compléter la salle de réception, séparément. Les ébénistes traditionnels ne sont pas favorables à l'Art nouveau, qui va à l'encontre des règles de base : un meuble doit avant tout être bien conçu et fonctionnel, et alors seulement il doit être décoré. Or, le nouveau mouvement donne la priorité à la décoration, parfois avec quelques excès, aboutissant à des modèles extravagants et antifonctionnels.

La volonté de décloisonner les différentes pratiques artistiques en vue de la réalisation d'un intérieur «moderne» s'exprime également dans la manière d'agencer les galeries. L'inauguration, en 1895, de la galerie parisienne du marchand Siegfried Bing, à l'enseigne significative de «l'Art nouveau», est l'un des événements les plus marquants de l'histoire du mouvement. Les œuvres sont rassemblées, toutes techniques confondues, dans des espaces reflétant la disposition d'intérieurs privés. Dans ces aménagements, pour une grande part conçus par Henry Van de Velde, Siegfried Bing présente des ensembles décoratifs qu'il a commandés à des peintres. Paul Ranson a réalisé la décoration murale d'une salle à manger, Maurice Denis une chambre à coucher dans son intégralité, Théo Van Rysselberghe a dessiné une cheminée. Mais l'idée la plus originale de Bing est de commander aux artistes nabis et à Henri de Toulouse-Lautrec une série de cartons de petits vitraux d'appartement, qui sont réalisés à New York dans les ateliers de Tiffany. À Paris, Gérard Soulié fait la promotion du mouvement dans ses comptes rendus de salons annuels. Les frères Goncourt, Roger Marx et Émile Nicolas, éminents critiques d'art, comptent aussi parmi les enthousiastes.

L'école de Nancy

En France, l'école de Nancy règne sur la création et la fabrication du mobilier Art nouveau, et rassemble un groupement de créateurs de grand talent, parmi lesquels on peut citer Louis Majorelle, Émile Gallé,

Lampe de table *Nénuphar*,
modèle créé par Louis
Majorelle, vers 1902,
en bronze et verre soufflé.

Jacques Gruber, Eugène Vallin, puis, dans la jeune génération, Camille
Gauthier, Henri Hamm, Louis Hestaux, Laurent Neiss et Justin Ferez.
L'architecte Art nouveau Émile André conçoit également une gamme de
meubles s'harmonisant avec ses constructions. Victor Prouvé est omni-
présent, il collabore avec lui, apportant les conseils techniques, tandis que
des artisans se chargent des accessoires d'ameublement : Alfred Finot,
Ernest Bussière et Ernest Wittmann sont spécialisés dans les sculptures
ornementales, Charles Fridrich et Fernand Courtex dans les étoffes et textiles, les frères Daum dans la verrerie et Lombard dans le travail du cuir.

La caractéristique principale de l'Art nouveau nancéen réside dans
l'utilisation de la nature, et plus précisément des fleurs et des éléments
végétaux, avec un rendu très réaliste. Louis Majorelle (1859-1926), qui
fait partie des membres fondateurs en 1901 de l'école de Nancy, reprend
l'atelier paternel. Il abandonne la céramique pour se consacrer exclusivement au mobilier. Doué d'un sens inné de la forme et d'une incomparable virtuosité technique, il est à la fois artiste et artisan, concepteur
et technicien. C'est l'un des grands maîtres du mobilier Art nouveau.
Entre 1898 et 1908, ses années les plus fertiles, tous les meubles qu'il
produit sont stupéfiants de raffinement, tel le bureau *Orchidées* en bois

d'amarante et palissandre, orné de deux lampes corolles créées par les verreries Daum (1903). Son travail rivalise d'excellence avec celui des grands maîtres du XVIIIᵉ siècle. Il reprend le magasin de Siegfried Bing à Paris en 1904, et commande à l'architecte Sauvage son réaménagement. La maison Majorelle Frères vend des œuvres de l'école de Nancy et le stock du magasin Bing. Après 1908, la qualité ne trouve plus preneur et la mécanisation des ateliers signifie la fin des extravagances.

Les créateurs de l'Art nouveau

Émile Gallé (1846–1904). Dès 1885, ce verrier, céramiste et créateur de mobilier ouvre un atelier de marqueterie et d'ébénisterie, parallèlement à sa verrerie. En 1889, il présente à l'Exposition universelle de Paris deux lignes de mobilier en bois sculpté. Comme il l'a fait pour la verrerie, il

industrialise une partie de son atelier en 1894 en mécanisant divers stades de la production. L'atelier peut ainsi produire quotidiennement des meubles de petite taille, des tables à thé, des paravents, des sellettes, des tables gigognes et des guéridons. Ce n'est que vers la fin des années 1890 que les meubles de plus grande envergure, étagères, vitrines et ensembles décoratifs complets, font leur apparition. La production, vers 1900, est plus sophistiquée. Gallé atteint alors une parfaite maîtrise de son art. Le lit qu'il conçoit en 1904, *Aube et crépuscule*, montre qu'à la veille de sa mort il est au seuil d'une nouvelle phase déterminante dans la conception du mobilier.

Chaise de salon *la Berce des prés*, dessinée par Émile Gallé, 1902. Les motifs, inspirés par la nature, sont en noyer et peau de chèvre.

Hector Guimard (1867–1942). Architecte et créateur de mobilier, il voyage de Glasgow à Bruxelles, où il rencontre Victor Horta, qui achève l'hôtel Tassel. De cette rencontre décisive, il conçoit un langage singulier, qu'il applique à son œuvre architecturale, le castel Béranger (1894-1898), dont il crée intégralement l'aménagement intérieur, les espaces communs et privés. Il fait appel à des artisans, dont le céramiste Bigot, et à des corps de métier d'art. En 1898, son album *l'Art dans l'habitation moderne. Le Castel Béranger, œuvre de Hector Guimard* est publié. Cet immeuble est le manifeste de sa conception de l'architecture globale, un lieu de rencontre de l'art et des métiers d'art. D'autres réalisations suivent, la salle de concert Humbert-de-Romans (1898), l'hôtel Roy (1898), les bouches du métro parisien, le castel Henriette (1899-1900). Se définissant comme un «architecte d'art», il conçoit jusqu'au mobilier pour

Banquette de fumoir dessinée par Hector Guimard en 1897, provenant de l'ancienne collection du pharmacien Albert Roy. Elle est en bois de Jarrah mouluré et sculpté, le métal est ciselé. Une réalisation de la menuiserie Le Cœur et Cie. Paris, musée d'Orsay.

ses réalisations. Sa participation à l'Exposition universelle de 1900 consiste essentiellement dans des créations d'art décoratif. Il décline le programme mis en œuvre au castel Béranger et réalise, pour chaque intérieur, peintures, papiers peints, lambris, cheminées, mobilier, luminaires, vases, encriers, poignées de porte... Les trois principes sur lesquels il appuie son art : logique, harmonie et sentiment.

Les ébénistes. Ils fabriquent du mobilier Art nouveau régulièrement ou par intermittence. Près d'une cinquantaine de fabricants sont recensés. Pour la plupart des créateurs, les salons annuels sont une occasion irremplaçable de présenter leurs dernières œuvres, un passage obligé : les critiques s'éloignent rarement du Champ-de-Mars ou du Grand Palais, et leurs commentaires sont déterminants pour la poursuite d'une carrière ou l'oubli.

Le groupe parisien constitué d'Alexandre Charpentier, Jean Dampt, Charles Plumet, Tony Selmersheim, Étienne Moreau-Nélaton et Félix Aubert adopte en 1898 l'appellation «l'Art dans tout», accueillant les nouveaux venus Henri Sauvage et Louis Sorel, architectes, Carl Angst et Jules Desbois, sculpteurs, et Antoine Jorrand, un homme du textile. Ils ne déposent aucun statut, mais introduisent dans leur catalogue des idées chères à Viollet-le-Duc, un refus de la notion de style, le respect du matériau et de la fonction, avec pour seul projet commun la création d'un foyer moderne.

Une stylisation des formes, l'école de Glasgow

De 1895 à 1900, le style Art nouveau essaime en Europe. Dans les pays anglo-saxons, à Glasgow, Vienne et Munich, le style, en réaction contre l'historicisme et contre les exubérances décoratives de l'Art nouveau belge et français, développe une tendance à la géométrisation des formes et tend vers l'invention d'un style moderne.

Un événement marque Glasgow. En 1885, un nouveau directeur des études est nommé à la Glasgow School of Art, Francis H. Newbury. C'est une personnalité hors du commun. Il encourage ses étudiants à adopter une philosophie de la création qui ne soit basée sur aucun présupposé stylistique, et donne à l'école une direction qui ouvre sur la recherche d'un style libre en peinture et en décoration. L'école est considérée comme la plus progressiste d'Europe avant l'ouverture du Bauhaus.

Charles Rennie Mackintosh (1868-1928), tout en suivant son apprentissage d'architecte, assiste aux cours du soir à la Glasgow School of Art à partir de 1884 et, au cours de ses huit années, obtient de nombreux prix. Il voyage en Italie, puis entame une carrière d'architecte prolifique : on lui confie le bâtiment du Glasgow Herald Tribune (1893-1894), le Queen Margaret's Medical College (1895), The Martyr's Public School (1895). La construction de la Glasgow School of Art, réalisée en deux temps, de 1897 à 1899 puis de 1907 à 1909, est considérée comme son chef-d'œuvre. En 1894, il s'intéresse à l'illustration et réalise la couverture d'un programme de spectacle, un des premiers exemples d'interprétation stylisée de la nature. Son ami et futur associé Herbert Mac Nair s'intéresse également aux recherches sur de nouvelles formes décoratives. C. R. Mackintosh se distingue comme architecte d'intérieur, créateur de mobilier et d'objets décoratifs toujours emprunts d'une grande justesse, sans ornements superflus. Sa première commande de mobilier date de 1894-1895, pour la famille Davidson, à Gladsmuir. Il poursuit en 1895, travaillant à la conception de meubles pour Guthrie & Wells, une fabrique bien connue de Glasgow pour laquelle il imagine un mobilier aux lignes simples qui respecte les qualités naturelles du bois. La même année, le secrétariat de l'exposition « L'œuvre artistique » de Liège sollicite Newbury afin qu'il envoie pour la prochaine exposition une sélection de travaux de l'école. Newbury sélectionne les travaux d'étudiants, dont ceux de Mackintosh, établissant ainsi le premier rapprochement entre le style de Glasgow et le continent. Une partie des éléments décoratifs des ensembles conçus par Mackintosh est l'œuvre des sœurs MacDonald : Margaret (1865-1933), l'épouse de Mackintosh, et Frances (1874-1921), qui épouse l'associé de Mackintosh, Mac Nair.

The Four

Ils constituent un groupe, The Four, qui explore toutes les possibilités pour évoluer vers un style original de décoration et d'ornementation,

Intérieur du salon de la Hill House, Charles Rennie Mackintosh, 1903. L'ensemble – fauteuils en bois naturel, chaise à haut dossier – baigne dans la clarté. Les suspensions lumineuses de forme géométrique sont en harmonie avec la frise qui orne la corniche du plafond. Hunterian Museum.

leurs motifs stylisés se prêtant admirablement à l'exécution en métal repoussé, en plâtre et en vitrail. Ils sont invités à participer, en 1896, à l'exposition «Arts and Crafts» à Londres, où ils déclenchent les foudres du public et de la critique, choqués par les formes étranges de leurs meubles. Ils sont toutefois encouragés par le journaliste Gleeson White dans *The Studio* en 1896, puis par un article important dans *Dekorative Kunst* à Darmstadt en 1898. Ils sont alors salués comme les leaders d'un nouveau mouvement artistique. Les sœurs MacDonald ouvrent un studio à Glasgow, qui présente les arts appliqués, la broderie, le métal repoussé, les enluminures; c'est un lieu de visite apprécié des personnalités littéraires et du monde de l'art. Le groupe fait désormais partie des VIP de Glasgow. En 1896, Mackintosh collabore avec George Walton à la conception du salon de thé de Mlle Cranston, situé à Buchanan Street. Seul, il réalise, en 1897, l'intérieur du salon de thé situé à Argyle Road. Opérant un changement notable, il donne à tous les éléments, table, porte-parapluie, canapés, petits tabourets, fauteuils et chaises, une ligne audacieuse, et c'est pour ce lieu qu'il élabore pour la première fois la chaise à haut dossier.

Entre 1898 et 1904, Mackintosh privilégie le mobilier laqué blanc ponctué de touches argent, mauves ou vertes, les formes étant, sous l'effet de la lumière, quasiment immatérielles. Des chaises rectangulaires à haut dossier, comme des trônes, aux luminaires suspendus par des chaînes perlées, des vitrines aux portes ornées à l'intérieur, tout accentue le sentiment d'être dans un décor de conte de fées. Durant cette période, il conçoit plus de quatre cents objets, des chaises aux petites fourchettes. Son art évolue vers des constructions toujours plus abstraites et géométriques, sans pour autant perdre de leur élégance ni de leur raffinement. Il poursuit son œuvre d'architecte et voyage en Europe. Le groupe expose à la «Sécession viennoise» en 1900 dans le très beau bâtiment construit deux ans plus tôt à Vienne par Josef Maria Olbrich (1867-1908). The Four constatent qu'ils ont de nombreux points communs avec les créateurs viennois. Le regard que porte Mackintosh architecte sur la conception d'un intérieur est global; tous les éléments, même mineurs, sont liés. En 1901, il participe à une exposition à Dresde, puis à une autre à Turin, en 1902.

La Sécession viennoise : « Rien qui ne soit fonctionnel ne pourra jamais être beau »

L'influence de William Morris et son entourage et des *Arts and Crafts societies* est déterminante, aussi bien en Écosse qu'à Vienne. L'influence anglaise est forte en Allemagne et en Autriche, en particulier le travail de H. M. Baillie Scott. En 1894, Otto Wagner (1841-1918) est nommé professeur et directeur de l'École spéciale d'architecture à l'Académie des beaux-arts de Vienne. Cet architecte novateur contribue à diffuser les conceptions de l'avant-garde en arts appliqués. En 1895, il publie son manifeste théorique *Moderne Architektur*: «Rien qui ne soit fonctionnel ne pourra jamais être beau.»

La volonté de réformer le style éclectique et historiciste du dernier tiers du XIXe siècle et l'idée d'une égalité entre les métiers d'art et les arts «nobles» comptent parmi les fondements de la Sécession viennoise. Felician von Myrbach prend la direction de ce mouvement dès sa fondation en 1897. Il adopte alors un programme de réformes qui en fait une école très progressiste. Il réunit autour de lui des instructeurs jeunes et enthousiastes, Josef Hoffmann pour l'architecture, Koloman Moser et Alfred Roller pour les arts décoratifs et appliqués, Arthur Strasser pour la sculpture. La Sécession viennoise fait ses débuts dans les arts appliqués avec une importante exposition, «Le jubilé des Arts and Crafts», qui se tient au printemps 1898. Pour la première fois, des travaux «modernes» sont montrés au public. Le succès est immédiat.

Les intérieurs et le mobilier des deux créateurs Josef Maria Olbrich et Joseph Hoffmann retiennent tout particulièrement l'attention, ceux d'Olbrich en raison des formes élaborées et de l'utilisation des couleurs dans la tradition opulente de Hans Makart (1840-1884), et ceux d'Hoffmann témoignant de son souci de rationalisme et de simplicité. Cette école apporte une contribution tout à fait essentielle au renouvellement de l'art décoratif viennois, en devenant un des hauts lieux de formation de la nouvelle génération d'artistes de Vienne, futurs collabo-

Fauteuil à dossier réglable *Sitzmaschine*, en hêtre teinté couleur acajou, dessiné par Josef Hoffmann, édité par la société J. & J. Kohn, 1905. Saint-Étienne, musée d'Art moderne.

rateurs des Wiener Werkstätte (Ateliers viennois). Sur la façade de la maison de la Sécession (1897-1898), à Vienne, construite par Olbrich, on peut lire la devise : *Der Zeit ihre Kunst, Der Kunst ihre Freiheit.* (À chaque époque son art, à l'art sa liberté.)

Les Wiener Werkstätte

En 1903, les Wiener Werkstätte (Ateliers viennois) ouvrent leurs portes, sous la direction de Josef Hoffmann et Koloman Moser. Également enseignants de la Sécession viennoise, ils sont nommés directeurs artistiques et obtiennent pour réaliser leur projet le soutien financier de Fritz Waerndorfer, qui revient d'un voyage en Angleterre où il a rencontré Mackintosh. De cette rencontre est née l'idée de fonder des ateliers de production qui fonctionnent comme des coopératives. Bien que dédiés à l'artisanat, ils sont équipés de machines modernes et permettent un suivi minutieux du produit. Les objectifs de l'entreprise consistent à «promouvoir les intérêts économiques de ses membres par l'enseignement et la formation aux métiers d'art ; par la fabrication d'objets de tous types d'artisanat produits selon les conceptions artistiques des membres de l'asso-

Ensemble de verres et carafe *Série C*, dessiné par Josef Hoffmann, 1912. Orné de motifs géométriques de couleur bronze sur du verre opaque, il est l'œuvre de la société J. & L. Lobmeyr, Vienne.

ciation ; par la fondation d'ateliers et par la vente d'objets fabriqués ». Josef Hoffmann et Koloman Moser installent des ateliers de métaux, or, argent, des ateliers de reliure, de travail du cuir et du vernis, puis une ébénisterie et un bureau d'études, dans une ancienne usine. Ils relient leurs cabinets d'architecture aux ateliers et recherchent des aides artisans qualifiés, relieurs, orfèvres, menuisiers, peintres. Leur but : repenser tous les objets de la vie quotidienne et la décoration. Avec un lieu de travail convenablement équipé, des locaux sains et adaptés, des équipements sanitaires modernes, les Wiener Werkstätte font parler d'eux. La revue *Deutsche Kunst und Dekoration* (*Art allemand et décoration*) leur consacre, en octobre 1904, au moment où s'ouvre leur première exposition à Berlin, quarante-six pages grand format avec de nombreuses illustrations.

Dans les nouveaux espaces de la galerie Miethke aménagés par Hoffmann, les ateliers présentent, en octobre 1905, des sculptures de Richard Luksch, des bijoux de C. O. Czeschka, une maquette du palais Stoclet de Bruxelles. Cette réalisation est la production la plus importante des Wiener Werkstätte, conçue par Josef Hoffmann (1905-1911). Gustav Klimt orne la salle à manger de grandes mosaïques, J. Soulek crée du mobilier, et Josef Hoffmann signe du mobilier, des objets en verre et de l'argenterie. Cette œuvre d'art total associe les membres des ateliers à la réalisation de l'ensemble dans ses moindres détails. En 1910, E. Wimmer développe au sein des ateliers un département de mode qui compte jusqu'à quatre-vingt employés. D'autres réalisations sont achevées : le sanatorium de Pukersdorf, le local de vente de l'imprimerie d'État Seilerstätte, et des maisons particulières commandées à Josef Hoffmann. À partir de 1906, les Wiener Werkstätte participent à des expositions internationales. Le coffret de l'empereur de Czeschka exposé à l'«Imperial Royal Austria Exhibition» de Londres en 1906 constitue le point de mire de l'exposition.

Les productions de la Wiener Keramik, fondée en 1906 par Michael Powolny et Berthold Löffler, sont vendues à partir de 1907 par le réseau des Wiener Werkstätte. Des difficultés financières provoquent la démission de Koloman Moser. D'autres collaborateurs se joignent à l'aventure. Le cabaret Fledermaus est inauguré en 1907 ; la même année, un magasin des Wiener Werkstätte est ouvert dans une rue commerçante de Vienne, où est présentée une production de luxe aux formes modernes, sobres et géométriques. En 1912, Otto Wagner lance une initiative intéressante : il construit un immeuble d'ateliers d'artistes et en loue une partie aux Wiener Werkstätte. Les artistes bénéficient ainsi de matériel mis gratuitement à leur disposition pour réaliser des expérimentations. Les objets d'artisanat obtenus figurent dans le catalogue de vente du magasin et des honoraires sont reversés aux artistes. En 1914, suite à la déclaration de guerre, Fritz Waerndorfer est obligé de quitter l'Autriche pour les États-Unis. La société se trouve en difficulté. En 1915, Josef Hoffmann s'adjoint les talents de Dagobert Peche (1887-1923) aux Wiener Werkstätte. Il en sera, jusqu'à sa mort, l'un des collaborateurs les plus importants.

Une expérience communautaire : la Colonie d'artistes de Darmstadt (1899-1914)

En 1892, le gouvernement du grand-duché de Hesse est confié à un jeune homme de vingt-trois ans, Ernst Ludwig von Hessen und bei Rhein. Sa mère est morte prématurément ; sa grand-mère, la reine Victoria, veille personnellement à son éducation. Il effectue des séjours répétés à la cour d'Angleterre. Il a sans doute des contacts avec les représentants du mouvement Arts and Crafts, et son activité de mécène commence avec la commande passée à H. M. Baillie Scott de l'ameublement des deux salons de sa femme (1897). Son ambition : «Que ma Hesse soit prospère et que l'art s'y épanouisse.» C'est avec ce programme qu'il se distingue. Darmstadt offre un terrain favorable à l'épanouissement culturel des idées du Jugendstil (Art nouveau), avec sa dynamique industrielle, l'essor de la construction, une économie en expansion, des fabriques de meubles performantes et mécanisées. L'éditeur Alexandre Koch publie la première revue mensuelle de décoration en Allemagne en janvier 1890, *Deutsche Kunst und Dekoration*. Les efforts doivent se porter sur le développement d'un art national, autonome et moderne.

Aidé de l'architecte Josef Maria Olbrich, qui s'avère un collaborateur idéal, le grand-duc Ernst Ludwig fonde, en 1899, la Künstler-kolonie (Colonie d'artistes). Il fait appel à sept artistes : Olbrich lui-même, qui

Affiche de l'exposition de la Colonie d'artistes de Darmstadt, mai-octobre 1901. La composition graphique est de Josef Maria Olbrich.

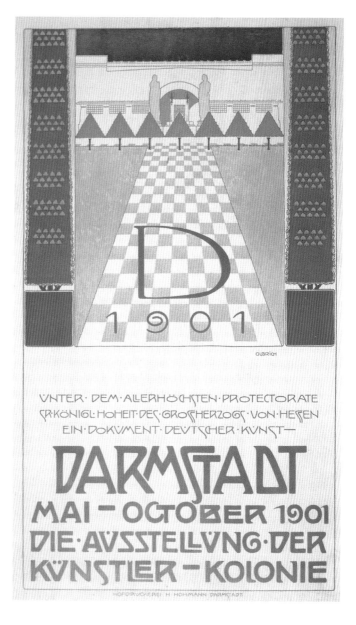

influence profondément le Jugendstil de Darmstadt, héritier du célèbre Otto Wagner, architecte de la Sécession viennoise ; le peintre et graphiste Peter Behrens, une personnalité éminente (son œuvre est un témoignage de la transposition de la peinture à l'art décoratif) ; le peintre Hans Christiansen ; l'architecte décorateur Patriz Huber ; le sculpteur et médailleur Rudolf Bosselt ; le peintre décoratif Paul Burck ; enfin, le sculpteur Ludwig Habisch. Les sept membres de la Colonie sont engagés par contrat à travailler pendant une période de trois ans, en échange d'un revenu de base. Un comité est mis en place par le grand-duc pour encourager la coopération entre artistes, artisans et industries afin de dégager des revenus supplémentaires.

Le concept d'art total

La Colonie, dans l'esprit du mouvement Arts and Crafts, souhaite réaliser une synthèse entre art et production. Elle vise à une réforme esthétique de toutes les formes d'art, et elle invente une architecture et une production de biens de consommation liée à la modernité. «Il ne s'agit pas d'un mouvement de mode de "Jugendstil" ou de "sécession", mais d'un art néocontemporain, un nouvel art qui correspond à notre époque, à notre vie intérieure et extérieure et qui à son tour la forme et la façonne.»

Outre la peinture et la sculpture, tous les domaines de l'artisanat sont concernés, mais l'architecture et le design sont les éléments dominants. Les artistes de la Colonie envisagent la décoration de façon complète et homogène, de la forme du toit à la petite cuillère. À l'occasion d'une grande exposition en 1901, dont le projet remonte à 1899, intitulée «Un témoignage sur l'art allemand», Josef Maria Olbrich propose un véritable quartier urbain, ayant pour base un système d'axes octogonaux, et comprenant le bâtiment des ateliers et un lieu d'exposition «Ernst-Ludwig-Haus» ainsi que cinq maisons d'artistes, un théâtre de plein air et une tour d'observation. Seul architecte de la Colonie, Josef Maria Olbrich est le bâtisseur de cet ensemble unique. Les maisons d'habitation des artistes sont réalisées sur mesure. Seul Behrens, également architecte, construit sa propre maison. Les artistes de la Colonie se chargent de la décoration intérieure et du mobilier.

Ainsi, la Colonie d'artistes expose un concept d'œuvre d'art total, unité de l'art et de la vie, de l'artiste et de l'artisan, de la maison et de son mobilier. Cette manière d'envisager la vie sous l'angle esthétique est une évidence pour Peter Behrens, qui écrit à Ernst Ludwig en 1901: «De cette façon, la beauté devient pour nous la quintessence de la puissance suprême, et pour la servir naît un nouveau culte. Nous voulons lui ériger une maison, une demeure où l'art se déploie solennellement pour y consacrer notre vie» («Ein Dokument Deutscher Kunst», *Festschrift*, Munich).

La fin de la Colonie d'artistes

L'originalité de la Colonie tient dans cette tension entre l'esthétisme et le calcul économique, mais l'exposition de 1901 est un échec financier qui engendre de graves dissensions au sein du groupe. Peter Behrens quitte la Colonie en 1903, Josef Maria Olbrich y reste jusqu'à sa mort en 1908. Le grand-duc poursuit son action après l'établissement de la Künstlerkolonie : création d'une manufacture de céramique dirigée par Jakob Schwarvogel (1904-1906), d'une manufacture de décor sur verre dirigée par Emil Schneckendorf (1906), ouverture d'un atelier de formation aux arts appliqués (1907) et enfin d'une imprimerie «Ernst Ludwig».

Les soucis financiers se multiplient. Emanuel Josef Margold rejoint la Colonie. Formé dans la classe d'élite de Josef Hoffmann, il introduit un esprit «viennois», et orne de bordures aux fleurs stylisées ses intérieurs, ses tapisseries, tapis et objets de céramique. Il développe, en 1912, un décor récurrent, sorte de *corporate design*, pour l'usine de biscuits. Hermann Bahlsen, déclinant le même motif dans la décoration des magasins, des emballages, des étalages. En 1911, un troisième architecte se joint à Emanuel Josef Margold et Hermann Bahlsen : Edmund Körner. En 1914 se prépare la dernière exposition de la Colonie d'artistes de Darmstadt, entre Jugendstil et Art déco. La même année, le Werkbund (Groupe de travail) allemand inaugure une exposition importante à Cologne. Lorsque la guerre éclate, en août 1914, on assiste à la dissolution de la Künstlerkolonie de Darmstadt. L'après-guerre change la distribution des rôles : le Bauhaus est fondé à Weimar en 1918.

La sécession allemande

Dès 1892, Munich abrite le mouvement moderne, constitué par des artistes réunis en sécession, qui rejettent l'art officiel et aspirent à changer l'environnement quotidien. En 1897, Hermann Obrist, Bernhard Pankok, Peter Behrens, Julius Scharvogel, Ludwig Habich, Richard Riemerschmied et Bruno Paul fondent les *Vereinigten Werkstätten fur Kunst im Handwerk* (Ateliers unis pour l'art dans l'artisanat), une émanation de l'Art nouveau viennois et des Arts and Crafts. Ils organisent une exposition en 1901, «L'art dans l'artisanat», d'inspiration uniquement décorative, sans la moindre préoccupation sociale.

Le Deutscher Werkbund et le design

En 1896, Herman Muthesius est détaché à Londres, auprès de l'ambassade. Lorsqu'il rentre, en 1903, il rédige *Stillarchitektur und Baukunst* (*Architecture de style et art de bâtir*), compte rendu sur l'architecture, les arts décoratifs et industriels, dans lequel il précise le rôle de la machine, appelée «la productrice» des produits artistiques standardisés. Après avoir suivi de près l'expérience de Charles Robert Ashbee, il formule le premier les principes de l'esthétique industrielle : opposition au style de «l'Art nouveau», critique des «artistes de l'ornement» et réorganisation de la direction des écoles d'arts appliqués, les «Deutsche Werkstätten». Herman Muthesius fait appel à de jeunes architectes gagnés à sa cause, Bruno Paul et Peter Behrens. Une tendance à la simplicité, née au lendemain de Darmstadt, se propage, et surtout les études de conception de mobilier destiné à la classe laborieuse se multiplient. Peter Behrens et Karl Schmidt conçoivent des meubles standards à Hellerau, que Muthesius qualifie de meubles-machines. Heinrich Tessenow et Bruno Taut entament à sa suite une réflexion sur la conception de maisons d'ouvriers, afin d'améliorer les conditions de vie de ceux-ci. On y retrouve la pensée d'Hermann Muthesius, le père spirituel du Werkbund (Groupe de travail) : créer une culture bourgeoise pour l'ère de l'industrie, provoquer l'élévation continue de la classe ouvrière afin qu'elle participe de plus en plus à la nouvelle culture bourgeoise.

Chaise en chêne et cuir dessinée par Richard Riemerschmid, vers 1900. Collection Bethnal Green Museum.

Le Werkbund est une association allemande d'artistes, architectes, artisans et industriels fondée à Munich en 1907 dans le but «d'ennoblir le métier d'art par l'action conjuguée de l'art, de l'industrie et de l'artisanat». Cette association joue très vite un rôle culturel de premier plan et a une influence déterminante sur le développement formel de l'habitat, du mobilier et des objets utilitaires. La valorisation du travail et le développement de la qualité, par l'union de l'art et de l'industrie ou de l'artisanat au sein d'une doctrine moderne, favorisent la cohésion sociale – un des principes de l'association. Parmi les fondateurs, Hermann Muthesius, Peter Behrens, Walter Gropius, Henry Van de Velde, Josef Hoffmann, Bruno Taut, Adolf Mayer, Richard Riemerschmid.

Le Werkbund n'est pas une version allemande du mouvement Arts and Crafts. Tout en conservant un grand nombre de ses principes, l'engagement du groupe à collaborer avec l'industrie plutôt que de s'y opposer fait la différence; il tente la réconciliation de l'inventeur et de l'exécutant, de l'invention et de la forme. Fritz Schumacher, dans son discours inaugural, encourage l'association à se préoccuper de la forme à donner aux produits mécanisés. Il marque ainsi un intérêt novateur pour le «design» et imprime la modernité au mouvement dès son origine. Cette perspective explique le succès de la jeune association et l'intérêt que manifestent les acteurs de l'industrie. En 1907, la firme AEG confie à Peter Behrens une réflexion globale sur l'entreprise. La démarche esthétique sert une réflexion politique, les industriels veulent se concilier les ouvriers et leur procurer de bonnes conditions de travail, des usines lumineuses et aérées. Le but sous-jacent est en fait d'affaiblir totalement la social-démocratie. Grâce aux produits des usines allemandes, produits résistants et de bel aspect, on s'attend également à voir l'industrie remporter des marchés internationaux. Friedrich Naumann, l'idéologue du Deutscher Werkbund, le rappelle: il faut un produit de qualité. Mais, pour Muthesius, le style allemand doit être identifié aux produits. Les acteurs du Werkbund ont envie de voir l'Allemagne puissante. L'art se recommande de l'industrie, se met à son service. Il n'est pas un luxe mais une force économique. Le Werkbund travaille dans le domaine de l'*industrial design*. Behrens dessine des lampes à arc, Neumann des automobiles, Gropius des locomotives et des compartiments de wagons-lits.

Peter Behrens

ELEKTRISCHE TEE- UND WASSERKESSEL
NACH ENTWÜRFEN VON PROF. PETER BEHRENS

Messing vernickelt, streifenartig gehämmert runde Form			Kupfer streifenartig gehämmert runde Form			Messing streifenartig gehämmert runde Form		
PL Nr	Inhalt ca. l	Gewicht ca. kg	Preis Mk.	PL Nr	Inhalt ca. l	Gewicht ca. kg	Preis Mk.	PL Nr	Inhalt ca. l	Gewicht ca. kg	Preis Mk.
3581	0,75	0,75	19,—	3584	0,75	0,75	20,—	3582	0,75	0,75	19,—
3591	1,25	1,0	22,—	3594	1,25	1,0	24,—	3592	1,25	1,0	24,—
3601	1,75	1,1	24,—	3604	1,75	1,1	26,—	3602	1,75	1,1	25,—

ALLGEMEINE ELEKTRICITÄTS-GESELLSCHAFT
ABT. HEIZAPPARATE

Peter Behrens est chargé par l'AEG (Allgemeine Elektricitäts-Gesellschaft) de la conception globale de l'image de marque et du design produit de la société. Il crée ainsi cette page de catalogue présentant des bouilloires électriques (conception graphique, mise en pages, typographie), 1909.

Peter Behrens (1868-1940), architecte, peintre et designer industriel allemand, est cofondateur, en 1890, de la Sécession munichoise. Influencé par les Arts and Crafts, il appartient à une génération d'artistes qui se détournent des arts plastiques pour mettre leur talent au service de la production. Il participe à la création des *Vereinigten Werkstätten für Kunst im Handwerk* de Munich, avec Hermann Obrist et Bernhard Pankok, dont le but est de donner une unité artistique à la vie quotidienne. Appelé, en 1899, à la Colonie d'artistes de Darmstadt, où il construit sa propre maison, il participe à l'aménagement de la section allemande à l'exposition de Turin en 1902. À la tête de l'école des arts décoratifs de Düsseldorf, dont il fait un centre important de réforme culturelle allemand, il est l'un des membres fondateurs du Werkbund en 1907, et dans ce contexte se voit confier par AEG une collaboration particulière. Il doit concevoir l'image de l'entreprise dans sa globalité : la construction des usines, des

ensembles de logements ouvriers, des magasins, mais aussi la création des caractères d'imprimerie pour les publications, les publicités, les logotypes, ainsi que les lampes à arc, les théières électriques. Cette expérience unique n'a pas de précédent. Peter Behrens peut être considéré comme le premier designer industriel. Il crée pour d'autres entreprises, par exemple une machine à coudre pour Pfaff, en 1910. Peter Behrens considère l'usine comme une «cathédrale du travail ». Dans son ouvrage *Feste des Lebens und der Kunst*, il exprime son désir de vaincre le «commercialisme» au moyen de la beauté. Il est sollicité en 1912 par un syndicat ouvrier pour réaliser un mobilier populaire. Il rejoint en 1926 le groupe berlinois d'architectes *Der Ring*, fondé par Erich Mendelsohn et Hans Poelzig. De 1922 à 1936, il est professeur d'architecture à la Wiener Academie, puis à l'Académie des beaux-arts de Berlin. Des architectes importants passent par son agence de Berlin pour faire des stages: Walter Gropius, Le Corbusier, Ludwig Mies van der Rohe, Paul Thiersch.

Pour ou contre la standardisation

Une importante exposition est organisée par le Werkbund à Cologne en 1914. Un grand débat s'organise alors, autour de l'antinomie entre standardisation et art libre. Hermann von Muthesius, en proposant la standardisation dans sa conférence sur «le travail du Werkbund pour l'avenir», souhaite orienter le mouvement dans la direction du design industriel et remplacer «l'extraordinaire» par «l'ordinaire». Henry Van de Velde, qui représente l'art libre, s'y oppose violemment, défendant le travail de l'artiste, sa libre décision et son refus de se soumettre à la norme rigide de la machine.

La guerre et la défaite de 1918 anéantissent tous les espoirs de suprématie économique allemande ; les deux camps du Werkbund accusent l'industrie d'être responsable de la guerre. Le Werkbund tourne alors le dos à l'industrie et revient à son point de départ : William Morris et les Arts and Crafts. Il n'est plus question de forme fonctionnelle, d'esthétique de la machine ni de design industriel. On parle de travail artisanal et de qualité artistique. Walter Gropius décide de ramener les arts à l'artisanat et fonde le Bauhaus en 1919.

À la suite du congrès du Werkbund allemand à Vienne, l'Autriche décide de créer le Werkbund autrichien (1913). Le modèle allemand est copié dans d'autres pays encore, comme en témoigne le Werkbund suisse (1913). Leur action consiste à diffuser la culture moderne à travers la production industrielle et artisanale.

L'invention du design (1914-1939)

Le mouvement des avant-gardes européennes permet au design d'engager une réflexion de fond sur la représentation et la fonction de l'objet. L'Allemagne, avec le Bauhaus, pose pour la première fois une définition du design soutenue par une réflexion pédagogique et théorique sur la méthode de production, et par son ambition économique. La France, quant à elle, cherche à résoudre la désunion entre arts décoratifs et arts industriels, flagrante lors de l'Exposition internationale de Paris en 1925. Les États-Unis sont les premiers à mettre en œuvre, sur le plan industriel, les moyens de faire du design le flambeau d'une grande nation. Après les bouleversements dus à la crise économique, le designer devient un acteur incontournable du processus de consommation. En 1937, date de l'Exposition universelle de Paris, l'idée de progrès est reprise comme symbole du pouvoir des nouvelles nations en évolution.

Art-design : les avant-gardes en quête d'un espace plastique

Vers 1910, l'avant-garde pose des questions de fond sur le design : existe-t-il une opposition entre la production d'objets esthétiques et celle d'objets industriels ? Quelles sont les relations entre l'espace plastique et l'espace vécu ? Les mouvements d'avant-garde proposent de nouvelles formulations, qui se développent simultanément chez les peintres cubistes en France, les futuristes en Italie, les constructivistes russes puis soviétiques, les plasticiens réunis autour du groupe «De Stijl» aux Pays-Bas et le mouvement dada.

Fernand Léger, un alphabet du monde moderne

La guerre a marqué les artistes. Fernand Léger y a pris part en première ligne comme brancardier, et cette expérience a modifié sa vision du réel. «C'est à la guerre que j'ai mis les pieds dans le sol», dit-il. Ses œuvres comportent depuis lors des sujets puisés dans la réalité quotidienne. Déjà, en 1913, il était le premier à exprimer de façon systématique et assez rigoureuse les opinions qui ont généralement cours dans les milieux d'avant-garde, une prise de conscience du renouvellement des formes et des rythmes provoqué par la civilisation industrielle. La publicité, et son graphisme clinquant, la beauté intrinsèque de la machine et des objets industriels sont sources d'émotion. Il reconnaît comme inventeurs de formes l'ingénieur et le technicien. En 1920, sa rencontre avec l'architecte Le Corbusier le mène à une réflexion sur le rapport entre l'art et l'architecture à travers la peinture monumentale.

Page précédente : Pavillon allemand à l'Exposition internationale de Barcelone, 1929. Architecture et mobilier de Mies Van der Rohe, parois en onyx, *Barcelona Chairs*. Sculpture de Georg Kolbe.

« Une automobile... plus belle que la Victoire de Samothrace »

Les recherches artistiques du groupe futuriste s'organisent autour du poète, peintre et polémiste Filippo Tommaso Marinetti (1876-1944), à partir de 1909, date de la publication d'un article-manifeste dans *le Figaro* :

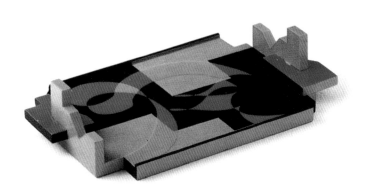

Plateau de service à motif abstrait en bois peint, avec reliefs imbriqués, Giacomo Balla, 1920. Balla a fait de sa maison personnelle, *la Casa futurista*, un musée vivant du futurisme.

«Détruisons les musées, ces cimetières ; une œuvre doit être agressive... Une automobile rugissante, qui a l'air de courir sur de la mitraille, est plus belle que la Victoire de Samothrace...» Le futurisme est un art qui se veut engagé, socialiste et humanitaire, unissant nationalisme et exaltation du progrès. Les futuristes défendent une vision idéale de la machine, et s'inspirent des représentations scientifiques (chronophotographie, dessin industriel) pour exprimer la vitesse qui caractérise, selon eux, l'âge industriel, celui de l'automobile et des trains. Ils multiplient les champs d'exploration : poésie, arts plastiques, photographie, mode, cinéma, arts décoratifs. Partisans d'un complet renouveau de l'art urbain, ils cherchent à exercer leur influence surtout en architecture et en urbanisme, mais aussi dans les domaines de l'architecture d'intérieur et du mobilier, comme en témoignent notamment les réalisations de Giacomo Balla (1871-1958), de Fillia, pseudonyme de Luigi Enrico Colombo (1904-1936), et de Nicola Diulgheroff. Antonio Sant'Elia (1888-1916) publie le *Projet pour la ville de demain* (1913), puis un manifeste pour une architecture futuriste, *Il faut abolir le décoratif* (1914). Cette vision utopique de la ville est un défi, surtout dans le contexte économique et social de l'Italie.

Giacomo Balla (1871-1958), avec Fortunato Depero, publie le premier manifeste futuriste sur les arts appliqués : *Reconstruction futuriste de l'univers* (1915). En 1920, il ouvre la «Maison futuriste» à son domicile privé, entièrement décorée par ses soins. Fillia fonde le mouvement futuriste turinois ainsi que les syndicats artistiques futuristes, qui se situent nettement dans une perspective révolutionnaire prolétarienne. Participant à des réunions de futuristes dès 1922, il expérimente dans les domaines de la peinture, de la décoration (*Ambiente novatore* [Décoration novatrice], Turin, 1927), de l'ameublement et de la céramique (avec Tullio d'Albisola).

Le constructivisme russe : « l'art dans la vie »

L'avènement du régime soviétique en 1917 est favorable aux avant-gardes, en particulier dans le domaine des arts appliqués. Cependant, la 10ᵉ expo-

Fauteuil *Rouge et bleu*, néoplastique, Gerrit Rietveld, 1918. Principes d'imbrication spatiale et de couleurs proches de l'esprit du peintre Piet Mondrian.

sition nationale d'État «Création sans objet et suprématisme» (1919) fait apparaître des tensions. Deux tendances s'opposent, les partisans du suprématisme de Kasimir Malevitch (1878-1935) et les tenants du constructivisme de Vladimir Tatline (1885-1953), avec Alexandre Rodtchenko (1891-1956) et Lazare Mordoukhovitch, dit El Lissitzky (1890-1941).

Le suprématisme, dominé par le peintre Kasimir Malevitch, cherche à étendre les recherches plastiques abstraites à la matérialité et la structure des objets. Malevitch applique ce principe à des céramiques et propose un ensemble urbain ressortissant de la même logique constructive. Piet Mondrian (1872-1944) dira des peintures de chevalet de Malevitch qu'elles sont comme des plaques à développer sensibles à l'espace des murs de la chambre individuelle. Après la grande rétrospective qui lui est dédiée à Moscou en 1919, Malevitch se consacre à l'enseignement et aux expériences théoriques. Il quitte Moscou pour Vitebsk, où il devient directeur de l'école d'art, qu'il baptise Uno-Vis (Collège de l'art nouveau). Il élabore une méthode pédagogique nourrie d'idéalisme. Les frères Naum Gabo (pseudonyme de Nathanael Pevsner, 1890-1977) et Antoine Pevsner (1884-1962) partagent les idées de Malevitch : le but de l'art est de matérialiser la vision que l'homme a du monde.

Les constructivistes s'imposent, eux, avec un programme nouveau, «l'art dans la vie». Ils posent les fondements de la théorie productiviste, dès 1918, au sein de l'Izo (section des arts plastiques) du Narkompros (commissariat du peuple à l'Instruction). Les artistes Vladimir Tatline, Alexandre Rodtchenko, sa femme Varvara Stepanova (1894-1958), Lioubov Popova (1889-1924) et Alexandre Vesnine (1883-1959) se consacrent essentiellement au design, processus de travail qui unit l'artiste et l'ingénieur. L'art et l'industrie sont soumis aux mêmes exigences économiques et techniques. Rodtchenko, ami du poète Maïakovski, anime avec El Lissitzky des ateliers expérimentaux : les Vkhoutemas-Vhutein (Ateliers supérieurs d'art et de technique), fondés par décret en 1920 dans différentes régions de l'URSS, qui répondent à la «nécessité de former des artistes-constructeurs hautement qualifiés pour l'industrie». À la différence du Bauhaus, les ateliers dispensent un enseignement de l'architecture, ainsi que tout ce qui a trait à la perception des formes, des volumes et des couleurs. Les professeurs – architectes, peintres, sculpteurs, designers et graphistes – sont les chefs de file de l'avant-garde artistique. Rodtchenko conçoit un mobilier multiusage. La révolution d'Octobre permet au constructivisme de franchir le pas qui sépare l'utopie de la réalité. En 1921, Rodtchenko déclare que la production d'objets est la seule finalité de la création constructiviste et définit une première forme de fonctionnalisme. En 1923, dans le premier numéro de *Lef,* la revue des constructivistes, on peut lire : «La formation matérielle de l'objet remplacera sa combinaison esthétique.» C'est ainsi que les constructivistes s'engagent dans la vie économique. Vladimir Tatline, fondateur du mouvement constructiviste, s'engage dans une usine de métallurgie, Lioubov Popova et Varvara Stepanova collaborent à des fabriques textiles, Alexandre Rodtchenko et Maïakovski à la création de livres et d'affiches.

De Stijl, une unité internationale entre la vie, l'art et la culture
La révolution de l'esthétique industrielle a également lieu aux Pays-Bas, qui n'ont pas été touchés par la guerre. Les peintres Piet Mondrian, Bart Van der Leck (1876-1958) et Theo Van Doesburg (1883-1931) créent la revue d'avant-garde *De Stijl,* dont le premier numéro paraît en octobre 1917, et qui va permettre à Mondrian de publier ses théories. Très inspiré par les recherches du Dr Schoenmaker, qui vient de publier *la Nouvelle Image du monde* (1915), Mondrian en tire la conclusion que l'art est un moyen aussi exact que les mathématiques d'exprimer les caractères fondamentaux de l'Univers. En 1920, dans son essai sur le néoplasticisme, Mondrian écrit : «Les arts décoratifs disparaissent dans le néoplasticisme... » La vie quotidienne doit devenir le champ d'application de la synthèse des arts plastiques. La revue *De Stijl* est publiée jusqu'en 1931.

Plusieurs peintres et architectes vont rejoindre le groupe : Vilmos Huszár (1884-1960), Georges Vantongerloo (1886-1965), JJP Oud (1890-1963) et Robert Van't Hoff, qui revient des États-Unis, où il a rencontré Frank Lloyd Wright. Tous partagent l'idée que «l'œuvre d'art doit être engendrée par l'esprit collectif et briguer l'intégration des diverses disciplines. Elle doit être présente dans la vie de tous les jours dorénavant conçue comme une synthèse des arts plastiques.» (Michel Seuphor, *le Style et le Cri,* 1933.) Theo Van Doesburg prône «l'usage exclusif de l'angle droit en position horizontale, verticale, et des trois couleurs

primaires auxquelles se joignent les non-couleurs : blanc, noir et gris ».
Le mouvement trouve son champ d'application dans les beaux-arts, le
mobilier et l'architecture, appliquant une vision du monde fondée sur
l'abstraction. Quelques réalisations exemplaires de cet engagement
extrême : le café De Unie (1924), à Rotterdam, de JJP Oud, de Gerrit
Rietveld (1888-1964) le fauteuil «néoplastique» (1918), premier objet
design, selon Theo Van Doesburg, et l'aménagement de la villa Schröder
(1924), à Utrecht. Un exemple d'art total.

Dada et design

Dans ses *Peintures-icônes de machine*, Francis Picabia fait intervenir pour
la première fois des titres illogiques, qui détournent ironiquement de l'apparence. Marcel Duchamp produit le même détournement du réel à travers
les «ready-made». Il intitule l'œuvre : «pelle à neige»; l'objet n'imite rien
d'autre que lui-même. Il remet en cause le statut de l'art et crée l'anti-art.
Il offre une spectaculaire intronisation du porte-bouteille et de l'urinoir. Au
musée, avec arrogance, il critique l'histoire des formes et se joue de l'objet.
Le ready-made, trompe-l'œil absolu, marque le passage de la reproduction
de la nature à la nature elle-même. L'audace de Picabia et de Duchamp stimule les artistes américains Arthur Dove et Morton Schamberg, qui utilisent également la machine pour en détourner la signification.

La Roue de bicyclette,
Marcel Duchamp, 1913.
Ready-made. Assemblage
d'une roue de vélo
et d'un tabouret. Paris,
musée d'Art moderne.

Fonctionnalisme et préfabrication

En contraste avec l'Angleterre des Arts and Crafts, l'Europe et les États-Unis commencent à s'intéresser à la technologie et à la glorifier. Avec les nouveaux matériaux développés par les scientifiques, comme l'acier, le béton armé, l'aluminium, le linoléum, s'installe une nouvelle logique de structure. Le terme «fonctionnalisme» résume la conception de ceux qui, au Bauhaus ou ailleurs, créent les éléments quotidiens produits par l'industrie. Réaliser un objet qui fonctionne bien implique l'étude de sa fonction, c'est-à-dire de son usage. La forme est la conséquence de cette fonction. Elle est définie au cours d'une étude qui explicite les différents aspects de l'utilisation et d'une expérimentation qui tient compte des connaissances scientifiques et techniques, des exigences de la fabrica-

Théière en tôle de laiton argenté et bois d'ébène, Marianne Brandt, 1924. Objet de l'atelier métal du Bauhaus de Weimar.

tion industrielle et des possibilités qu'offrent les matériaux. En 1910, Peter Behrens dresse un «mémorandum sur la préfabrication industrielle de maisons avec une base artistique unifiée». Cette idée de la préfabrication est empruntée aux États-Unis. Walter Gropius soutient ce principe, et, en 1911, il en fait la démonstration avec l'usine Fagus d'Alfeld-an-der-Leine, puis en 1914 dans son immeuble de bureaux de l'exposition du Werkbund à Cologne avec Adolf Meyer.

Le Bauhaus : la période Weimar (1919-1924)
Le Bauhaus représente un centre de réflexion, de réalisations et de rencontres déterminant qui s'inscrit dans la ligne de l'engagement économique et politique de l'Allemagne. L'école est le fruit d'une fusion de l'Académie des beaux-arts et de l'École des arts décoratifs de Weimar, précédemment dirigée par Henry Van de Velde. Walter Gropius préside aux destinées de la nouvelle entité, nommée Staatliches Bauhaus. Le

1er avril 1919, il s'installe dans les bâtiments dessinés par Henry Van de Velde. L'école rompt avec la culture conservatrice bourgeoise, devient un lieu d'expérimentations mais aussi de rivalité entre les mouvements artistiques d'avant-garde, et crée un mouvement de réforme culturelle. Gropius favorise le rapprochement de l'art et de l'industrie. Dans le manifeste du Bauhaus publié en avril 1919, le premier objectif est de sauver tous les arts de l'isolement, et d'inciter les artisans, les peintres et les sculpteurs à unir tous leurs talents. Le deuxième objectif est d'élever le statut de l'artisanat au même niveau que les beaux-arts. «Il n'y a pas de différence entre l'artiste et l'artisan, l'artiste est un artisan exalté.» Gropius fait appel à des peintres pour assurer l'enseignement, car l'histoire de l'art lui prouve que c'est la peinture qui renouvelle les formes. Le troisième objectif consiste à intéresser les industriels, développer une politique de production et obtenir une indépendance économique.

Une pédagogie nouvelle

Gropius prône une méthode d'enseignement dispensée par des peintres : Lyonel Feininger, Johannes Itten, Gerhard Marcks, Georg Muche, Oskar Schlemmer, Paul Klee, Lothar Schreyer, Wassily Kandinsky et Lászlo Moholy-Nagy. En effet, arts plastiques et arts appliqués représentent pour lui deux activités indissociables. Johannes Itten (1888-1967) est l'un des trois premiers «maîtres de forme» du Bauhaus, avec Marcks et Feininger. Il dirige à Vienne depuis 1916 une école privée, aux méthodes pédagogiques anticonformistes. Engagé en 1919 au Bauhaus par Gropius, dont il a fait la connaissance un an auparavant, c'est lui qui réforme la structure du système d'enseignement et introduit le «cours préliminaire», le *Vorkurs*, période test d'un semestre à la fin de laquelle l'étudiant choisit un atelier pour trois ans. Il dirige aussi les ateliers de la sculpture sur pierre, du métal et de la peinture sur verre. Au nom de la synthèse des arts, chaque atelier est dirigé par deux maîtres, le maître de formes et le maître d'ouvrage. Itten est un mystique, adepte du mazdéisme. Il prescrit à ses étudiants un programme d'exercices physiques et mentaux ; il se rase la tête et porte une longue robe ample. Gropius en fait son premier collaborateur au Bauhaus. Les termes fondamentaux de son enseignement reposent sur une étude détaillée de la nature, des compositions plastiques avec divers matériaux, ainsi que l'analyse d'œuvres d'art historiques. En désaccord avec l'orientation productiviste de l'école, il démissionne en 1923.

Gerhard Marcks (1889-1981), sculpteur, membre du Werkbund, conçoit une série d'animaux fabriqués par la manufacture de porcelaine de Schwatzburg. Son expérience de collaboration avec l'industrie enrichit le corpus du Bauhaus. Il est nommé maître de forme en poterie. Lyonel Feininger (1871-1956), peintre germano-américain, restera à l'école jusqu'à sa dissolution. Il est le maître de forme de l'atelier imprimerie, et réalise la gravure sur bois qui illustre le manifeste publié en 1919.

Walter Gropius

La *Haus am Horn* (*Cuisine laboratoire*), 1923. L'objectif de Gropius pour cette maison modèle est d'obtenir le maximum de confort. La cuisine de Marcel Breuer, par exemple, est simple et rationnelle, mais peut aussi être utilisée comme salle à manger Cette maison expérimentale construite par Georg Muche est exposée comme prototype de maison à bon marché produite en série afin de démontrer les talents des ateliers du Bauhaus.

Né en 1883, il commence sa carrière d'architecte chez Peter Behrens, à Berlin, en 1907. Il ouvre son agence en 1911, et réalise avec Adolf Meyer l'usine Fagus à Alfeld-an-der-Leine, en utilisant le verre et l'acier. Dans l'esprit du Werkbund, il développe ses conceptions sur le fonctionnalisme de l'espace habitable et crée un compartiment de wagon-lit pour la Deutsche Reichsbahn (1914). Il organise la fusion, le 1ᵉʳ avril 1919, de l'Académie des beaux-arts et de l'École des arts décoratifs de Weimar, réunies en un seul établissement, le Staatliches Bauhaus, qu'il dirige. Dans son manifeste publié en 1919, il expose son ambition pour l'école : «une collaboration entre l'artiste, l'industriel et le technicien qui, organisée en conservant l'esprit de l'époque, pourrait peut-être finir par être en mesure de remplacer les facteurs de l'ancien travail individuel». Il rêve d'une communauté artistique idéale. En 1920, il édifie dans le cimetière de Weimar un monument aux grévistes morts, en béton, aux formes géométriques. En 1925, l'école s'installe à Dessau, et, la même année, les projets redémarrent.

Gropius démissionne du Bauhaus le 1ᵉʳ avril 1928, pour se consacrer à l'architecture. Il voyage aux États-Unis, où il étudie l'industrialisation de l'habitat ; il rencontre Richard Neutra. En 1930, il organise la première participation allemande au Salon des artistes décorateurs de Paris. La dépression des années 1930 entraîne un ralentissement des commandes ; Walter Gropius décide de démissionner du Werkbund. En 1934, il quitte l'Allemagne pour Londres, s'associe avec Maxwell Fry et devient responsable du design chez Isokon Ltd. (agence d'architecture et de décoration). Il part pour les États-Unis en 1937 et dirigera jusqu'en 1952 la Graduate School of Design à Harvard. De 1937 à 1944, il travaille avec Marcel Breuer, puis ouvre sa dernière agence en 1946 aux États-Unis, où il réalise de nombreux projets. Il disparaît en 1969.

Lampe de table en métal et verre, abat-jour en opaline, Wilhelm Wagenfeld et Jakob Jucker, 1923-1924. Objet de l'atelier métal du Bauhaus de Weimar.

De 1920 à 1922, Gropius nomme quatre nouveaux maîtres de forme, tous des peintres. Oskar Schlemmer (1888-1943) se charge de l'atelier de peinture murale, puis, à partir de 1923, de l'atelier théâtre. Paul Klee (1879-1940) assure le cours théorique de design, où il précise sa théorie sur les formes élémentaires. Vassily Kandinsky (1866-1944) développe un cours d'initiation au design basé sur l'étude de la couleur, et un cours de dessin analytique. Il défend le concept de *Gesamtkunstwerk* (œuvre d'art total). Laslo Moholy-Nagy (1895-1946) succède à Johannes Itten en 1923. Il porte la tenue des ouvriers de l'industrie, car pour lui la machine est une sorte de fétiche. Il recentre l'enseignement préliminaire sur l'initiation des élèves aux techniques et aux matériaux de base, ainsi qu'à leur utilisation rationnelle. Dans l'atelier consacré au métal, il aborde des problèmes concrets – la fabrication des lampes, des théières et des boules à thé – et encourage l'utilisation de l'acier. L'enseignement du Bauhaus porte sur de nombreuses autres disciplines : vitrail, poterie, métal, tissage, théâtre, fresque, architecture, typographie.

En 1923, l'assemblée législative de Thuringe invite le Bauhaus à présenter le travail réalisé. Chaque département se mobilise. Le thème retenu pour l'exposition est « art et technique, une nouvelle unité ». Une maison expérimentale est construite, *Haus am Horn*, prototype d'une construction bon marché produite en série à l'aide de matériaux nouveaux. L'équipement de la maison est entièrement réalisé dans les ateliers : tapis, radiateurs, carrelages. Les lampes sont signées Moholy et fabriquées dans l'atelier métal, la plupart des meubles sont dessinés par l'élève Marcel Breuer. Il conçoit aussi une cuisine très novatrice sur le plan fonctionnel. 15 000 personnes visitent l'exposition. Entre 1919 et 1924, 526 étudiants sont formés à l'école.

Josef Albers (1888-1976), ancien étudiant, assiste Moholy-Nagy. Engagé comme maître d'atelier en peinture sur verre, il enseigne l'utilisation des matériaux. Le Bauhaus, en cette période d'agitation politique, est menacé par la droite, qui gagne du terrain à Weimar. Les subventions diminuent, et, en 1924, le directeur et le conseil des maîtres décident la dissolution du Bauhaus, en accord avec les étudiants. De nombreuses villes se proposent pour l'accueillir. C'est finalement à Dessau que l'ensemble de l'école se déplace au printemps 1925.

Fauteuil *Wassily*, en hommage à Kandinsky, acier tubulaire et cuir, Marcel Breuer, 1925. Marcel Breuer, maître de formes à l'atelier menuiserie du Bauhaus, crée des meubles en tube d'acier, à partir de l'observation du guidon de son vélo.

Le Bauhaus : la période Dessau-Berlin (1925-1933)

Le Bauhaus ouvre ses portes à Dessau en 1925, dans un contexte plus favorable sur le plan économique. Le maire, M. Fritz Hesse, envisage cette implantation comme une dynamique artistique pour sa ville. La municipalité confie à l'agence de Gropius la construction du nouveau bâtiment de l'école, et de sept maisons avec studios pour les professeurs, ainsi que d'une aile comprenant vingt-huit appartements pour les étudiants. L'inauguration a lieu en décembre 1926. L'aménagement intérieur est réalisé par les étudiants, sous la direction de Walter Gropius. La plupart des professeurs ont suivi : Feininger, Gropius, Kandinsky, Moholy-Nagy, Muche, Schlemmer. Et une nouvelle génération formée à Weimar rejoint le corps professoral : Josef Albers, Herbert Bayer (chargé du département imprimerie, il introduit les techniques publicitaires), Marcel Breuer, Hinnerk Scheper, Joost Schmidt. Les principes de l'institution sont clarifiés, le Bauhaus s'affirme comme une école d'avant-garde. Les élèves exécutent des travaux expérimentaux, en particulier dans les domaines de l'architecture et de la décoration, et se consacrent à l'étude de modèles pour l'industrie et l'artisanat. La production du Bauhaus touche la vie quotidienne, avec du mobilier en tube d'acier, des textiles modernes, de la vaisselle, des lampes, une typographie moderne.

Les ateliers ébénisterie et métal fusionnent, le département étant dirigé par Marcel Breuer (1902-1981). Il réalise le fauteuil en tube *Hommage à Wassily* (1926), innovateur sur le plan technique et formel mais qui n'est pas encore un produit de grande série ; il crée une chaise en porte-à-faux produite par Thonet. Il est le premier à utiliser l'acier, un matériau étranger à la tradition artisanale. D'autres recherches sur le mobilier métallique sont menées par Mart Stam et Mies Van der Rohe, destinées à la production industrielle. En 1927, Walter Gropius parvient à créer un département d'architecture, dirigé par Hannes Meyer (1889-1954), un architecte suisse.

Les derniers feux...

Walter Gropius quitte le Bauhaus-Dessau en 1928. Hannes Meyer lui succède et oriente alors l'école vers un rationalisme dénué de romantisme. Elle doit satisfaire les besoins du peuple. Meyer incite les ateliers à créer en priorité des objets et designs pour les vendre à l'industrie, à fabriquer des objets de première nécessité bon marché : des meubles, par exemple. Le Bauhaus met en place une société afin de commercialiser les modèles conçus dans les ateliers. Les projets sont pensés en relation avec les industriels ou les fabricants dans l'optique d'une adéquation du projet et du suivi technique. Les négociations commerciales sont menées par le Bauhaus, et les revenus divisés entre l'école, la corporation et le designer.

Certains ateliers sont extrêmement rentables : le département de papier peint, les ateliers de tissage et de mobilier, l'atelier de métal ; le nouveau département de publicité obtient un contrat pour dessiner les annonces dans les journaux d'IG Farben. Hannes Meyer est renvoyé par la municipalité en 1930, en raison de ses convictions marxistes et de l'excès de politisation de l'école. Ludwig Mies Van der Rohe lui succède en 1930, et rétablit sa réputation : il développe l'enseignement de l'architecture, reléguant à l'arrière-plan l'ambition de réalisation d'un projet social et culturel. L'établissement devient une école technique et professionnelle. Il construit et conçoit la collection de mobilier *Barcelona* en tube d'acier, présenté au pavillon de l'Allemagne à l'Exposition universelle de Barcelone

Les enseignants au Bauhaus de Dessau, 1926. De gauche à droite : Albers, Scheper, Muche, Moholy-Nagy, Bayer, Schmidt, Gropius, Breuer, Kandinsky, Klee, Feininger, Stölzl, Schlemmer.

Exposition de chaises de Marcel Breuer, tube d'acier, bois. Mobilier destiné à la production en série, 1925. Produit par l'atelier menuiserie du Bauhaus.

(1930). En 1931, les nazis l'emportant au parlement de Dessau, la subvention de l'école est réduite, et elle ferme en 1932. Mies loue alors une usine dans un faubourg de Berlin, où il tente de relancer le Bauhaus. Il en fait une institution entièrement privée, donc payante, avec la vente des droits sur les brevets des objets ou meubles dessinés à l'école pour la production. Il espère ainsi faire survivre l'institution, mais le 11 avril 1933 la police débarque et ferme l'école. En août, Mies annonce la dissolution du Bauhaus.

Paris, état des lieux

Initialement prévue pour 1915, repoussée du fait de la guerre en 1916, ajournée en 1922 puis en 1924, l'Exposition internationale des arts décoratifs et industriels modernes se tient à Paris en 1925. La France et vingt et un pays sont représentés. Le programme de l'exposition est le suivant : « Par la collaboration de l'artiste, de l'industriel et de l'artisan, réunir en une exposition internationale tous les arts décoratifs : architecture, arts du bois, de la pierre, du métal, de la céramique, du verre, du papier, des tissus... sous toutes leurs formes, qu'ils s'appliquent à des objets d'utilité ou à des œuvres purement somptuaires ; dans toutes leurs destinations : décoration extérieure et intérieure des édifices publics et privés, ameublement, parure de la personne... Cette exposition doit être exclusivement d'art moderne, aucune copie ou pastiche des styles anciens n'y seraient admis. »

Cette manifestation qui devait favoriser un « art social » se révèle la fête des Années folles, après les années sombres de la Première Guerre mondiale, où se sont engloutis les derniers fastes de l'Art nouveau. Elle renvoie l'image d'une société profondément marquée qui cherche doré-navant à profiter du présent.

L'Exposition internationale
des arts décoratifs et industriels modernes

L'exposition présente des pavillons de prestige : « l'hôtel du Collection-neur » de J. E. Ruhlmann, décorateur assisté de Francis Jourdain et d'Henri Rapin ; les objets sont signés Brandt, Puiforcat, Lecœur, Lenoble. L'ensemble témoigne d'une qualité de haute ébénisterie qui satisfait le goût du public. « Un musée d'art contemporain » est le pavillon de la Compagnie des arts français, présidée par Louis Süe et André Mare. Ils montrent un mobilier en bois doré, ébène de Macassar et palissandre construit dans la tradition Louis-Philippe ; les toiles sont signées d'amis du groupe : Marie Laurencin, Dufresne, Dunoyer de Segonzac. « Une ambassade française », pavillon manifeste de la Société des artistes déco-rateurs (SAD), est une réalisation prestigieuse, en décalage avec l'ambition d'origine – « créer un art à bon marché, un art vraiment démocratique » –, confiée à Dufrêne, Rapin, Selmersheim. Seul le fumoir du pavillon « Une ambassade française » de Jean Dunand est d'un esprit moderne. Les déco-rateurs travaillent pour une élite et bénéficient du développement des villas et hôtels particuliers, dans lesquels ils créent d'indiscutables chefs-d'œuvre qui font la fierté du luxe français. La SAD, en pleine expansion, quitte les locaux trop exigus du pavillon de Marsan pour s'installer au Grand Palais. Pierre Chareau fait partie de la mouvance moderne de la Société des artistes décorateurs.

Les grands magasins, vitrines de l'exposition

Les quatre pavillons des grands magasins occupent une position centrale dans l'exposition. Ils présentent des ensembles qui séduisent, mais ne correspondent pas au budget du consommateur moyen. Les ateliers des grands magasins présentent plusieurs approches. Le Studium Louvre développe une image moderniste avec des créations de Djo-Bourgeois. À l'opposé, Paul Follot produit un style ornemental, riche et chargé pour l'atelier Pomone du Bon Marché. L'atelier Primavera des Grands Magasins du Printemps et la Maîtrise des Galeries Lafayette ont opté pour un style plus modéré.

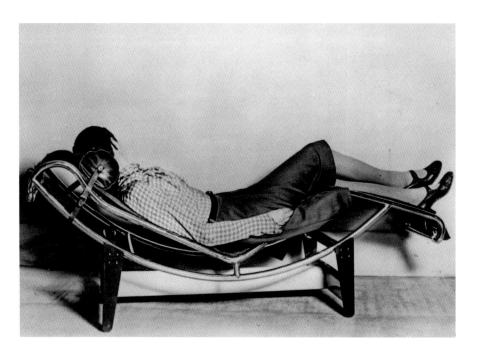

Chaise longue *LC4*
à structure métallique
en arc de cercle, tube
acier chromé et cuir,
Le Corbusier, Pierre
Jeanneret et Charlotte
Perriand, 1928. Paris,
fondation Le Corbusier.

Le but de ces ateliers est de proposer une collaboration réussie entre l'art, l'industrie et le commerce. Ils envisagent une approche plus adaptée au grand public du design mobilier, avec des présentations d'objets en vitrine, de la publicité et des catalogues de vente. La démarche reste encore, toutefois, proche de l'artisanat.

Le pavillon de l'Esprit nouveau

Le mot «moderne» est à la mode. Waldemar Georges écrit («L'Exposition des arts décoratifs et industriels de 1925, les tendances générales», dans *l'Art vivant*, 1925): «Les décorateurs français et étrangers ne travaillent que pour une classe privilégiée. Pas un pavillon ne s'adresse au public ouvrier. [...] L'architecture moderne, celle du verre et du fer qui triomphait en 1899, celle du ciment armé qui triomphe aujourd'hui, permet d'offrir grâce à l'économie des matériaux employés, une impression de force, de précision, de légèreté et de transparence. [...] Avec le théâtre de Perret, les deux pavillons de Robert Mallet-Stevens et le pavillon de l'URSS, la villa de "l'Esprit nouveau" est le seul édifice de toute l'exposition qui puisse être qualifié de moderne, c'est-à-dire qui remplisse sa mission tant au point de vue pratique qu'au point de vue esthétique.»

Le pavillon de l'Esprit nouveau de Le Corbusier, Ozenfant et Pierre Jeanneret est conçu comme un manifeste antidécoratif à l'écart du centre de l'exposition, affirmation des principes de Le Corbusier sur l'architecture, l'urbanisme et le design intérieur. Il démontre les avantages de la préfabrication. La structure principale, sur deux niveaux, inclut un appartement modèle dans lequel le mobilier est choisi sur des critères fonctionnels plutôt qu'esthétiques.

D'autres souffles modernes

D'autres réalisations se distinguent par leur modernité, comme les pavillons de Lyon et Saint-Étienne, conçus par Tony Garnier, ou le pavillon du cinéma de Francis Jourdain (1876-1958). Depuis 1904, il s'intéresse à l'ameublement et produit une série de meubles interchangeables. En 1912, il monte les Ateliers modernes édite son mobilier «interchangeable» et fonde le groupe d'Art urbain, auquel s'associent Robert Mallet-Stevens, Gabriel Guévrekian et Pierre Chareau. À l'exposition de 1925, Francis Jourdain réalise un fumoir et la salle de gymnastique du pavillon «Une ambassade française». Robert Mallet-Stevens (1886-1945) est très influencé par le palais Stoclet, que réalise pour son oncle, Josef Hoffmann. Chargé de la construction de la villa du vicomte Charles de Noailles, à Hyères, il sollicite Pierre Chareau, Guevrekian, Lipchitz et Van Doesburg, qui réalise *la Chambre des fleurs*. Ouvert aux mouvements d'avant-garde, il est proche du Bauhaus et du mouvement De Stijl. Au Salon d'automne, en 1924, il présente un ensemble avec ses collaborateurs français Francis Jourdain, Jan et Joël Martel, Blanche Klotz, Jean Perzel. Puis, pour l'exposition de 1925, il conçoit le hall d'«Une ambassade française», le pavillon du tourisme, le pavillon du syndicat d'initiative de Paris et le jardin avec les arbres en béton de Jan et Joël Martel.

Certains pavillons étrangers se distinguent par leur modernité, dont le pavillon belge, réalisé par Victor Horta, le pavillon de la Tchécoslovaquie, par Josef Gocar (maître du «rondocubisme» tchèque), le pavillon autrichien de Josef Hoffmann, le pavillon italien et sa participation futuriste, et enfin le pavillon de l'URSS de Constantin Melnikov – de loin le plus innovant, avec les projets de Vesnine, Tatline, Popova, et le *Club ouvrier* démontable et transportable conçu par Rodtchenko. Le pavillon de l'URSS reçoit le premier prix. L'Allemagne et les États-Unis sont absents de l'exposition.

L'Union des artistes modernes (UAM)

Elle naît officiellement le 15 mai 1929, à la suite d'une scission provoquée en réaction contre le conservatisme de la Société des artistes décorateurs par un petit groupe : René Herbst, Djo-Bourgeois, Jean Luce, Jean Puiforcat, Georges Fouquet et Charlotte Perriand. Leur intention est de présenter, en même temps que du mobilier et des objets de décoration traditionnels, des bijoux, de la vaisselle, des publicités, des objets du quotidien, etc. Ils exposent en 1929 au Salon d'automne. Selon l'article premier des statuts, l'association a pour but «de grouper des artistes en sympathie, de tendances et d'esprit, de rassembler leurs efforts et d'en assurer la manifestation au moyen d'une exposition internationale annuelle à Paris et d'un bulletin de propagande».

Sous la présidence de Robert Mallet-Stevens, le comité directeur est composé d'Hélène Henry, René Herbst, Francis Jourdain et Raymond Templier. Les membres fondateurs sont français ou étrangers résidant en

Le Corbusier

Architecte suisse (1887-1965), Charles Édouard Janneret-Gris, dit Le Corbusier, complète sa formation en voyageant en Italie, dans les environs de Florence, et à Paris, où il travaille chez les frères Perret (1908-1909). Il crée ses premiers meubles en 1912, pour la maison de ses parents à La Chaux-de-Fonds. En 1915, il invente la Maison domino, conçue à partir d'un module standard. À trente ans, au début de l'année 1917, il s'installe définitivement à Paris.

Avec Amédée Ozenfant et Paul Dermée, en 1919, il fonde la revue *l'Esprit nouveau*, dans laquelle il défend ses thèses et ouvre ses tribunes aux autres mouvements, De Stijl, le Bauhaus et même les constructivistes russes. En 1921, il publie le manifeste du purisme, signé Amédée Ozenfant et Le Corbusier, intitulé *Après le cubisme*. En 1922, avec son cousin Pierre Jeanneret, il ouvre son atelier rue de Sèvres. Dans *l'Art décoratif aujourd'hui* (1925), il énonce les termes «machine à habiter», «équipement de la maison» et «machine de repos», censés

remplacer respectivement maison, décoration et siège. Les casiers standards, éléments juxtaposables et superposables, formés d'un demi-cube en bois, font leur apparition dans le pavillon de l'Esprit nouveau à l'Exposition des Arts décoratifs et industriels de 1925.

Il se penche sur la préfabrication et la production en série des éléments de construction, et réfléchit à l'urbanisme. Il admire la beauté structurelle de l'automobile et des paquebots. Au Salon d'automne de 1929, il présente l'équipement intérieur d'une habitation. La quasi-totalité des meubles est réalisée en collaboration avec Charlotte Perriand. Le fauteuil grand confort (grand et petit modèle) est élaboré en 1928 ; la chaise longue à réglage continu, la même année, avec une structure portante ; un autre modèle de chaise longue, le fauteuil tournant et la table en tube d'avion datent de 1929. Le Corbusier a établi un système de proportions basé sur le nombre d'or, le Modulor, qui trouve son application dans l'architecture et le mobilier.

France, comme Joseph Csaky et Gustave Miklos, sculpteurs hongrois, ou l'architecte arménien Guévrékian. Leur première exposition a lieu en 1930 au musée des Arts décoratifs. Ils accueillent des travaux d'artistes étrangers, tels Gerrit Rietveld et Bart Van der Leck, du mouvement De Stijl. La deuxième exposition, en 1931, s'ouvre à des productions allemandes, américaines et britanniques. Walter Gropius, directeur du Bauhaus, participe en tant que membre actif à l'UAM. Les affinités sont multiples entre les deux groupes, qui sont constitués de professionnels de l'architecture, du graphisme, de la décoration, d'artisans, d'ingénieurs et d'artistes. Les architectes Josef Margold (viennois) et Alfred Gellhorn (allemand) souhaitent adhérer à l'UAM, qui contribue à rassembler les créateurs modernes ; ils y seront invités. Le clou de l'exposition de 1932 est la présentation des graphistes soviétiques et tchèques organisée par Jean Carlu.

Cette année-là voit arriver un nouveau membre, l'Italien Sartoris. En 1933, c'est au tour du Néerlandais Bernard Bijvoet. En 1934, ils rédigent un premier manifeste, *Pour l'art moderne, cadre de la vie contemporaine*, avec les collaborations du critique Louis Chéronnet et de Jean Carlu, qui présentent en plusieurs points leurs objectifs et actions futures. Ils prônent une production de masse, une mise à profit du progrès et envisagent l'utilisation de matériaux choisis : « le quatuor ciment, verre, métal, électricité, quatuor harmonieux, dont nous avons voulu poser les principes et établir les accords ». Ces architectes font appel à tous les métiers d'art sans exception, au vitrail, au graphisme, à la publicité et à l'éclairage, sans oublier la sculpture décorative et la peinture. La volonté de l'UAM est de se rapprocher de l'industrie, ce qui conduit en 1934 à la création d'une commission permanente d'échanges entre l'UAM et l'OTUA (Office de l'utilisation de l'acier). Créateurs de formes et producteurs de matériaux, les membres se concertent afin de produire des études d'aménagements de paquebots sous la direction de René Herbst. Ils imposent l'idée d'une modernité qui se traduit en particulier par la recherche de matériaux nouveaux. Jean Burkhalter fait appel à un maillage de ficelle pour l'assise

Chaises réfectoire, Robert Mallet-Stevens, 1926. Paris, Centre Georges-Pompidou.

Chaise en tubes à gaz
en porte-à-faux, Mart Stam,
1926. Vitra Design Museum.

de son siège en tube, René Herbst utilise le sandow initialement prévu pour les appareils de culture physique en tension sur l'assise du siège.

Dans son chef-d'œuvre *la Maison de verre* (1931), Pierre Chareau (1883-1950), assisté de Bernard Bijvoet et du ferronnier Louis Dalbet, exprime son goût pour le verre en façade, les serrureries et les menuiseries métalliques, la mobilité, le caractère évolutif des espaces, les formes dépliables, déclinables, transformables, les petites tables en fer forgé en éventail. Cette maison traduit la quintessence de ses convictions d'architecte et d'ensemblier.

Jean Prouvé (1901-1984), créateur lui-même, sait mettre tout son talent de constructeur au service de quelques-unes des personnalités de l'UAM, dont Charlotte Perriand, Georges-Henri Pingusson, Marcel Gascoin. En 1937, l'UAM est sollicitée pour définir un programme d'exposition orienté vers les sciences et les techniques. Le groupe défend le pavillon des Temps modernes de Le Corbusier. Et obtient pour lui-même un emplacement pour édifier son pavillon, qui sera construit en dix semaines par Georges-Henri Pingusson, Francis Jourdain et André Louis. Celui-ci comprend des éléments préfabriqués où est présentée une exposition d'objets courants et de mobilier, qui satisfait au désir de Francis Jourdain de proposer «un bazar» de la vie quotidienne. Le verre apparaît comme un des matériaux de la modernité, dans le cadre d'une utilisation rationnelle. En ce qui concerne le pavillon de l'UAM, les baies sont si importantes qu'elles font oublier les structures porteuses. René Coulon est aussi associé au pavillon de l'Hygiène et au pavillon de Saint-Gobain. Il n'entre à l'UAM qu'en 1944. Architecte-conseil des Glaceries de Saint-Gobain, il est

La villa Noailles à Hyères (Var), Robert Mallet-Stevens, 1924-1933. Construite en plusieurs étapes pour Charles et Marie-Laure de Noailles, la villa est, dans un esprit cubiste, un « conglomérat de cubes de ciment gris », avec piscine, terrasses et jardins suspendus.

Boeing

Le Monomail, 1929. Ce monoplan tout en métal est l'un des premiers avions de ligne mis au point par Boeing,

William E. Boeing (1881-1956), formé à l'université de Yale, travaille dans l'industrie du bois. Cette expérience lui sera utile dans le design et l'assemblage des avions. Passionné d'aviation, il apprend le pilotage et s'associe à George Conrad Westervelt, ingénieur de la marine américaine formé à l'aéronautique, pour créer en 1916 le «B&W», un avion en bois, toile et fer. Westervelt repart à l'armée, et Tsu Wong, un ingénieur aéronautique, est engagé par la «Boeing airplane company» pour dessiner le modèle «C» qui sera testé et acheté par l'armée américaine. En 1923, le «modèle 15 (PW-9)» de Boeing est également choisi par l'armée et évolue la décennie suivante en «modèle P-12/F4B». L'exploit exceptionnel de Charles Lindbergh qui relie sans escale New York à Paris en 1927, passionne le public. La popularité des vols avec passagers inspire à Boeing le biplan à 3 moteurs «modèle 80», pour 12 passagers

qui fait son premier vol le 27 juillet 1929, puis le «modèle 80A» qui peut transporter 18 personnes. Un des premiers avions de ligne, mis au point par Boeing la même année, est le monoplan tout en métal «Monomail», prévu pour le courrier et le fret. Il est à l'origine du Boeing 247 mis en service par la United Airlines en 1933. Dans le cadre d'un accord avec Pan American World Airways, Boeing développe un avion commercial de transport de passagers sur la ligne Transatlantique. Le premier vol du Boeing «Clipper 314», a lieu en juin 1938. C'est le plus grand avion civil de l'époque, avec une capacité de 90 personnes pour les vols de jour et 40 pour les vols de nuit. Une année plus tard, le premier service régulier entre les États-Unis et la Grande-Bretagne est inauguré.

le premier à mettre au point du «béton translucide», c'est-à-dire des dalles de verre montées dans du béton. Il réalise d'intéressants meubles en verre trempé moulé. Louis Sognot propose du mobilier en rotin.

René Herbst succède à Robert Mallet-Stevens à sa mort en 1945. Il propose en 1949 une exposition intitulée «Formes utiles, objets de notre temps». Elle donne naissance à la section Formes utiles, émanation de l'UAM. C'est le début de dissensions qui mèneront à la dissolution du groupe en 1958.

Le design industriel aux États-Unis

La première exposition d'arts décoratifs modernes, «Werkbund Exhibit of Industrial and Applied Arts», se tient en 1912 au Newark Museum, sous l'impulsion de John Cotton Danna. Passionné par le design allemand, qu'il a connu par la presse, il propose une exposition de trois cents objets, avec des photographies des architectures de Peter Behrens et Walter Gropius.

1925, l'impact

Comme toutes les grandes nations, les États-Unis se voient proposer un espace à l'Exposition internationale des arts décoratifs et industriels modernes de Paris, en 1925. Mais le pays doit montrer qu'il sait fabriquer des produits commercialisés innovants. Le mot d'ordre est «moderne». Le secrétaire d'État au Commerce, Herbert Hoover, organise une consultation auprès d'enseignants, d'hommes d'affaires, d'artisans, de fabricants et de personnalités de l'art américain, et parvient à la conclusion qu'il n'y a pas de design moderne aux États-Unis. Préférant décliner l'invitation, il envoie à Paris Charles R. Richards, qui, dans son compte rendu de visite, estime que l'esprit moderne ne souffle pas vraiment sur l'exposition de Paris, et que la plupart des présentations françaises proposent des interprétations de styles issues du passé. L'exposition de 1925 rencontre cependant un très grand succès, et de nombreux touristes américains la visitent, parmi lesquels certains futurs chefs de file du design américain.

Les jalons

Les Américains ne semblent pas prêts à sauter le pas de la modernité. Pourtant, Joseph Breck, Richard F. Bach et Charles C. Richards organisent au Metropolitan Museum de New York des expositions annuelles d'objets produits par des fabriques américaines, et présentent des créations européennes, pour inciter à l'innovation. En 1926, le musée accueille deux expositions importantes: «Exhibition of Current Manufactures Designed and Made in the United States», et, quelques mois plus tard, une exposition itinérante d'une sélection d'objets de l'Exposition internationale des arts décoratifs et industriels modernes. Poursuivant cette politique dynamique, en 1927, le musée organise une exposition sur les arts décoratifs suédois contemporains.

En 1927 se tient une autre exposition, «Machine Age Exposition», organisée par Jane Heap, dans un espace de bureaux, à New York, sur la 57ᵉ rue, pendant deux semaines. Font partie du comité: Alexandre Archipenko, Charles Demuth, Marcel Duchamp, Hugh Ferris, Louis Lozowick, André Lurçat, Elie Nadelman, Man Ray et Charles Sheeler. La couverture du catalogue est de Fernand Léger. L'exposition montre des productions célébrant la «beauté dynamique» des machines; un hommage est rendu à l'ingénieur plutôt qu'au décorateur. Venues des États-Unis, d'Autriche, de Belgique, de France, de Pologne et de Russie, les pièces exposées anticipent l'exposition qui se tiendra en 1934 au musée d'Art moderne de New York, «Machine Art».

En 1928 est organisée «The American Designers Gallery», manifestation importante réunissant trente-six exposants, dont Paul T. Frankl, Raymond Hood, William T. Lescaze et Joseph Urban. Pour la première fois, un groupe de créateurs américains expose ses travaux et revendique une identité américaine. Dix ensembles complets sont installés, parmi lesquels *le Fumoir* de Donald Deskey, composé de matériaux industriels, avec un plafond aluminium, un linoléum sombre au sol, des luminaires aluminium. L'utilisation de matériaux comme le liège, l'aluminium, le métal permet d'identifier le style moderne américain. En juin 1928, le magazine *Good Furniture* se fait l'allié des artistes et publie des articles sur des réalisations modernes. Paul T. Frankl exprime la modernité à travers un mobilier à l'esthétique «*skyscraper*» (gratte-ciel). Les arts décoratifs, la peinture, la photographie s'inspirent également de cette esthétique de la verticalité. Succédant aux excentricités du style «*skyscraper*», une tendance plus sobre se dessine, «*streamline*», dont les lignes s'inspirent de la vitesse et dans laquelle les designers ne se contentent pas d'appliquer les principes aux locomotives ou aux transatlantiques, mais les étendent à tous les objets du quotidien.

Les grands magasins : le modèle parisien

Le rôle joué par les grands magasins à Paris est repris à New York. Macy's organise une exposition au printemps 1927, «The Art in Trade» («L'art dans le commerce»), qui présente des designers américains et français et propose une pièce entière de mobilier dans le style *skyscraper* de Paul T. Frankl. Lord and Taylor inaugure, en 1928, *An Exposition of French Decorative Art*, comprenant de très beaux objets et pièces de mobilier de J. E. Ruhlmann, Jean Dunand, Pierre Chareau, DIM (Décoration intérieure moderne) et Rodier. Son succès commercial est retentissant. Macy's organise, en 1928, une deuxième exposition, «International Exposition of Art in Industry», qui présente un panorama de la création en Autriche, en France, en Allemagne, en Italie, en Suède et aux États-Unis. Cependant, 1929, l'année du krach de Wall Street, va marquer le début d'une dépression économique aux répercussions mondiales sans précédent.

Le streamline

Fauteuil *Airline*, érable et cuir, Kem Weber, 1930. Un fauteuil à la ligne aérodynamique. Houston, musée des Beaux-Arts.

La beauté dynamique des machines et la fascination pour la vitesse séduisent et enivrent l'imagination, comme l'avaient annoncé les futuristes italiens dès 1909. Le mouvement *streamline* apparaît vers 1930. Norman Bel Geddes s'en fait le promoteur dans son ouvrage *Horizons* (1932). Le *streamline* combine les principes de l'aérodynamique avec la géométrie fonctionnelle du «style international». Bien que les prémices de ce style soient allemandes, comme en témoigne le dirigeable du comte von Zeppelin, ce sont les designers américains qui développent cette esthétique. Les recherches aérodynamiques sont réalisées à l'aide d'essais en soufflerie, produisant des formes d'obus, courbes, monocoques, plus compactes, en particulier dans le domaine des transports (avions, paquebots, voitures, trains). De nouvelles techniques favorisent ces changements, notamment celle des machines à emboutir, pour de nouveaux matériaux tels que l'acier inoxydable, les feuilles d'aluminium poli, la Bakélite et les plastiques, qui offrent la possibilité de réaliser des objets moulés aux formes novatrices, représentant une vision de la société du futur.

Le style *streamline*, avec son côté glamour, devient populaire aux États-Unis dans les années 1930 et relance la consommation. Le succès de ce style s'explique par le désir implicite de vitesse et d'efficacité, mais aussi par une référence subliminale sexuelle. Un débat s'organise qui oppose les *streamliners* et les puristes de la machine, défendus par le Museum of Modern Art. Les formes *streamline* font leur apparition dans des meubles et des horloges conçus par Gilbert Rohde (1894-1944), édités par Herman Miller; Kem (Karl Emanuel Martin) Weber (1889-1963) produit vases, shakers, mobilier; Walter Dorwin Teague (1883-1960) dessine les appareils photo de la société Kodak, puis pour la Sparton Radio Company; Warren MacArthur est le premier à réaliser des meubles en aluminium anodisé qui allient artisanat d'art et esthétique mécaniste.

Le style international

En 1932, Philip Johnson et H. R. Hitchcock organisent au Museum of Modern Art de New York l'exposition «Architecture moderne : exposition internationale». Ils identifient pour la première fois un vocabulaire commun, un *international style* appliqué à l'architecture et au design moderne, qui compte des représentants tels que Mies Van der Rohe, JJP Oud, Le Corbusier, Frank Lloyd Wright. La même année est créé le département d'architecture et d'art industriel au Museum of Modern Art, à New York. Les États-Unis rejoignent l'avant-garde européenne. L'exposition «The Century of Progress», à Chicago, en 1933-1934, dominée par le dirigeable Goodyear, agrémentée du superbe train Zephyr de la compagnie Burlington & Quincy Railroad et de son rival M-10000 de la Union Pacific Railroad, propose une image positive de la science et du progrès. Cette accréditation de la science et du commerce tient à l'investissement du National Research Council (NRC). Un idéalisme scientifique, une vision du futur conditionnée par la science sont popularisés par la publicité. Les catalogues de vente, la publicité dans les magazines et le conditionnement des produits (*packaging*) sont conçus par de grands noms tels que A. M. Cassandre, José Arentz ou Otis Shepard.

Maquette de la ville *Futurama* conçue pour la General Motors, Norman Bel Geddes, 1939. Présentée à l'exposition de New York « The World of Tomorrow ».

Le réveil des États-Unis

Le réveil des États-Unis est activé par le New Deal que met en place Franklin D. Roosevelt en 1933. Il met à contribution les créateurs pour relancer l'économie. De nouveaux intervenants font leur apparition : les designers industriels, issus des milieux de l'image, de la mode, de la publicité.

Le plus flamboyant d'entre eux est Norman Bel Geddes (1893-1958), publicitaire, scénographe, architecte. Il réalise quelques vitrines sur la 5ᵉ avenue à New York. En 1927, il se présente comme designer industriel, ses projets s'inspirant d'une approche industrielle. En 1928, il rencontre, par l'intermédiaire de sa femme, J. Walter Thompson, président de la célèbre agence de publicité, qui lui commande une salle de conférences efficace comme une machine, et le présente à des clients comme Simmons (literie) et Toledo (producteur de balances). Plus que tout autre, Norman Bel Geddes a contribué à la diffusion de l'idée de *streamline*. Son œuvre, plus riche de projets que de réalisations, exerce une influence déterminante. En 1932, il publie son ouvrage *Horizons*, un manifeste en faveur du *streamline*. «Le concept de vitesse est le cri de notre époque, celui du futur sera d'une vitesse de plus en plus grande.» Il démontre l'adéquation du modernisme et de l'art social avec la démarche et les objectifs de l'esthétique industrielle.

Des designers produits

Walter Dorwin Teague (1883-1960), publicitaire, ouvre son agence à New York. En 1911, il voyage en Europe, où il découvre Le Corbusier, Mallet-Stevens et Gropius. À son retour, il conçoit l'appareil photo *Baby Brownie* (1927) de Kodak, qui a un énorme succès. Une collaboration avec cette marque

Raymond Loewy

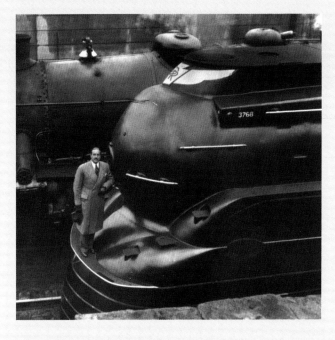

D'origine française (1893-1986), il vit aux États-Unis. En 1919, il est dessinateur de mode, et doit subsister misérablement pendant les années de crise économique. S'adressant aux industriels, il soutient que l'esthétique est un facteur de vente. Finalement écouté, en 1932, il ouvre sa première agence à New York. Il est chargé d'une mission de design auprès de la Sears Roebuck and Company, de la Greyhound Corporation et de la Pennsylvania Railroad Company. L'ensemble *Designers Office and Studio* de Loewy et Lee Simonson figure à l'exposition «Contemporary American Art» du Metropolitan Museum of Art. Loewy ouvre un bureau à Londres en 1934 afin d'honorer la commande de machines à dupliquer de Sigmund Gestetner. En 1936, l'architecte naval George C. Sharp s'associe avec lui pour concevoir un bateau au design moderne, destiné à la Panama Railway Steam Ship Company. En 1937, il intègre un département architecture et *interior design* à son agence de New York. À l'Exposition internationale des arts et techniques dans la vie moderne de Paris, la même année, il reçoit la médaille d'or pour la locomotive GG1.

L'ouverture de l'agence de Chicago en 1938 marque le début de sa collaboration avec Studebaker et Coca-Cola. Il participe à l'exposition de New York en 1939 et réalise les bus de l'exposition pour la société Greyhound; il est également conseil pour le pavillon des chemins de fer, le plus grand de la manifestation. En 1941, Raymond Loewy dessine le nouveau paquet de cigarettes Lucky Strike et conçoit un *corporate identity program* (identité visuelle) pour l'International Harvester Company. En 1946, il devient président de la Society of Industrial Designers. En 1952, il fonde à Paris la CEI (Compagnie d'esthétique industrielle). Il publie *La laideur se vend mal* en 1953. Son souci est de concilier le progrès et l'humain, afin de susciter l'action de s'approprier les produits dans une démarche de plaisir plutôt que de nécessité.

suit. Il dessine des voitures pour Marmon en 1932-1933, conçoit le pavillon de la Ford Motor Co. à l'exposition «Century of Progress» de Chicago (1933), et un pavillon Ford pour la foire de San Diego (1935). En 1936, il fait partie du comité d'organisation de l'exposition de New York «World of Tomorrow» (1939). En 1940, il publie *Design this Day, the Technique of Order in the Machine Age*, dans lequel il défend la géométrie essence du design et cite comme exemple le Parthénon à Athènes. Excellent homme d'affaires, il donne à la profession de designer industriel une image de sérieux qui apaise l'inquiétude des industriels. Il accepte de se soumettre à la mode et au renouvellement stylistique exigé par ses clients, persuadé que ce qui est bon pour le commerce l'est pour la société dans son ensemble.

Henry Dreyfuss (1904-1972), designer, participe à la fondation de l'Industrial Society of America, et se consacre au design industriel pour Hoover, John Deer, Hyster, Pan Am. Il conçoit également l'aménagement de paquebots et d'avions. Il travaille pendant quarante ans pour la Bell Company et met au point le fameux téléphone *Model 300* (1937) puis le *Model 500* (1949). Il refuse les commandes dont la conception n'implique pas l'ingénieur.

La Cranbrook Academy

Eliel Saarinen (1873-1950), architecte finlandais, arrive aux États-Unis après avoir gagné en 1922 le deuxième prix du concours de la Chicago Tribune Tower. Âgé de cinquante ans, il a une longue carrière derrière lui en Finlande et en Europe, où il travaille dans l'esprit Arts and Crafts. Il expose, en 1929, une salle à manger à l'exposition «The Architect and the Industrial Arts», au Metropolitan Museum de New York. Lorsque, en 1927,

Appareil photographique
Kodak Bantam Special,
Walter Dorwin Teague, 1936.

George G. Booth, homme d'affaires, décide d'établir une école sur ses terres, à Bloomfield Hills (Michigan), sur le conseil d'Albert Kahn, il rencontre Eliel Saarinen à l'Université du Michigan et lui propose de réfléchir à son projet, tant sur le plan de l'architecture que sur le plan du contenu pédagogique. La construction de l'ensemble des bâtiments prend plusieurs années. Les étudiants participent à l'élaboration progressive de l'école, dans les domaines de l'architecture et du design. Un atelier de sculpture décorative, sous la direction de Geza Maroti, puis des ateliers de meubles, de reliure, de tissage se montent pour compléter la formation des apprentis.

En 1928, Saarinen commence la construction d'espaces d'ateliers et de logements pour les élèves et les professeurs. Dépassé par l'ampleur des tâches, Booth nomme Eliel Saarinen président de la Cranbrook Academy of Art en 1932. En dépit des problèmes économiques de l'Académie, l'esprit qui règne est unique : on y encourage le développement individuel des étudiants, dans diverses techniques, sans cursus préétabli. La communauté s'enrichit d'expériences collectives, de fêtes, d'expositions, de conférences d'architectes célèbres, tels Le Corbusier, Alvar Aalto. La mission de Saarinen est accomplie. En quelques années, Cranbrook devient un prestigieux centre de formation d'étudiants voués à de hautes destinées artistiques, tels Charles Eames et Florence Knoll, élèves dans les années 1930. Cette expérience unique représente un chapitre important de l'histoire du design américain.

Un ferment européen

La situation politique en Europe, de plus en plus instable, provoque des vagues d'immigration, qui aboutissent à une véritable mondialisation du mouvement moderne. La fermeture du Bauhaus en 1933 est à l'origine du départ d'Europe vers les États-Unis d'un grand nombre d'architectes, de designers et d'artistes, dont plusieurs sont d'origine allemande. Nikolaus Pevsner publie *Pioneers of the Modern Movement from William Morris to Walter Gropius* (1936), définissant l'évolution du mouvement moderne.

C'est à partir de 1937 que la plupart des expatriés européens arrivent outre-Atlantique, à commencer par «ceux» du Bauhaus : Gropius, Breuer, Moholy-Nagy et Hin Bredendieck. Mies Van der Rohe s'installe à Chicago, où il dirige l'école d'architecture de l'Illinois Institute of Technology (IIT). Siegfried Giedion devient conférencier à Harvard la même année et entame une carrière prestigieuse. L'évolution de l'architecture et du design modernes aux États-Unis se trouve bouleversée par leur enseignement au sein d'institutions influentes et par leurs réalisations concrètes. L'exposition consacrée au Bauhaus au Museum of Modern Art (1938), montée par Herbert Bayer, Walter Gropius et Josef Albers, présente la philosophie et l'œuvre de l'école au public américain, déclenchant un engouement immédiat pour le mobilier métallique : fauteuils *Beta Chair* de 1930 de N. G. Horwitt, fauteuils en aluminium de W. McArthur, fauteuil *Streamline* de Kem Weber.

Les professeurs du New Bauhaus (devenu en 1939 l'Institute of Design), école fondée à Chicago en 1937 par le peintre et sculpteur hongrois Laszlo Moholy-Nagy.

Le New Bauhaus

Le New Bauhaus est fondé en 1937 par l'Association des arts et industries de Chicago, qui en confie la direction à Moholy-Nagy. Le déroulement des études est très inspiré du Bauhaus, mais la professionnalisation prend l'avantage sur l'expérimentation technique et formelle. Moholy-Nagy reçoit l'aide d'un de ses anciens élèves, Hin Bredendieck, et du sculpteur russe Alexandre Archipenko, immigré depuis 1923, puis de Jean Hélion et d'Herbert Bayer. Un conflit avec les sponsors pousse Moholy-Nagy à fonder la School of Design en 1939. Il intègre alors au programme des formations confortant l'effort de guerre : un cours de camouflage et un cours pour invalides de guerre qui lui valent des subventions importantes. La School of Design devient l'Institute of Design en 1944.

Naissance du marketing

La consommation, devenue un véritable phénomène de société dans les années 1920, déclenche une réflexion sur des nouvelles idées de publicité et de marketing. Le développement de la production de masse et l'organisation rationnelle des entreprises entraînent un changement des pratiques commerciales. La société Ford lance en 1908 le modèle T, qui obtient un immense succès commercial. Elle développe chaque année un modèle et en lance la mode. Ford est considéré comme l'inventeur d'une nouvelle théorie d'organisation et d'action industrielles que certains économistes considèrent comme un système économique. Cette nouvelle religion du business aux États-Unis suscite des critiques, en particulier chez des intellectuels comme Lewis Mumford, Stuart Chase et Dos Passos ; certains s'embarquent pour l'Europe. En 1927, les magasins Macy's, à New York, organisent l'exposition « The Art in Trade » (« L'art dans le commerce »).

En 1930 paraît le premier numéro de *Fortune Magazine*. Henry Luce, son instigateur, réalise une revue pour les chefs d'industrie et non pour les travailleurs. Il engage les meilleurs écrivains et photographes. Des entreprises industrielles sont analysées, les phénomènes nouveaux tels que l'architecture moderne et le design industriel sont examinés. Les États-Unis vont permettre ce que ni le Werkbund ni le Bauhaus n'ont vraiment pu réaliser, la rencontre du créateur et de l'industriel. Le facteur esthétique devient un facteur supplémentaire de vente. Les industries américaines s'adjoignent l'aide d'équipes de « management » et de « marketing » qui alimentent le travail du designer avec les informations nécessaires (études de marché, investissements...), dont ils sont parfois trop dépendants au détriment de la réflexion formelle, le « *styling* » conduisant parfois à une dérive esthétique. Les produits sont vendus non seulement grâce à leurs qualités techniques mais aussi pour leur aspect et leur style. La notion de « progrès » intervient dans le design du produit surtout au moment de la récession des années 1930, le commerce se réclamant de la science et de la recherche. De nouveaux « héros » apparaissent, tels Walter P. Chrysler et David Sarnoff.

Le design scandinave, design organique

Jusque vers la fin du XIXe siècle, les pays scandinaves vivent principalement de l'agriculture. Vient l'époque du romantisme national, où s'ouvrent de nombreux musées historiques, tels l'Atheneum d'Helsinki, lié à une École des arts décoratifs qui est le berceau du design finlandais. L'Association finlandaise des métiers d'art, l'Union pour le travail domestique suédois sont également actives. La Finlande se distingue à l'Exposition universelle de Paris en 1900, grâce au pavillon national conçu comme une œuvre d'art total par l'architecte Eliel Saarinen, qui replace ainsi la Scandinavie au cœur de l'intérêt culturel européen.

Un art de vivre démocratique

En Scandinavie, plus qu'ailleurs, les designers introduisent et pratiquent une approche démocratique du design, avec pour objectif un idéal social et l'amélioration de la qualité de la vie. Le design scandinave est porté par une éthique humaniste dont les origines remontent au luthéranisme, religion d'État dans les cinq pays de Scandinavie : le Danemark, la Finlande, l'Islande, la Norvège et la Suède. Pendant des siècles, le « foyer familial» est le point d'ancrage de l'existence des Scandinaves, refuge indispensable contre les conditions climatiques souvent hostiles et cadre structurel de la vie de famille. Ils ont appris à gérer les ressources disponibles et à les utiliser avec la plus grande efficacité. Le design est constitutif de leur bien-être culturel, économique et social. L'alliance d'un savoir-faire ancestral et des techniques modernes fait des Scandinaves les créateurs d'objets de grande qualité, qui répondent à la recherche de l'équilibre entre forme, fonction, couleur, texture, longévité et coût.

Le Danemark, jusque dans les années 1950, est un pays peu industrialisé, dont l'économie repose sur l'agriculture et l'artisanat. Les recherches anthropométriques de Kaare Klint (1888-1954), réalisées en 1916, exercent une grande influence sur le design. À la suite d'études détaillées des proportions anatomiques, il produit des meubles, parmi lesquels les sièges *Safari* et *Deck* en 1933, mais il ne s'intéresse pas à l'industrialisation de ces modèles. La société Fritz Hansen, spécialisée dans le bois tourné, se consacre à la production de meubles de designers, répandant ainsi le design danois à plus grande échelle. Poul Henningsen (1894-1967) s'intéresse à la technique et à l'esthétique de l'éclairage.

Fauteuil n° 41 *Paimio*, Alvar Aalto, 1931-1932. Structure en bois de bouleau courbé, assise en contreplaqué moulé.

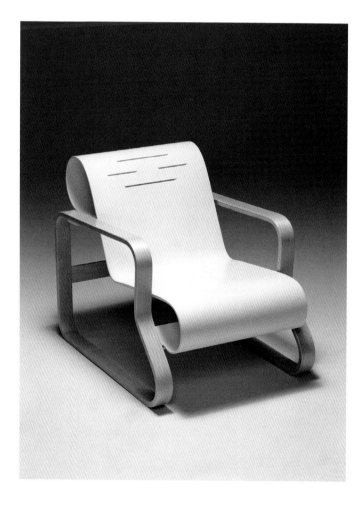

Alvar Aalto

Tabourets empilables en L,
Alvar Aalto, 1931-1932.

Architecte finlandais (1898-1976), il construit dans un style néoclassique. En 1924, il épouse Aino Marsio, architecte, qui sera son assistante. Pour son frère, il réalise son premier mobilier en 1921, puis Aino et lui reçoivent la commande de l'aménagement d'un grand café à Jyväskylä. Pendant l'été 1924, ils réalisent l'aménagement des locaux de l'association Häme, avant de remporter un concours organisé par la Société finlandaise des arts décoratifs : ils s'occupent de l'ameublement de la salle de séjour d'une famille aux revenus modestes.

Alvar Aalto voyage beaucoup. Il rencontre l'architecte Gunnar Asplund à Stockholm, puis Sven Markelius. Le couple s'installe à Turku (Finlande) en 1927. Alvar Aalto abandonne le style néo-classique pour le style international et construit le siège du quotidien *Turun Sanomat* (1928-1929) et le sanatorium de Paimio (1929-1933). Il aborde la réalisation de mobilier de série avec Otto Korhonen, directeur de la fabrique Huonekalu.

La première chaise est empilable, alliant le bois massif et le contre-plaqué courbé, avec assemblage manuel. Pour passer à la fabrication en série, il produit un prototype monté sur un piétement en tubes d'acier. Aalto donne au bois de nouvelles formes, par ses expérimentations techniques. Il fabrique des pieds en hêtre lamellé, vissés sous le siège incurvé, qui se prolongent en accoudoirs. En 1932, il met au point le fameux «pied Aalto», puis de nombreux modèles de sièges pour la bibliothèque de Viipuri, inaugurée en 1935. La société Artek, fondée en 1935, commercialise et diffuse ses modèles sur le plan international. Les meubles sont réalisés dans des matériaux naturels, les formes sont ergonomiques, tout en gardant rigueur et simplicité.

Une exposition est consacrée à Aalto à New York en 1938. Il retourne en 1940 aux États-Unis, où il donne des conférences sur la reconstruction en Finlande. Il débute ses cours au MIT la même année.

La Finlande donne, avant le Werkbund et le Bauhaus, l'exemple d'une interdisciplinarité entre architecture et design. L'histoire du design finlandais est souvent liée à celle des expositions internationales. Le pavillon de Saarinen à l'exposition universelle de Paris en 1900 témoigne de cet engagement global. Alvar Aalto fait la démonstration de cette recherche de complémentarité des formes et des fonctions.

La Suède montre son savoir-faire en 1923 avec la réalisation de l'hôtel de ville de Stockholm. De nombreuses connexions sont établies entre les artistes suédois et l'industrie domestique, en particulier la verrerie et la céramique, sous l'égide de la société destinée à l'encouragement de l'artisanat suédois fondée en 1845. Axel Larsson expose au pavillon suédois de l'exposition de New York, en 1939, un mobilier de série en bois aux formes organiques. La société Svenskt Tenn produit du mobilier conçu par l'Autrichien émigré Josef Frank (1885-1967). Pendant les années 1920, de nombreux créateurs suédois partent étudier à Paris et à Berlin. Dans les années qui suivent, le luxe est supplanté par le «fonctionnalisme suédois», le design moderne est considéré comme un outil de changement social. Le design doit jeter un pont social et faire advenir la vision de la «Folkhemmet» (maison de monsieur tout le monde). Erik Gunnar Asplund révèle une forme moderne qui répond au credo des fonctionnalistes selon lequel «le design pensé est beau». Bruno Mathsson propose des modèles de sièges aux formes organiques en bois stratifié et sangles.

Les architectes scandinaves se déplacent fréquemment entre les pays nordiques et les pays baltes, mais perpétuent également la tradition des voyages d'étude dans le Centre et le Sud de l'Europe. Au début des années 1920, l'Italie est le pays de prédilection, que visitent notamment Erik Gunnar Asplund et Sven Markelius en 1920, Alvar Aalto en 1924. Avec l'avènement du fonctionnalisme à partir de 1925-1926, les créateurs scandinaves réorientent leurs déplacements vers les pays précurseurs : l'Allemagne, les Pays-Bas, la France.

Le biomorphisme

Les origines du mouvement se trouvent dans la peinture et la sculpture, et datent de 1915 et 1917, avec Jean Arp et le mouvement dada, à Zurich. Dans les années 1930, des artistes tels que Salvador Dalí, René Magritte, Joan Miró, Fernand Léger et Alexandre Calder utilisent des formes similaires. Ces idées sont reprises également par les sculpteurs britanniques Henry Moore et Barbara Hepworth. L'émergence du biomorphisme a réellement lieu au milieu des années 1930, pendant que le mouvement surréaliste, dont il tire son essence, est en pleine effervescence.

La troisième dimension

La production de mobilier dans l'esprit biomorphique est caractérisée par des formes ondulantes en écho aux formes du corps humain. Certains

Tables gigognes en aluminium, Friedrich Kiesler, 1935.

Table de la série *Arabesque*, Carlo Mollino, vers 1950. Paris, Centre Georges-Pompidou.

Table basse, Isamu Noguchi, 1944. Plateau en verre et piètement bois. Édition Herman Miller. Vitra Museum Design.

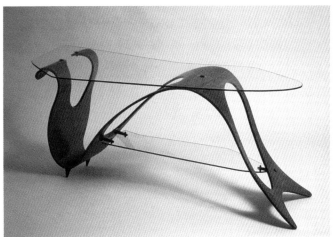

modèles en font la démonstration : le fauteuil *Paimio* d'Alvar Aalto (1931-1932), le fauteuil de Bruno Mathsson (1933-1936)... Frederick Kiesler dessine des tables basses en aluminium en forme d'amibes (1935) ; Marcel Breuer dessine également des chaises aux formes ondulantes en contre-plaqué, telle la *Isokon Long Chair* (1935-1936) ; Isamu Noguchi réalise une table pour la Goodyear Company, véritable sculpture fonctionnelle. Ces exemples témoignent de l'évolution du design entre deux et trois dimensions. Le style se prolonge et se renforce même après la Seconde Guerre mondiale, surtout aux États-Unis. Le grand magasin new-yorkais Bloomingdale, en association avec le MOMA, organise un concours inter-américain sur le thème «Organic Design in Home Furnishings» (1940). Charles Eames et Eero Saarinen remportent le premier prix grâce à un fau-teuil inspiré des formes du corps humain, en utilisant des techniques et matériaux nouveaux, dont une coque de contreplaqué moulé. L'Italien Carlo Mollino pousse le biomorphisme à son extrême : il s'inspire du sur-réalisme et développe un mobilier aux formes très libres. Cette tendance se répand dans les arts décoratifs, en particulier dans l'orfèvrerie, mais aussi dans l'architecture, à travers certaines réalisations des années 1950, tel le terminal TWA à Kennedy Airport d'Eero Saarinen.

Pouvoir et design

Dans les années qui précèdent la Seconde Guerre mondiale se développe un esprit de retour à l'ordre. Citations historiques, colonnades et fron-tons se multiplient, avec également un retour au régionalisme, sensible surtout en architecture. Le mouvement moderne est suspect. Mais les recherches se poursuivent, utilisant le design industriel comme outil de propagande, en Allemagne par exemple, avec la voiture Coccinelle de Volkswagen.

Les totalitarismes

En Italie, Mussolini n'a pas de goût pour les arts, mais le duce engage une coordination entre l'État, les artistes, les artisans et les intellectuels. Le thème de la «Triennale de Monza», en 1930, est l'électricité domestique. À l'instar des futuristes, Mussolini souhaite mettre le régime fasciste sous le signe de la vitesse et de la machine, et récuse tout État passéiste. Il adopte le slogan du poète futuriste Emilio Marinetti pour le pays : «Velocizzare l'Italia» («Rendre l'Italie plus rapide»). Le design industriel moderne est adopté comme style officiel, et ainsi préféré à l'artisanat.

En Union soviétique, Lénine propose une vision utopique de la société : «Le communisme est le pouvoir soviétique plus l'électrification de toute l'économie.» La centrale électrique, avec sa vaste dimension et sa puissance, devient l'emblème du nouvel État. Staline succède à Lénine en 1924. Après l'installation de la dictature et les grandes purges de 1935, il impose ses vues artistiques et choisit le tracteur comme pièce

EXPOSITION INTERNATIONALE
PARIS 1937

Vue générale de l'Exposition internationale des arts et techniques dans la vie moderne, Paris, 1937. Le pavillon de l'URSS fait face au pavillon allemand.

maîtresse de son programme en faveur de l'agriculture collective. Son plan quinquennal propose également un fort développement de la production de l'acier, et la politique de construction de grands ensembles d'habitations – hôtels, ministères – représente une combinaison de classicisme et de modernité.

En Allemagne, Hitler arrive au pouvoir en 1933. Son régime totalitaire s'appuie sur les représentations visuelles, et il impose le style néoclassique, son préféré en architecture et en décoration. Il fait, de même, le choix de la lettre gothique comme lettre officielle, revendication de l'origine allemande de la typographie due à Gutenberg. L'aménagement intérieur rend hommage aux vertus des artisans allemands, à travers l'emploi de matériaux nobles, bruts : le fer forgé, le bois, le tissu. Il fait appel à des foyers artistiques à Hambourg, Munich, Dresde... Il s'oppose à un « art juif ». Certaines écoles sont fermées, dont le Bauhaus, des journaux sont interdits et des artistes déportés, d'autres quittent le pays. Artiste déçu, Hitler compense en créant de grands spectacles de propagande, inspirés des opéras de Wagner. Il invente le « son et lumière » avec ses impressionnants spectacles nocturnes. La musique, la sculpture et l'architecture enthousiasment l'homme et servent le Führer.

L'exposition de 1937 à Paris, entre classicisme et modernité

En France, la construction du Palais de Chaillot pour l'Exposition universelle de 1937 révèle un goût pour le classicisme monumental et solennel, symbole de l'esthétique officielle. Le Centre régional, occupant un des espaces de l'exposition, est mis en valeur, témoignant d'un penchant pour le régionalisme, avant-goût de la politique pétainiste, la région étant considérée comme un microcosme protecteur face à la montée en puissance des nationalismes et des impérialismes. La conception du Centre artisanal révèle d'ailleurs une idéologie anti-industrielle. Les vingt-deux pavillons étrangers et l'ensemble de l'exposition affichent une modernité classique, avec l'intégration des arts plastiques telles les grandes fresques murales et les sculptures. L'effort porte sur les sciences et les techniques. Un nouveau sens du *moderne*, un style architectonique rationnel témoignant d'un sens esthétique minimum, se développe. L'importance de l'esprit Bauhaus se fait sentir.

Le design contemporain (1939-1958)

Le drame humain que constitue un conflit peut aussi être à l'origine, sur le plan technologique, de l'apparition de nouveaux matériaux et procédés de fabrication: c'est une période d'expérimentation. L'armement de la Seconde Guerre mondiale présente une caractéristique particulière: sa forme est étudiée d'un point de vue esthétique. À l'évidence, après la Libération, le modèle domestique américain s'impose, notamment à travers la préfabrication en architecture, l'invasion des arts ménagers par le plastique, la souplesse des formes que permet le contreplaqué. Les États-Unis vont imposer pendant au moins une décennie l'*American way of life*, sa diffusion en Europe étant soutenue par le plan Marshall. Une transformation progressive de l'Europe et du Japon commence, qui est aussi un long réapprentissage de la liberté. La reconstruction des villes et le logement sont parmi les premiers soucis des populations et impliquent le déploiement d'une énergie colossale.

Made in USA

Aux États-Unis, le designer se met au service des grandes entreprises dès 1938, date de la création du service «art et couleur» de la General Motors, par exemple. La profession se fédère dès 1944, grâce à la fondation à New York de la United Society of Industrial Design, première organisation professionnelle de design.

Profession designer, une reconnaissance publique

L'Exposition internationale de New York, en 1939, propose le thème «building the world of tomorrow»: construire le monde de demain. Le designer est le candidat idéal pour répondre à cet objectif. Walter Dorwin Teague participe au comité d'organisation de l'exposition; il réalise les pavillons pour Ford, l'Acier américain, Eastman Kodak et National Cash Registers. Henry Dreyfuss est responsable de l'intérieur du pavillon «le Perisphere», qui abrite *The House of Tomorrow* (*la Maison de demain*). Le designer est incontestablement le personnage clé de l'exposition, son métier est reconnu publiquement, dans son rôle d'interprète de l'industrie: Marcello Nizzoli, Max Bill, Henry Dreyfuss, Raymond Loewy, Walter Dorwin Teague, Hans Gugelot, Gio Ponti, tous les pionniers du design international sont présents. C'est aux États-Unis que la profession de designer industriel est officialisée, avec l'apparition du contrat de service entre un bureau de design et une entreprise.

Pendant les années 1940 et au début des années 1950, le musée d'Art moderne de New York encourage le design. Il organise l'exposition «Low Cost Furniture Design Competition» («Compétition de mobilier à prix modéré»), en 1940-1941, afin de promouvoir les jeunes designers. L'initiative est trop précoce; la guerre retardera les effets de cette manifestation, mais engendrera dans le même temps une avancée technique importante, en raison de l'adaptation des outils et matériaux de l'industrie

Page précédente:
Chaise 3100 *Fourmi* en contreplaqué moulé d'un seul tenant, Arne Jacobsen, 1952. Édition Fritz Hansen, Danemark.

Fauteuil *Diamant*, dont
l'assise est réalisée en
treillis de fils d'acier ployé
à la main, Harry Bertoia,
1952. Édition Knoll
Associates Inc., New York.
Vitra Design Museum.

de guerre à l'industrie du meuble et de l'objet. Les designers défendent
une esthétique fonctionnaliste dictée par les exigences de l'industrie militaire et du design industriel : le «*good design*». *What is modern design?*
(*Qu'est-ce que le design moderne?*) [1950] est la bible du bon goût écrite
par Edgar Kaufmann. Elle ne représente cependant qu'une partie du goût
populaire. Entre 1945 et 1960, la logique du design produit oscille entre
rationalisme et design organique.

La société de consommation est très développée aux États-Unis, et les
Américains manifestent des désirs contradictoires : le «*good design*» est
conçu pour eux, mais, le trouvant trop austère, ils préfèrent le style extravagant défendu par le styliste Harley J. Earl, dont l'influence est grande.
Designer de la General Motors, il taille les pare-chocs en forme d'obus,
avec des ailerons saillants ; le tableau de bord fourmille de cadrans. Les
réfrigérateurs sont équipés d'enjoliveurs. Les tableaux de commande des
machines à laver ressemblent à des tableaux de bord, également inspirés de cette esthétique automobile.

Une génération sous influence

Dans le domaine du design industriel, l'influence des créateurs du Bauhaus
se propage. Une nouvelle génération sort de la Cranbrook Academy of
Art (Bloomfield Hills, Michigan) celle de Charles Eames, d'Eero Saarinen
et George Nelson. Ces designers, souvent ingénieurs de formation, ont
une approche du métier logique et rationnelle. Leurs intentions formelles
sont liées aux fonctions de l'objet. Pendant la Seconde Guerre mondiale,

certains ont travaillé sur des projets pour l'armée, comme Charles Eames et Henry Dreyfuss. La guerre engendre des innovations importantes sur les matériaux, les techniques et l'industrialisation. Cette évolution influence l'univers des formes. L'exposition «Organic Design in Home Furnishings» («Design organique domestique») [1940] stimule l'imagination de Saarinen et Eames, et de nouveaux matériaux leur permettent de proposer une ligne plus souple.

Les plastiques sont utilisés dans l'industrie aéronautique (cockpits d'avions), le plexiglas et la fibre de verre dans la marine. L'adaptation des plastiques à des fins domestiques est réalisée par Earl Tupper, qui conçoit des récipients alimentaires bon marché en polyéthylène avec un système de couvercle étanche. Le plexiglas (1936) séduit les designers qui souhaitent montrer la structure interne d'un produit. L'usage du caoutchouc mousse ou moulé a également beaucoup influencé l'évolution du siège, en particulier de l'assise, en faveur de davantage de confort. La *Womb Chair* (1948) d'Eero Saarinen, une coque en plastique moulé garnie de mousse tendue de tissu, au piétement métal, introduit une forme courbe.

Le contreplaqué se développe, grâce aux recherches en aéronautique effectuées pendant la guerre, auxquelles participe Charles Eames. Les fines lamelles de bois, collées en respectant le sens du fil, constituent un matériau extrêmement résistant, capable de former des courbes libres, et moins fragile que le bois cintré.

Fauteuil *Tulipe*, Eero Saarinen, 1948. L'assise est une coque en plastique renforcée de fibre de verre, le piétement unique est en aluminium recouvert de plastique, le coussin est composé de mousse de latex garnie de tissu. Édition Knoll Associates Inc., New York. Saint-Étienne, musée d'Art moderne.

Charles Eames

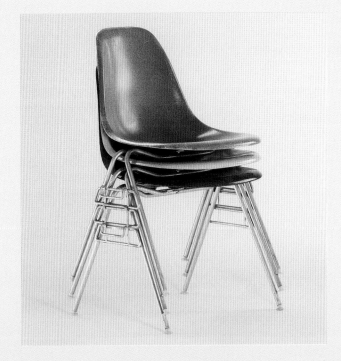

Architecte et designer (1907-1978), il a été chef du département design à la Cranbrook Academy of Art. En 1940, avec Eero Saarinen, il gagne le premier prix du concours «Organic Design in Home Furnishings» du musée d'Art moderne de New York, en présentant un siège en contreplaqué moulé innovant : la mise en forme du contreplaqué se fait sur deux plans, la partie haute du siège et l'assise sont en un seul morceau, formant une coque. Ce projet très technique marque une nouvelle orientation du mobilier, mais pas encore la production de série. Charles Eames et sa femme Ray se rendent à Los Angeles, où ils continuent leurs recherches techniques sur le moulage du contreplaqué. Une commande de la marine américaine les encourage dans leurs projets : l'élaboration d'attelles et de brancards en contreplaqué moulé produits par la Evans Products Company of Los Angeles (1943). Entre 1942 et 1946, ils déclinent une série de sièges en contreplaqué moulé, comme les chaises *DCW* et *DCM* (1946) pour la Evans Products Company. L'entreprise de mobilier Herman Miller engage Charles Eames en tant que conseil en design en 1946, puis s'engage sur un contrat d'exclusivité. La même année, une exposition lui est consacrée au musée d'Art moderne de New York. Charles Eames se préoccupe davantage de l'aspect technique du design et de la recherche sur les matériaux que de l'aspect esthétique. Il propose un siège dont l'assise est une coque de polyester armé de fibre de verre, avec lequel il obtient le deuxième prix du concours «Low Cost Furniture» (1948) dans la catégorie sièges, et un fauteuil en fils d'acier soudé, la *Wire Chair* (1951). Son partenariat avec Herman Miller se poursuit avec l'*Aluminium Group* (1958), une collection d'une grande finesse.

Pièce équipée d'un
« *storage wall*», étagères
et rangements modulables
(1949), ornée de la pendule
Ball Wall (1947), George
Nelson. Les chaises sont
des modèles de Charles
Eames : *DCM* (*Dining
Chair Metal*) [1945-1946],
en contreplaqué moulé.
Édition Herman Miller Inc.,
États-Unis.

On fait appel à d'autres matériaux encore. George Nelson utilise l'aluminium brossé pour les pendules électriques rondes (1955), Walter Dorwin Teague le verre pour un baromètre (1949). Raymond Loewy, sur le poste de radio *Hallicraft* (1947), remplace la couleur dorée des boutons par du noir et du blanc, lui donnant ainsi un aspect d'équipement aéronautique.

Un art de vivre américain

Les États-Unis deviennent la grande puissance de l'après-guerre grâce à l'émigration des artistes européens, la force de leur économie, la vitalité de leur industrie et leur technologie de pointe. Les constructeurs américains attachent plus d'importance à la rentabilité de l'objet qu'à l'objet lui-même. Les techniques de production ne cessent de s'améliorer. Les changements technologiques accélèrent le rythme de remplacement des équipements domestiques, en particulier vers la fin des années 1950, dans le domaine des appareils électriques et de l'électroménager. Étant donné l'évolution très rapide de la technologie, il est désormais plus économique de racheter que de faire réparer. Le design aux États-Unis est l'expression plastique d'une culture matérielle. Le designer, à l'origine créateur, devient coordonnateur ; il se doit de considérer les motivations d'achat des consommateurs, en s'adjoignant les compétences de spécialistes en économie, en marketing et en sciences humaines.

Les États-Unis sont représentés par deux grandes et puissantes entreprises de meubles, Herman Miller puis Knoll, animées par des enseignants et des diplômés de la prestigieuse Cranbrook Academy of Art : Charles Eames, Ray Kaiser (Eames), Eero Saarinen, Harry Bertoia, Florence Schust, qui épouse Hans Knoll, Maija Grotell. Ces sociétés constituent un véritable vivier créatif de designers.

L'empire du Soleil-Levant

Pendant les quinze ans qui suivent la Seconde Guerre mondiale, le Japon dévasté se redresse pour devenir un des plus grands pays industriels, fabriquant un grand nombre de produits de l'industrie de pointe : motos, appareils photo, téléviseurs, etc.

Le design, une cause nationale

L'histoire du design au Japon est liée à cette émergence, mais aussi à l'occupation du pays par les Américains après la guerre. La Direction des arts appliqués japonais est sollicitée pour équiper, à la demande de l'état-major américain, les logements des troupes d'occupation. Mitsubishi et Toshiba se chargeant des appareils ménagers, c'est l'occasion d'assimiler la technique industrielle et le mode de vie américains. L'exposition « À l'école de l'Amérique : l'art de vivre au quotidien » est présentée à Tokyo en 1948. Avec la guerre de Corée, on assiste à un rapprochement des États-Unis et du Japon. En 1951, le designer Raymond Loewy apporte

Herman Miller

La société Herman Miller, qui fabrique du mobilier, est installée à Zeeland (Michigan). Elle est issue d'une petite entreprise, la Star Furniture Company, créée en 1905, qui produisait du mobilier domestique. En 1923, la société, dirigée par D. J. De Pree, s'oriente vers le mobilier contemporain, et elle prend le nom d'Herman Miller à l'arrivée de Gilbert Rohde (1894-1944) en 1931. L'orientation du design vers le modernisme se confirme. Un «*honest design*» empreint d'une certaine moralité anime les deux hommes. En 1942, Rohde dessine l'*Executive Office* Group, un ensemble de mobilier de bureau. Il disparaît en 1944. George Nelson (1907-1986), architecte, lui succède en 1946. Il écrit avec Henry Wright l'ouvrage *Tomorrow's House* (1945), dans lequel il énonce de nouveaux principes de gestion des espaces habitables, en particulier une compartimentation avec des unités de stockage. En 1946, il présente Charles Eames à D. J. De Pree.

George Nelson conçoit des rangements rationnels : le *Storage Wall* (1946), le *Steel Frame Group* (1954) avec John Pile, le *Modular Seating* (1955) et le *CSS Storage System* (1959). *Action Office 1* est basé sur le concept de Robert Propst (1964), dont les réflexions orientent l'entreprise vers le développement d'un programme de mobilier complet pour le bureau, comprenant rangements modulaires, sièges, etc. Un véritable environnement, développé avec *Action Office 2* (1968). Alexander Girard (1907-1993) se joint à l'équipe en 1952. Nommé directeur du département textile, il introduit des papiers peints, des tissus aux somptueuses couleurs et aux motifs nouveaux. Les impératifs du design ne sont pas seulement technologiques et fonctionnels, mais aussi esthétiques. Dans le «*design process*» d'Herman Miller, les designers travaillent en collaboration étroite avec l'usine, et une grande partie du travail est encore réalisée à la main.

IBM (International Business Machines Corporation)

Société américaine d'informatique créée en 1914 par Thomas J. Watson à partir de la fusion de plusieurs petites entreprises, IBM reçoit ce nom en 1924. Grâce à d'excellents vendeurs et à la qualité de son service, elle prend un essor considérable. En 1955, Thomas J. Watson Jr – qui sera nommé président en 1956 – se dit convaincu que «*Good design is good business*» («Le bon design favorise les bonnes affaires»). Il lance un programme autour de l'ordinateur et mobilise Eliot Noyes (1910-1977), qui sera consultant en design de 1956 à 1977. Architecte de formation, il a travaillé chez Marcel Breuer et Walter Gropius, anciens maîtres du Bauhaus. Il est directeur du design chez Norman Bel Geddes, puis il ouvre sa propre agence de design en 1947. Parmi les designers indépendants qui débutent après la guerre, Eliot Noyes est celui qui reçoit le meilleur accueil de la critique. Il dirige le département de design du Museum of Modern Art de New York pendant quatre ans. Il est designer responsable du programme d'ordinateurs Ramac. Le Ramac 305 est lancé sur le marché international en 1957, exemple remarquable d'un ensemble essentiellement régi par des règles fonctionnalistes. Pour IBM, Eliot Noyes crée la machine à écrire *Executive* (1959), la *Selectric* (1961), la machine à dicter *Executary* (1961), l'ordinateur *1440* (1962). L'entreprise propose le premier ordinateur entièrement transistorisé en 1959. IBM apporte un perfectionnement décisif dans la machine à écrire en 1961 en introduisant l'usage de la boule de caractères avec la *Selectric*. Paul Rand, chargé de la communication graphique de la société, participe également de façon importante à la réussite d'IBM.

sa pierre à l'édifice en concevant l'emballage des cigarettes Peace. Par l'intermédiaire du MITI (ministère du Commerce international et de l'Industrie) et du ministère des Finances, le gouvernement stimule la croissance en favorisant l'importation et l'utilisation de techniques étrangères. Le MITI oriente le design vers l'exportation et une mise en place du marché domestique, et crée en 1957 une sélection de «*good design*» assortie d'une récompense, le «G-mark», qui encourage l'innovation. L'organisation qui la met en œuvre est le Conseil de promotion du design.

À partir de 1950, sur le modèle américain, les Japonais ouvrent des agences de design, dans un esprit fonctionnaliste et rationaliste. Le design est une profession moderne, et pour la première fois des fabricants engagent des designers afin d'améliorer leurs produits. Jiro Kusogi entre chez Tokyu Kogyo (futur Mazda) en 1949, Sori Yanagi travaille pour le fabricant de meubles Tendo Mokko et pour la fabrique de porcelaines de l'Institut Tajimi en 1956, et Yusaku Kamekura entre en 1954 dans la société Nippon Kogaku (futur Nikon). Le besoin de reconnaissance et de professionnalisme se manifeste par la création de plusieurs associations professionnelles, dont l'Association des designers industriels (JIDA). Isamu Kenmochi est l'un des premiers designers japonais à voyager en Europe et aux États-Unis; il visite les expositions de «*good design*» du musée d'Art moderne de New York et s'en inspire. Il fonde avec Sori Yanagi, Riki Watanabe, Yusaku Kamekura, l'architecte Kenzo Tange et quelques autres, en 1953, le Comité de design international, rebaptisé en 1959 Comité de *good design*. Ils sélectionnent des produits et les exposent régulièrement dans le «Good Design Corner» du grand magasin Matsuya, sensibilisant ainsi la population japonaise à l'influence du design dans la vie domestique et industrielle.

Sony, une entreprise modèle

La Sony Corporation achète en 1953 à la American Western Electric Company la licence d'un procédé qu'elle développe pour les premiers transistors japonais. En 1945, à sa création, la société est appelée Tokyo Tsuchin Kogyo Kabu Shikakaika. Elle produit ses premiers magnétophones en 1950. En 1955, le premier transistor à succès, le *TR-55*, baptisé *Sony*, utilisant les brevets américains, est une réussite éclatante. Le nom de ce modèle devient celui de la société en 1958. La même année, Sony reçoit une médaille d'or à l'Exposition universelle de Bruxelles; et en 1960, une autre à la Triennale de Milan. Sony développe la télévision transistorisée en 1959; en 1961, le magnétoscope à transistor *SV-201*. L'entreprise innove dans le domaine de la miniaturisation des appareils et poursuit une recherche de grande qualité, mais la concurrence est vive et elle doit lutter avec acharnement contre Mitsubishi, Hitachi, Matsushita. Sur le plan international, Sony est considérée comme une firme d'avant-garde.

Radio *TR-55 Sony*, 1955. C'est la première radio entièrement transistorisée fabriquée en série par la société Tokyo Tsuchin Kogyo Kabushikakaika. En 1958, la société prend le nom de Sony.

Entre tradition et futurisme

Le design japonais est sans doute le premier style postmoderne. Il exploite son histoire et les traditions japonaises de façon active, les designers créant néanmoins des objets tout à fait novateurs. Zenichi Mano, par exemple, s'inspire du dessin des volets d'une architecture du XVIIe siècle pour concevoir la façade d'un poste de radio ; il obtient une récompense décernée par le journal *Mainichi*, autre organe de promotion du design industriel (1953). La fabrication de certains produits tels que les emballages s'inscrit dans la tradition ancestrale du papier plié ou origami. En développant des éléments de culture traditionnelle, des techniques artisanales et en y associant des technologies modernes, le design japonais instaure des valeurs durables et identifiables.

Le Japon devient une puissance économique mondiale, s'affirmant comme leader dans certains secteurs, en particulier celui de la miniaturisation, comme en témoigne la voiture Subaru 360 (1958), mais surtout et très vite dans le domaine de l'électronique. Sony Corporation est une firme-pilote, devant Honda Motor Company, Nikon, Fuji.

En 1969, le musée national d'Art moderne de Kyoto présente l'exposition «Exhibition of Modern Design in Japan». Y figurent une large sélection de design graphique japonais ainsi que du mobilier, avec des créations de Saburo Inui, Kenzo Tange, Bunsho Yamaguchi, Daisaku Cho, Munemichi Yanagi, produites par la société Tendo Mokko Co. On trouve aussi des créations d'Isamu Kenmochi pour la société Yamakawa Raltan Co, une lampe d'Isamu Noguchi pour la société Akari, de l'artisanat (tissus et céramiques), et enfin du design industriel : caméra Canon, projecteur Minolta, chronomètre Seiko, transistor et télévision portable Sony, amplificateur Pioneer. Cette exposition témoigne de l'extraordinaire dynamique créative du Japon, grande nation industrielle vers laquelle se tournent les regards des Européens et des Américains.

La Grande-Bretagne :
une détermination insulaire

La Grande-Bretagne est une plate-forme où se trame la stratégie de la Libération. L'industrie se mobilise et l'énergie de toute la nation est concentrée. Tournée vers le continent, la Grande-Bretagne subit de très nombreux assauts ; le sud de l'Angleterre est dévasté, le gouvernement organise l'industrie au service de la guerre et des populations civiles.

« Utility products » (produits utilitaires)

1942 : la Grande-Bretagne inaugure le Comité pour les « *utility products* », créé par Hugh Dalton, haut fonctionnaire au ministère du Commerce. Il mène une politique de rigueur motivée par les restrictions et le rationnement, et nomme à la direction du comité le fabricant de mobilier Gordon Russell (1892-1980). Les deux hommes sont guidés par le principe suivant : les entreprises n'ont l'autorisation de produire qu'une gamme de produits limitée, agréés par la Commission «Utility Products» ; cette restriction inclut les vêtements, la vaisselle, le mobilier, et garantit une réalisation simple mais de bonne qualité dans de bons matériaux. Le projet est difficile à réaliser. Gordon Russell dirige le comité avec Enid Marx, nommée responsable des tissus d'ameublement de 1944 à 1947. Elle préconise une palette de coloris restreinte et de petits motifs répétés afin d'éviter le gaspillage de matière première. Le comité détermine des critères de simplicité, d'efficacité qui ne sont autres que des critères de modernité. La règle s'assouplit toutefois vers la fin de la guerre, car les Britanniques sont las de ces produits austères. Le comité s'oriente vers des meubles plus petits, plus raffinés, que l'on trouve célébrés dans *The Architectural Review*. La DRU (Design Research Unit) est fondée en 1943. Misha Black et Milner Gray forment le noyau du groupe de designers. La DRU conçoit des stands pour l'exposition «Britain Can Make It» (1946) et le Festival of Britain (1951). Elle exécute des projets de décoration intérieure, d'architecture, de design industriel et de lignes de produits et intervient comme conseil dans tous les secteurs concernés.

Britain can make it : la Grande-Bretagne peut le faire

Fondé en 1944, le Council of Industrial Design (COID) est créé dans le contexte de la politique de reconstruction pour favoriser un bon usage du design et une sensibilisation du public. Sous la houlette de Gordon Russell, le Council aide les Design Centers (émanations du COID) de Londres et de Glasgow à organiser des expositions. «Britain Can Make It», au Victoria and Albert Museum de Londres (1946), marque un renouveau en Grande-Bretagne. Inaugurée par le roi George VI, cette manifestation reçoit un million et demi de visiteurs. Dans la section «War to Peace» («De la guerre à la paix»), les Britanniques peuvent constater les retombées de la recherche militaire sur les objets du quotidien. Ernest Race produit la chaise *BA* (1946), dont la structure en fonderie d'aluminium est issue de la récupération de carcasses d'avions de guerre. Commercialisée, elle sera produite à 250 000 exemplaires. Le succès de l'exposition inspire une série d'autres manifestations qui commencent à diffuser le style anglais contemporain. «Design at Work» («Le design au travail») est une exposition moins importante sur l'industrie britannique (1948). Elle présente néanmoins les productions de la société d'ameublement Hille et les travaux des jeunes designers Robin Day et Clive Latimer, qui, la même année, remportent le premier prix de la compétition internationale «Low Cost Furniture Design» organisée par le Museum of Modern Art de New York.

Les restrictions se prolongent ; la pénurie sévit jusqu'en 1950, jusqu'à la mise en application du plan Marshall. En 1951, l'Institute of Contemporary Art présente une exposition de mobilier expérimental, avec les créations de Geoffrey Dunn. En 1949, le Council of Industrial Design lance la revue *Design*, chargée de diffuser le message de la modernité. L'influence éducative de Robin Darwin, principal du Royal College of Art (1948), du sculpteur Paolozzi, qui enseigne le textile à la Central School of Arts and Crafts (1950-1955), et de Robin Welch, professeur à la Central School of Art and Design (1957-1963), marque les esprits. Herbert Read apporte une empreinte décisive avec l'ouvrage *Education through Art* (*l'Éducation à travers l'art*), publié en 1942. *House and Garden*, magazine de décoration, soutient le mouvement en publiant les sélections du COID, ainsi que les productions de la société Heal and Son.

Chaise *BA*, structure en fonderie d'aluminium obtenue par la récupération des carcasses d'avions de guerre, Ernest Race, 1945. Édition Race Furniture Limited. 250 000 chaises seront produites jusqu'à la fin des années 1940.

Sous la direction de Gordon Russell, déterminé dans ses campagnes de sensibilisation, et à travers expositions, prospectus et conférences, le Council of Industrial Design commence à recueillir les fruits de son travail acharné autour de 1950. Le design industriel en Angleterre s'améliore grâce aux productions des sociétés Hille, Race Furniture Ltd, Morris of Glasgow. La notion de design entre enfin dans les mœurs. Après toutes ces années de mises au point ou d'entêtement, le point d'orgue est le Festival of Britain (1951), une grande exposition internationale, décidée en 1946 pour célébrer le centième anniversaire de l'Exposition universelle de Londres. En 1949, l'ambition du projet se réduit pour aboutir à un festival national, afin de stimuler le sentiment national et encourager la notion de «progrès». Le Council of Industrial Design est très investi dans le projet et effectue une sélection de 10 000 objets manufacturés. Cette sélection documentée devient la *Design Review*. Pour chaque produit est créée une fiche détaillée (du poulailler à la locomotive, des couverts aux voiliers); les objets sont divisés en soixante-dix catégories. De nombreux créateurs participent à l'élaboration des pavillons du Festival of Britain: Robert Goodden et Dick Russell (pavillon du Lion et de la Licorne); Katz & Vaughan (Homes and Gardens); Welles Coates (The Telecinema); Jack Howe (poubelles); Ernest Race (chaises); Milner Gray et Robin Day (signalétique). L'exposition permet à nombre de designers d'obtenir leurs premières commandes. Ernest Race est engagé pour réaliser ses fameuses chaises *Springbok* et *Antelope*. Robin Day reçoit la commande de l'ensemble des sièges du Festival Hall, dans lequel de nombreux jeunes artistes réalisent des fresques. Un style nouveau émerge en Grande-Bretagne.

Une envolée internationale

Une nouvelle catégorie de designers apparaît : ils ne sont ni architectes, ni artistes, ni artisans. Ces jeunes Britanniques ambitieux préfèrent le principe scandinave des bureaux indépendants au système américain des grandes agences. À la sortie du Royal College of Art, ils ouvrent leurs agences. Un grand sens du détail, une foi et un amour du travail bien fait les animent. Le Royal College of Art forme Ronald Carter et Robert Heritage, designers en mobilier; Audrey Levy et Pat Albeck, designers textiles; John Donald, joaillier; Gerald Benney, Robert Welch et David Mellor, designers industriels. Le Council of Indutrial Design est récompensé de ses efforts par l'ouverture tant attendue du Design Council Center en 1956, avec le soutien de l'industrie et, entre autres, de Gordon Russell. En 1957, la remise des prix à un concours organisé par le Design Council Center rend hommage pour la première fois au partenariat du designer et de l'industriel: Robin Day et Hille, The Reids et Rotaflex, Hulme Chadwick et Wilkinson Sword, Robert Heritage et Archie Shine, la compagnie Ogle Design (1954), Conran Design (1955) et Leslie Gooday & Associates. Une des premières réalisations dépourvue de toute contingence (les restrictions imposées par l'après-guerre sont finies) est la construction et l'aménagement du *Time Life Building* par Michael Rosenauer à Londres. La création de villes nouvelles, telles Basildon, Harlow, Hartfield, avec leur architecture novatrice, nécessite un équipement, un mobilier adapté, les écoles, garderies, parcs et jardins adéquats. Par ailleurs, le baby boom a tendance à amplifier encore la dynamique de création en design.

Management, consultants

C'est à partir de 1957 que le design se transforme véritablement en arme de séduction pour les Britanniques, désormais immergés dans la société de consommation. Les entreprises (compagnies d'aviation, banques, etc.) font appel aux designers pour rénover leur image et imposer une identité visuelle. Le design sert de publicité, d'atout commercial, il concerne directement la direction des entreprises, et pour la première fois des hommes d'affaires développant le design sont récompensés sur le plan commercial et économique. Le style anglais se rapproche du style international. En quelques années, le nombre de magazines sur le thème de la maison se multiplie : *Home, Homes and Gardens, House Beautiful, Housewife, Everywoman, Woman and Home, Woman's Journal.*

Un éternel retour

À cette époque, l'esthétique des pays scandinaves est très appréciée et représente le bon goût universel. Paul Stemann, pour la société Finmar, importe des chaises de Hans Wegner, des céramiques, de l'orfèvrerie et les lampes de Kaare Klint. Le magasin Green Group commence également à importer un grand nombre d'articles scandinaves. Le premier magasin, en 1945, est le magasin Primavera, la boutique d'Henry Rothschild sur Sloane Street. De nombreux autres points de vente vont voir le jour en Grande-Bretagne. La Scandinavie représente la quintessence du design, la simplicité, la beauté du matériau naturel, l'évidence du procédé de construction et le confort. La boucle se referme. Le Danemark, influencé par les Arts and Crafts au XIXe siècle, influence le design anglais des années 1950.

Au pays du bois de bouleau

Les pays scandinaves jouent un rôle important dans le domaine du design. Leur enracinement dans la tradition des métiers du bois leur garantit une grande stabilité pour les années à venir.

Une identité scandinave

La Triennale de Milan, créée en 1923, impose ses choix et ses références pour le design. Elle a fortement contribué à la reconnaissance internationale du design scandinave. Pendant les années 1940, seule la Suède,

Chaise longue *PK24*, en acier, rotin et cuir, Poul Kjaerholm, 1965. Elle épouse la forme du corps ; le coussin en cuir est ajustable. Édition E. Kold Christensen. Vitra Design Museum.

que sa neutralité a gardée en dehors du conflit, peut exposer. En 1948, elle remporte deux médailles d'or pour Berndt Friberg et Stig Lindberg, céramistes à la fabrique de Gustavsberg. Après la guerre, les autres pays se joignent au palmarès. La Scandinavie domine la Triennale pendant vingt ans. Dès 1951, quatre grands prix sont décernés : aux Finlandais Tapio Wirkkala, pour le pavillon finlandais et son extraordinaire verrerie, et Dora Jung, pour ses textiles ; aux Danois Hans Wegner pour son mobilier et Kay Bojesen pour l'orfèvrerie. Une médaille d'argent est attribuée au verrier finlandais Timo Sarpaneva. Même succès en 1954, puis, en 1957, un grand prix aux Danois Arne Jacobsen et Poul Kjaerholm, et aux Finlandais Kaj Franck et Timo Sarpaneva. En 1960, outre le grand prix de Wirkkala et Kjaerholm, une médaille d'or est décernée à Ole Wanscher et Nanna Ditzel. Ces expositions ont une grande incidence commerciale, et les États-Unis deviennent les premiers clients du design scandinave. En 1954, l'exposition «Design in Scandinavia» entame une tournée de trois ans aux États-Unis, assurant une extraordinaire promotion du design scandinave. D'autres expositions vont défendre l'esprit particulier qui anime les pays nordiques. La plus importante, intitulée «H55», a lieu à Hälsingborg, dans le sud de la Suède, en 1955.

L'apogée danoise

Le design danois à son apogée est représenté par Hans Wegner (né en 1914). Il collabore avec Arne Jacobsen et ouvre son agence en 1943. Il dessine de nombreuses chaises et expose régulièrement à la Guilde des ébénistes. Le modèle *JH501* ou *Round Chair* (1949) obtient un immense succès et fait la une de magazines américains. Arne Jacobsen (1902-1971) aborde le design en architecte. Pour le Royal Hotel, à Copenhague, il conçoit les chaises *Œuf*, *Cygne*, *Goutte* et *Marmite*, révolutionnaires par leurs formes et par leurs matériaux, du polyuréthane expansé tendu de cuir et de tissu. Il dessine aussi les luminaires et les couverts (1959). Créée pour le laboratoire pharmaceutique Novo, la *Chaise fourmi* (1952) produite par Fritz Hansens obtient un immense succès. Poul Henningsen (1894-1967) développe des recherches sur l'électricité et présente de nombreux luminaires. En 1958, il frôle la perfection avec le lustre *Kogle*, produit par Louis Poulsen. Poul Kjaerholm (1929-1980), acteur éminent du design danois, choisit l'acier plat associé au cuir, au jonc tressé. Son lit de repos *PK24* (1957), son tabouret pliant *PK41* (1961), sa chaise longue *PK45* (1965) sont remarquables de simplicité. Tout son mobilier est proposé par la firme Kold Christensen.

Une longueur d'avance, la Suède

La Suède, pays neutre pendant la guerre, prend une longueur d'avance. Après-guerre, l'exode rural bouleverse le pays. Afin d'accueillir les nouveaux citadins dans les environnements urbains, une politique de grands travaux est mise en place. La période est favorable à l'industrie artistique et aux designers, avec une collaboration soutenue des entreprises de mobilier, textile, céramique et verre.

Chaise 3100 *Fourmi* en contreplaqué moulé d'un seul tenant, piétement acier, Arne Jacobsen, 1952. Édition Fritz Hansen, Danemark. Saint-Étienne, musée d'Art moderne.

Ikea

Fauteuil en tube et toile pliant, édité par Ikea.

Ingvar Kamprad, fondateur de l'entreprise Ikea, inaugure, en 1943, une nouvelle politique commerciale. L'idée est de fabriquer des meubles peu onéreux en grande série. Un catalogue de la collection est publié à partir de 1951. Le premier grand magasin de décoration Ikea ouvre à Almhult en 1953. Il emploie ses propres designers : les meubles des années 1950 sont imaginés par Bengt Ruda et Erik Worts, pionniers du design Ikea, avec les meubles en bois de teck huilé, les rideaux tissés et la chaise *Ogla*.

En 1956 apparaissent des meubles en kit, livrés dans des emballages plats. Leur conception est au service d'une standardisation maximale. Elias Svedberg et Lena Larsson créent une série de meubles en kit, *Triva*. En 1965, c'est l'ouverture des magasins de Stockholm. Le système de vente présente une nouveauté importante.

Le mobilier n'est pas commercialisé dans les magasins traditionnels, mais dans des supermarchés de l'ameublement qui proposent tout ce qui concerne l'aménagement intérieur, avec ses accessoires : luminaires, tapis, verrerie, tissus, vaisselle, ustensiles de cuisine. Le meuble est en libre-service. Situés à l'extérieur des villes, dans des zones industrielles où les loyers sont peu élevés, les magasins-entrepôts sont facilement accessibles aux automobiles, permettant à l'acheteur d'assurer sa propre livraison. Le mobilier est fourni avec une notice de montage. Toutes ces conditions se conjuguent pour réduire le coût du meuble. Le label Möbelfakta, qui s'appuie sur les normes de l'Institut suédois du meuble, fait partie du contrôle de qualité interne. La marque accède en 1973 au marché international.

Les chaînes coopératives KF Interiors et Domus développent, à l'instar d'Ikea, une politique d'expansion. KF est l'entreprise pionnière en termes d'ameublement bon marché et de qualité depuis les années 1940. Elle a introduit des techniques destinées à améliorer la qualité du meuble, en collaboration avec la Société suédoise de design industriel. De nombreuses recherches sont menées sur la qualité et la durabilité du mobilier, comprenant des tests. Les résultats sont communiqués aux consommateurs et certifiés légalement.

Dans les années 1950, Nils Strinning introduit un nouveau type d'étagères, des planches en bois sur des supports métalliques. Yngve Ekström dessine une collection de meubles *Domino* qui connaît un succès formidable dans les administrations et les bureaux. La touche artisanale, combinée avec une réflexion profonde sur la dimension industrielle et une modulation d'éléments standards, permet de produire des objets de grande qualité.

La Finlande

Après la guerre, les créations de Pirkko Stenros et Saara Hopea font date. Dans les années 1950, alors que la notion de design scandinave se développe, la Finlande se distingue par une innovation formidable dans le domaine des arts appliqués : le vase *Chanterelle* (1947) de Tapio Wirkkala est une véritable icône. Timo Sarpaneva, Antti et Vuokko Nurmesniemi sont les chefs de file du design finlandais.

Allemagne année zéro

L'Allemagne de l'après-guerre s'écarte de la tradition de l'artisanat d'art *Kunsthandwerk*, propagée par le national-socialisme, et s'ouvre sur une dynamique technologique. À partir de 1949, elle redevient très vite un pays hautement industrialisé, tourné vers la modernité : c'est le « fonctionnalisme ».

Rat für Formgebung (Institut de la conception)

Le Rat für Formgebung est fondé en 1951 par le gouvernement allemand. Il est financé par les fonds de l'État, les fonds des Länder et les donations privées. Cette agence, dont le siège se situe à Darmstadt, participe à la reconstruction et au repositionnement de l'Allemagne après la Seconde Guerre mondiale. Au moment de la fondation de l'institut, le design industriel allemand est quasiment inexistant. Les travaux des pionniers d'avant-guerre sont oubliés. Pourtant, cette initiative rappelle les intentions du Werkbund allemand, dissous en 1933. Le but de cette fondation est de donner aux produits industriels et artisanaux allemands le meilleur design possible afin de mieux satisfaire le consommateur. Le design joue donc à la fois un rôle culturel et un rôle économique d'encouragement à la consommation. Les statuts redéfinis en 1964 précisent les objectifs du Rat für Formgebung : recherche sur le design, éducation par le design, organisation de la coopération entre les autorités locales, les industriels, les commerçants et les designers. Le Rat für Formgebung organise les contacts entre entreprises et designers en éditant notamment le *Deutsche Warekunde*, une publication d'information illustrée sur les produits de consommation allemands. L'institut encourage la participation des designers allemands à de nombreuses expositions : la Triennale de Milan (1954, 1957, 1960 et 1964), l'Interbau de Berlin (1957) et l'Exposition universelle de Bruxelles (1958). En 1965, au Council of Industrial Design (Londres), l'exposition « Gute Form », essentiellement consacrée au design technique, présente une sélection de produits allemands de haute qualité. Les sociétés représentées, AEG, Bosch, Grundig, Olympia, Pfaff, Siemens, Zeiss, possèdent pour la plupart un bureau de design intégré.

L'École d'Ulm (Hochschule für Gestaltung Ulm)

1947-1953. Inge Scholl, Otl Aicher, Max Bill et l'Autrichien Walter Zeischagg, ainsi que de nombreux autres, dont les écrivains du groupe 47, s'unissent pour définir le projet et organiser les moyens de constitution d'une structure institutionnelle éducative. Les Américains apportant

Max Bill, ancien élève du Bauhaus, est le premier directeur de la Hochschule für Gestaltung d'Ulm, de 1953 à 1957. Il est également l'architecte des bâtiments de l'école, inaugurés en 1955.

leur soutien, le groupe réussit à mettre sur pied en 1949 l'exposition «Gute Form» (Ulm), qui révèle ses aspirations idéalistes. Alors que l'Allemagne n'est qu'un champ de ruines, il décide de promouvoir une éducation du design.

La Hochschule für Gestaltung d'Ulm (École d'Ulm) est la plus importante institution de design et son porte-drapeau. La nouvelle école doit son existence à une fondation privée qui porte le nom de Hans et Sophie Scholl, jeunes résistants exécutés par les nazis, ce qui garantit une grande indépendance d'esprit, en particulier par rapport à la bureaucratie traditionnelle et conservatrice. Cette indépendance est nécessaire pour défendre une attitude expérimentale nouvelle et une attitude sociale critique. Certains Allemands aspirent eux aussi au renouveau, tels le physicien Werner Heisenberg et l'écrivain Carl Zuckmayer, qui encouragent la marche en avant du pays.

1955-1962. L'école est inaugurée en 1955. Max Bill (1908-1994), ancien élève du Bauhaus, en devient le directeur. Il construit le bâtiment, une émanation de son ambition : «De la cuillère à la ville, [...] collaborer à la construction d'une nouvelle civilisation.» Il s'entoure d'un corps enseignant international de très haut niveau, aux conceptions nouvelles, composé entre autres du peintre argentin Tomas Madonaldo, de l'architecte hollandais Hans Gugelot (1920-1965) et d'un ancien du groupe De Stijl, Friedrich Vordemberghe-Gildewart. Si les principes de Max Bill sont ceux d'un artiste, le concept d'enseignement-production défendu par Hans Gugelot est appliqué, dès 1955, avec la collaboration de la société Braun, qui sollicite les professeurs de l'école. L'année suivante, Dieter Rams crée pour elle une conception de produits à l'esthétique dépouillée. Les jeunes collaborateurs de Max Bill prônent une orientation vers les sciences et les technologies modernes de grande série, et s'opposent radicalement aux théories du Bauhaus proches de l'artisanat représentées par Max Bill lui-même, qui décide de quitter Ulm en 1957.

En 1958, Madonaldo lui succède ; l'école connaît une période nouvelle, marquée par les professeurs Otl Aicher, Hans Gugelot, Walter Zeischegg et Vordemberghe-Gildewart. Ils tentent d'établir un rapport encore plus étroit du design avec la science et la technologie. Le designer, plus modeste, ne peut plus se considérer comme un artiste, mais est invité à se plier à un travail de groupe incluant les scientifiques, les chercheurs, les commerciaux et les techniciens. Un modèle «ulmien» se met en place, qui annonce une remise en cause de la finalité du design. De 1958 à 1962, la nécessité d'inclure dans le cursus les sciences humaines, l'ergonomie, les sciences opérationnelles, la méthodologie de la planification de la technologie industrielle pose le problème d'un déséquilibre croissant entre scientifiques et designers. Les «hypothèses de travail» remplacent les manifestes. Autre idée forte née à Ulm : le *design system* est formulé et appliqué par Hans Gugelot. Fondée sur l'analyse de la typologie, la

Vaisselle d'hôtellerie empilable *TC100*, Hans Roericht, dessinée dans le cadre de ses études à Ulm, 1959. Le modèle est produit par la société Thomas-Rosenthal AG.

mise en ordre du système des objets, la mise en correspondance ou en complémentarité, cette réflexion détermine des groupes de produits, aux parties interchangeables. Ce système est appliqué à l'image de marque.

Un bilan largement positif. De 1962 à 1966, sous la direction d'Aicher et Madonaldo, l'école tente de retrouver un équilibre entre théorie et pratique, entre science et design. Ces remises en cause et débats fragilisent sa santé financière. En 1968, sa liquidation est prononcée par le Parlement de Stuttgart. Elle aura été un centre international pour l'enseignement, l'élaboration et la recherche dans le domaine du design des objets destinés à l'usage quotidien, à l'usage scientifique, à l'outillage, au secteur tertiaire, au domaine de l'architecture et du bâtiment. L'école a aussi développé le secteur de la communication avec la définition de l'image de marque, la création de chartes graphiques, les logos... En ce qui concerne la formation au métier de designer, un apprentissage des données sociales et culturelles est désormais obligatoire. Six cent quarante étudiants ont été formés, dont 40 à 50 % d'étrangers. Ulm a réussi à faire accepter l'idée que les valeurs culturelles du design ne concernaient pas seulement l'habitation mais aussi les écoles, les administrations, les usines, les hôpitaux et les transports. L'école a joué un rôle international important et encouragé un changement d'attitude des consommateurs face à l'objet industriel de série. Elle a incité au déve-

Braun

En 1921, la société Braun est fondée à Francfort-sur-le-Main par Max Braun, fabricant d'accessoires de radio. À partir de 1950, elle développe la production d'appareils ménagers. En 1951, Artur et Erwin, les deux fils de Max Braun, reprennent la société. Ils sont déterminés à modifier l'aspect des produits. Ne disposant pas, dans un premier temps, d'un bureau de design intégré, ils engagent des designers externes : Fritz Eichler, qui met en œuvre la transformation souhaitée, Wilhelm Wagenfeld, ancien élève du Bauhaus, et Hans Gugelot, responsable du département de design-produit à l'école d'Ulm. Cette nouvelle orientation ne se limite pas à la ligne des produits, elle affecte également les techniques de production et la communication interne et externe de l'entreprise (production en série, soin apporté au graphisme et au packaging de l'objet, usage de la, publicité). Wilhelm Wagenfeld dessine le combiné portable radio-phono (1955), Artur Braun et Fritz Eichler équipent les postes de radio *SK1/2* d'un cadre de bakélite moulé et d'une grille en tôle perforée dissimulant le haut-parleur, avec une simplification des commandes. Hans Gugelot réalise de nombreux produits pour Braun : le poste de radio *TSG* (1955), en collaboration avec Helmut Müller-Kühn, un de ses élèves à l'école d'Ulm, les combinés radio-phono *PKG1* et *PKG2*, de forme géométrique très rigoureuse, le combiné radio-phono *SK4* (1956), qu'il produit avec Dieter Rams, de forme basique toujours mais avec l'emploi de matériaux variés, tôle d'aluminium pliée et laquée, plexiglas et bois de hêtre vernis. Dieter Rams (1932), architecte et décorateur, prend la direction artistique de l'entreprise en 1961, jusqu'en 1995. Il reste très proche de l'enseignement de la Hochschule für Gestaltung, développant une politique exigeante de qualité et de rigueur fonctionnaliste. Il dessine des meubles et des systèmes d'étagères pour Otto Zapf et réalise des projets pour De Padova en Italie.

loppement de la politique de communication d'entreprise et a encouragé chaque société à concevoir une image globale. Braun en est le meilleur exemple, comme est emblématique, en 1907, le travail du designer Peter Behrens pour la société AEG sous l'impulsion du Werkbund.

Protestantisme et rigueur

L'Allemagne de la fin des années 1950 retrouve, avec le plein emploi, un bon niveau de vie. Le design défendu à l'école d'Ulm est associé à une culture de rigueur protestante, à un projet de société social-démocrate. Le philosophe Martin Heidegger publie en 1954 une conférence, «L'essence de la technique», dans laquelle il affirme que le dépassement de la technique par l'esprit est nécessaire. Le système de production industrielle est en plein développement et s'accommode bien de produits au design lisse et épuré. De nombreuses entreprises se développent. En 1950 est fondée la société Vitra, entreprise de fabrication de meubles. En 1955, Siemens met au point l'horloge sans chiffres de Norbert Schlagheck, et BMW lance l'Isetta (petit modèle de voiture). En 1956, Richard Sapper travaille pour Mercedes-Benz, tandis que Hans Gugelot et Dieter Rams conçoivent le phono *Super SK4* pour Braun. En 1957 a lieu l'exposition internationale d'architecture et de design «Interbau» à Berlin. Réunissant des architectes de tous les pays, l'exposition accueille un concours sur le thème de la reconstruction du quartier de la Hansa, à Berlin. Le Corbusier, Walter Gropius, Alvar Aalto, les Berlinois Müller-Rehm et Stiegmann y participent, mais leurs réalisations s'avèrent décevantes, s'apparentant davantage à des prototypes qu'au résultat d'une véritable réflexion sur un quartier.

L'Italie de l'après-guerre : 1948-1958

Intellectuels et artistes s'engagent dans un travail approfondi sur la réalité, comme en témoignent le cinéma néoréaliste, le réalisme philosophique, l'existentialisme, l'urbanisme, l'économie planifiée et le fonctionnalisme en architecture et design. L'Italie, non conforme à l'idée romantique et fantaisiste que l'on peut s'en faire, se révèle d'une extraordinaire efficacité. Le design italien est certainement, avec le cinéma, un des plus grands phénomènes des années 1950. Par l'alliance des forces industrielles et culturelles, il devient un symbole et un modèle.

Une renaissance

Ce terrain favorable est préparé par l'Italie de Mussolini, qui n'a pas eu recours à l'historicisme. Le Duce prônait une image rationnelle et moderne qui correspondait à l'ambition politique fasciste, une nouvelle architecture pour une nouvelle société. Quelques architectes produisent sous son joug : Giuseppe Terragni, Agnoldomenico Pica, qui s'affirment, ainsi que des ensembliers tels que Luigi Figini, Gino Pollini, les frères

Castiglioni. Franco Albini est un des membres actifs d'un groupe d'artistes rationalistes épaulés par la revue *Casabella*. Il s'oriente alors vers la décoration intérieure et le design industriel, et participe activement à la vie culturelle de l'époque dès 1936. En 1938, il conçoit une bibliothèque autoportante avec tablettes de verre suspendues par un haubanage, puis un poste de radio à structure en verre. Quelques sociétés survivent avec dynamisme : Campari, Pirelli, Olivetti. Gino Sarfatti fonde Arteluce (une société de fabrication de luminaires) en 1939.

Après-guerre, les ateliers se remettent au travail, étant donné le besoin en biens d'équipement. Dans un pays partiellement détruit par la guerre, chargé de vingt ans de fascisme, le design est un des moyens pour relancer l'économie et la production, un nouvel outil pour une nouvelle industrie capable de modifier la réalité du pays. Il est en prise directe sur la société. Une des premières réalisations est le monument aux victimes des camps d'extermination, par le studio BBPR (1946), à Milan. En 1947, la première triennale de l'après-guerre a pour thème «L'habitation, la production de série dans l'habitat». Son commissaire, Piero Bottoni, est communiste. Il se penche sur les problèmes des moins favorisés.

L'industrie en marche

Le design italien prend exemple sur le design américain. Une nouvelle génération prend le relais. Ces designers, souvent architectes, investissent le territoire avec des partenaires chefs d'entreprise.

Des entreprises. Lorsque Giulio Castelli fonde Kartell, en 1949, il marche dans les traces de son père, pionnier dans l'étude de l'application des matières plastiques haut de gamme mais envisage l'utilisation du plastique dans tout l'habitat. Il est en contact avec de nombreux artistes et architectes. En 1957, il devient l'un des promoteurs de l'ADI (Association de design industriel). Kartell est récompensée par le Compasso d'Oro pour divers objets en plastique : couvercles, presse-citrons et supports pour

Machine à café pour Pavoni, Gio Ponti, 1949. Gio Ponti est à la fois architecte et designer.

110

Corradino d'Ascanio, ingénieur, dessine le scooter *Vespa*, aux formes sensuelles, une commande d'Enrico Piaggio en 1946. Le scooter est l'un des moyens de transport les plus innovants dans l'Italie de l'après-guerre, le symbole d'un art de vivre.

assiettes. C'est la première entreprise à défendre le style du design italien, grâce à des produits esthétiques et fonctionnels pour la vie quotidienne.

L'entreprise familiale de meubles Borsani se développe sous l'impulsion des frères Osvaldo (l'architecte) et Fulgenzio (le commercial). Tous les modèles, de 1952 au milieu des années 1960, sont dessinés par Osvaldo. À la triennale de 1954, ils rebaptisent leur entreprise Tecno, afin de donner une image de modernité et de recherche.

Des designers. Gio Ponti (1891-1979) est architecte. Il dessine, en 1949, la machine à café Pavoni, la machine à coudre Visetta, et, entre 1950 et 1952, des décorations murales dans des paquebots. En 1951, la chaise *Superleggera*, produite par la société de meubles Cesare Cassina, est «une chaise sans adjectif, une chaise-chaise»; sa première présentation à la Triennale obtient un succès foudroyant. La contribution de Gio Ponti se poursuit avec du mobilier standard pour la 9ᵉ Triennale, et des prototypes de couverts; en 1953, avec la chaise longue *Distex* produite par Cassina, et des sanitaires pour Ideal Standard. En 1957, Christofle présente l'œuvre de Ponti au cours de l'exposition «Formes idées d'Italie». Puis vient le trio Achille, Pier Giacomo et Livio Castiglioni. Passionnés par le design, ils sont sollicités pour installer des expositions son, lumière et décor. Ils participent activement aux Triennales de 1947 à 1964. Ils organisent, avec Rosselli, Menghi, Nizzoli, le pavillon de la 10ᵉ Triennale, et créent pour les entreprises Brionvega, Flos, Knoll, Kartell et Zanotta. Marco Zanuso, dès 1948, s'intéresse en particulier à l'utilisation du tube de métal, du contreplaqué et de la mousse dans le mobilier. En 1951, le célèbre fauteuil garni de mousse *Lady* inaugure une longue série de sièges qu'il conçoit pour Arflex. En 1958, il commence une collaboration avec Brionvega, dont sont issues la télevision *Antares*, puis, en 1964, la radio *TS504*.

La communication

Gio Ponti reprend la direction éditoriale de la revue *Domus*, qui obtient un lectorat international. En 1952, *Domus* fait état de l'extraordinaire effervescence dans le domaine du design italien, et parle de la «ligne italienne», belle, pure, simple et reconnue sur le plan international. En 1954, le grand magasin La Rinascente, déjà très engagé dans le design avec Carlo Pagani et Bruno Munari, crée un concours, le Compasso d'Oro, pour encourager l'amélioration des produits de l'industrie ou de l'artisanat sur un plan technique et esthétique, la sélection des objets étant réalisée à la Triennale. Le premier concours récompense le mobilier de Carlo de Carli pour Cassina, un jouet en mousse de Bruno Munari, la *Lettera 22* d'Olivetti, la machine à coudre de Marcello Nizzoli, la lampe cylindrique *Modèle 55* de Gino Sarfatti pour Arteluce. La 10ᵉ Triennale est élargie aux secteurs de l'architecture et de l'industrie. Les expositions font la démonstration des recherches dans le domaine de l'habitat contemporain. La 11ᵉ Triennale, en 1957, propose une corrélation entre les arts décoratifs modernes, les arts industriels et l'architecture moderne.

Une sensualité tout en courbes

Une très grande activité caractérise ces années, avec la redécouverte de l'artisanat et le recours à des matériaux traditionnels tels que le verre (comme le montrent les merveilles de Fontana Arte et Venini), la céramique, le fer forgé, qui transforment pourtant les objets du design en produits modernes, revisités par la créativité de Gio Ponti. Les pavillons d'exposition auxquels collaborent Luciano Baldessari, Lucio Fontana, Ernesto Breda aux Foires de Milan en 1953 et 1954, ainsi que la mise en scène de la IXᵉ Triennale de Milan (1951), marquent le développement international du design italien. Dans le domaine du mobilier apparaissent aussi quelques créateurs singuliers : Gio Ponti et son mobilier décoré par Piero Fornasetti, et Carlo Mollino, qui compose des meubles en courbes. Architecte, ingénieur, cet érudit, passionné de course automobile et de ski, optimise la matière et développe des arabesques de contreplaqué moulé.

L'Italie se lance dans l'*industrial design*, dotée des atouts que représentent sa culture et un système performant de production. Le pays n'est pas sous influence. Il adopte une attitude audacieuse et révèle des designers tels que Marcello Nizzoli et Marco Zanuso, qui œuvrent dans le domaine du petit appareillage : machines à écrire, à calculer, radios, récepteurs de télévision... L'*Isetta*, véhicule dessiné par Mario Preti pour Iso (1955), le *Vespa* de Corradino d'Ascanio pour Piaggio (1946), la *Lexicon 80*, machine à écrire de Marcello Nizzoli pour Olivetti (1948), se

Olivetti

Camilo Olivetti fonde l'entreprise en 1908. En 1912, il affirme qu'une machine à écrire doit être un élément décoratif de bon goût dans un salon. En 1928, le premier département publicitaire est créé par Adriano Olivetti et confié au peintre Alexander Schawinski, collaborateur de Kandinsky, Moholy-Nagy et Herbert Bayer au Bauhaus de 1924 à 1928. Le département évolue avec, en 1931, l'arrivée d'Albini, Figini et Pollini. Les architectes Figini et Pollini développent pour la société, en 1937, des habitations ouvrières. En 1940, Adriano Olivetti reçoit la médaille d'or de la Triennale section arts graphiques, pour le magazine *Tecnica e Organizzazione*. En 1946 est créé un département de technique de publicité conduit par Giovanni Pintori. Le Centre culturel Olivetti d'Ivrea ouvre en 1950, avec une exposition sur «25 ans de peinture italienne». Simultanément, l'usine fabrique des machines à écrire. De nombreuses parutions font état de la dynamique d'Olivetti, les journaux internes mensuels *Notizie Olivetti*, puis de nombreuses parutions sur l'histoire de l'entreprise : *25 Ans d'Olivetti* (1933), *l'Histoire de l'écriture* par Schawinsky (1938). La *Lexicon 80* et la *Divisumma* (calculatrice) sont présentées en 1948, dessinées par Giuseppe Beccio et Natale Cappellaro, avec la collaboration de Marcello Nizzoli. La *Lettera 22*, première machine à écrire portable chez Olivetti, est lancée en 1952. L'entreprise grandit et ouvre des bureaux dans le monde entier, à New York (1950), São Paulo, Sydney (1952), Francfort (1953)... De nombreux showrooms aménagés par de grands designers ouvrent à des adresses prestigieuses : à Milan (Nizzoli), Paris (Franco Albini), New York (Belgiojoso Peressutti et Rogers), Venise (Carlo Scarpa). En 1952, le MOMA de New York organise l'exposition «Olivetti : design en Italie».

réclament d'un design rationnel aux lignes galbées et harmonieuses. Le mouvement de création est lancé et fait l'objet d'un grand engouement populaire. Ces années d'optimisme trouvent leur apogée en 1958. Avec le boom économique, les designers ne peuvent plus être tenus hors du système : ils doivent se soumettre à la politique de *merchandising*.

La France découvre le design industriel

En 1947 se tient à Paris l'Exposition internationale de l'urbanisme et de l'habitation, organisée sous l'égide du ministère de la Reconstruction afin d'encourager la création du mobilier de série que nécessitent la reconstruction et le nouvel habitat. En dépit des projets remarquables présentés, l'exposition n'obtient pas de succès.

Le Salon des arts ménagers

La rationalisation technologique au service de la consommation de masse investit chaque secteur de la vie quotidienne. L'*American way of life* influence les mœurs ; l'idée de confort qu'apportent les «arts ménagers» est en passe de se concrétiser. La première présentation à Paris de machines encore inconnues remonte à 1923 : machines à laver, aspirateurs, cuisinières, fers à repasser sont présentés sur le Champ-de-Mars par Jules-Louis Breton. Le Salon des arts ménagers se met en place dès 1926. Le premier de l'après-guerre (1948) rencontre un succès énorme.

Les Français veulent rêver. Grâce à la construction de grands ensembles, la plupart d'entre eux vont pouvoir se loger décemment. Le premier secteur d'innovation est la cuisine, avec la notion de «cuisine rationnelle», de tout intégré, un laboratoire pour la femme moderne. Le Salon des arts ménagers est un vivier extraordinaire, lieu de témoignage de l'évolution des techniques et des conceptions. Chaque année voit le développement de thèmes spécifiques : les sièges (1952), les sièges en rotin (1954), les meubles en plastique (1955), la table de repas (1956), bibliothèques et étagères murales (1957). Le salon organise aussi des concours et expose des projets. En 1952 est organisée l'exposition «Design for Use» par les services culturels de l'ambassade des États-Unis, qui proposent des productions de Herman Miller et de Knoll. En 1955 a lieu le concours du meuble français de série : «Étude d'ensemble de mobiliers bois, de série, d'une bonne présentation, de qualité suffisante et de prix modéré». Le groupe ARP (Guariche, Mortier, Motte), Louis Sognot et René-Jean Caillette se distinguent. En 1956 est exposée la *Maison tout en plastiques*, une application très concrète des qualités intrinsèques des matières plastiques. L'architecte conseil est René Coulon, la conception architecturale est de Lionel Schein, l'agencement et la décoration sont d'Alain Richard. En 1957 est présentée *la Cuisine de demain*. Elle est réalisée aux États-Unis par la General Motors. Le prototype est présenté par Frigidaire, utilisant les progrès de la science, empruntant à l'électronique

Jean Prouvé

Le temps de la reconstruction semble accorder sa juste place à Jean Prouvé (1901-1984), ferronnier. L'introduction de la soudure électrique et de l'acier inoxydable à partir de 1925 lui permettent des réalisations adaptées à l'architecture. Dès 1928, son désir est de parvenir à la fabrication de meubles en série. «Un meuble ne se compose pas sur une planche à dessin, on fait un prototype, on corrige.» Il ne veut pas du tube d'acier; il est inspiré par la tôle d'acier, emboutie, pliée, nervurée, soudée. En 1930, il rencontre les membres de l'UAM (Union des artistes modernes) Robert Mallet-Stevens et Le Corbusier. Il réalise à Nancy des meubles pour la cité universitaire, associant bois et métal (1933), puis crée du mobilier pour la Compagnie parisienne d'électricité (1935). Il participe à la conception de la maison du Peuple à Clichy avec Beaudoin et Lods (1938), un événement technique et architectural; pendant la guerre, il entre en résistance, puis il devient maire de Nancy à la Libération.

En 1944, il fonde les Ateliers de Maxéville, entreprise de fabrication de meubles et d'éléments préfabriqués pour le bâtiment. Une période d'activité intense anime les ateliers jusqu'en 1955: cent cinquante personnes travaillent en équipe. Le ministère de l'Urbanisme commande huit cents maisons préfabriquées (1945). Jean Prouvé en conçoit les principes, mais le pool industriel de l'acier freine le projet et il s'oriente vers l'aluminium. En 1949, le ministère lui commande vingt-cinq maisons en aluminium. Avec Charlotte Perriand, il réalise la bibliothèque pour la maison de la Tunisie à la cité universitaire, à Paris, mise en couleur par Sonia Delaunay (1952). La collaboration avec Le Corbusier se concrétise avec le projet d'un appartement préfabriqué (1946) et la participation au mobilier et la conception d'éléments constructifs de *la Cité radieuse* (1949) à Marseille. Pechiney, qui a repris la direction des Ateliers de Maxéville en 1947, prend la décision de les fermer en 1953.

et domestiquant les ultraviolets et les courants d'induction. En 1958, *la Maison du Sahara*, conçue par Jean Prouvé, Charlotte Perriand, Guy Lagneau et Piotr Kowalski, propose une cellule repos et une cellule foyer. En 1957, Charlotte Perriand présente «La maison japonaise», une sélection opérée par les grands magasins Takashimaya, collaboration avec Junzo Sakakura et Sori Yanagi : c'est une démonstration édifiante de la construction en série d'éléments normalisés.

Formes utiles

«La technique et l'industrie ont ouvert leurs portes à la science du beau... L'esthétique est devenue l'instrument du commerce, le beau son slogan. L'art pour l'art est devenu l'art pour vendre... Si nécessaire ou inéluctable que soit un tel mouvement qui atteint tous les domaines de la vie, état de fait justifié par l'expansion économique, ses dangers sont graves.»

(Manifeste du mouvement Formes utiles, 1955.) André Hermant exprime en quelques mots l'état d'esprit de la France au début des années 1950, dans une attitude de défense de la qualité contre la vulgarisation, contre une pensée débordée par la production et l'intérêt commercial et qui prône la prééminence d'un contrôle humain sur le monde artificiel. L'idée de Formes utiles associe sous un même nom l'ensemble de toutes les productions industrielles et artisanales. Le mouvement Formes utiles, créé en 1949, est une émanation de l'UAM, qui a pour but la recherche et le perfectionnement des formes. L'exposition inaugurale de l'UAM dans le musée des Arts décoratifs au pavillon de Marsan a pour titre «Formes utiles, objets de notre temps». L'exposition reprend l'idée de Francis Jourdain, qui, dès 1929, prône la notion de bazar, avec des objets présentés par séries, comme dans un grand magasin. Elle concrétise de nombreux débats sur le rôle de l'objet utilitaire, son esthétique et sa fonction dans la production industrielle. André Hermant, dans le manifeste de 1955, propose une formule : «Nous appelons *utile* la forme d'un objet usuel, d'une architecture lorsqu'elle exprime une correspondance exacte entre l'efficacité de l'usage, l'économie de la matière et la satisfaction de la sensibilité et de l'esprit, ou encore lorsque son aspect sensible révèle un équilibre rigoureux entre sa fonction, sa structure et sa signification.»

Une esthétique industrielle

Jacques Viénot (1893-1959) mène une initiative particulière : il crée son bureau d'études Technès, et fonde l'Institut d'esthétique industrielle, dont l'objectif est de faire progresser par une meilleure conception formelle les produits de l'industrie française. En 1953, avec le soutien du ministère du Commerce et de l'Industrie, l'Institut édite la revue *Design industriel* et invente le label «Beauté France». Sous la direction de Roger Tallon, intégré en 1953, Tecnés connaît une impulsion extraordinaire et bascule de la notion d'esthétique industrielle à la notion de design industriel. Roger Tallon s'intéresse à la cohérence structurelle des créations. Il produit la caméra *Véronic*, pour Sem (1957), la moto compacte *la Taon*, dessinée en 1955 et sortie en 1957, la tour *Gallic 16, la Mondiale* (1957), machine-outil. Il dessine également du mobilier.

De nombreux créateurs industriels ont une formation de techniciens ou d'ingénieurs. Sous l'impulsion de Jacques Viénot et grâce à l'ouverture du pays sur le monde, la France s'engage enfin sur la voie du design industriel. La CEI, Compagnie d'esthétique industrielle, fondée en 1952, est l'agence parisienne du grand designer franco-américain Raymond Loewy. Dirigée par Harold Barnett, puis, à partir de 1958, par Evert Endt, elle se consacre au design produit et au graphisme. La nécessité de vendre a fait évoluer l'art de l'affiche et de l'imprimé publicitaire, grâce à Savignac, Carlu... La publicité crée les clients qui consomment ce que l'annonceur fabrique. Elle est le corollaire de la fabrication en grande série.

L'automobile à la portée de tous

Citroën 2 CV, 1948.

En France, la Citroën 2CV est présentée au salon de l'automobile en 1948 et rencontre un grand succès. Le projet de cette voiture date de 1935, le cahier des charges est établi par Pierre-Jules Boulanger « 4 roues sous un parapluie, un véhicule économique et sûr, capable de transporter 4 personnes et 50 kg de bagages dans un maximum de confort ». Il confie le projet au styliste Flaminio Bertoni et à l'ingénieur André Lefèbvre qui mènent les études : la Citroën TPV (1936). En 1938, une vingtaine de modèles sont en test. En 1942, des modifications sont apportées notamment le déplacement du phare unique. La mise en fabrication commence en 1949 avec une production de 4 véhicules par jour. En 1950, c'est 400 par jour.

Ferdinand Porsche (1875-1951) rêve de construire la voiture du peuple. Avec le soutien du IIIᵉ Reich, son rêve devient réalité : la Volkswagen dessinée par Erwin Komenda est présentée en août 1938. Mais la Seconde Guerre mondiale le force à se mettre au service de l'armée et à produire des véhicules militaires. Ce n'est qu'en 1946, que la Volkswagen entre en production : 1 000 modèles sont produits en 1946, 30 000 en 1948, 100 000 en 1950 et 1 000 000 en 1959.

En 1942, les États-Unis disposent d'environ 26 millions d'automobiles en circulation. Mais l'industrie automobile arrête ses

Dessin par Ferdinand Porsche de la Volkswagen type 60, 1938.

Morris Minor,
modèle de 1948.

recherches dès l'entrée en guerre. Ce n'est qu'en 1948, que revient l'innovation avec un changement vigoureux dans les formes de carrosserie. C'est Cadillac qui introduit les plus grandes évolutions de style avec le designer Franklin Q. Hershey qui dessine le coupé de ville des séries 61 et 62. S'inspirant de l'avion Lockheed P-38 à double fuselage dessiné par Kelly Johnson (1939), il donne aux ailes arrières une forme de queue de poisson et ajoute une calandre rutilante et sinueuse. Le succès est immédiat, la ligne ondoyante relevée par les ailerons donnant l'impression d'une voiture plus grande.

En Grande-Bretagne, c'est Sir Alexander Arnold Constantine Issigonis (1906-1988) qui innove. Il dessine les modèles de la Morris Minor et la Morris Mini-Minor, expression de sa philosophie automobile « un maximum de charge utile pour un minimum d'espace ». Avec le prototype « The mosquito », il propose un corps monocoque, des roues de 14 inches au lieu de 17 et un moteur bas qui garantit une meilleure stabilité. Pour échapper aux taxes sur le format des cylindres, Morris décide de réduire le moteur à 800 cm^3. Issigonis réduit également la proportion du « Mosquito » et obtient la « Morris Minor », qui entre en production en 1948. Simple et économique, c'est alors la plus évoluée des petites voitures européennes.

Cadillac modèle 62, 1947, avec boîte de vitesse automatique.

Les années pop
(1958-1972)

À la fin des années 1950 et au début des années 1960, en Angleterre et aux États-Unis, un mouvement flamboyant se dessine, qui délaisse l'orthodoxie rationnelle du « *good design* ». Tirant profit de l'imagerie colorée de Roy Lichtenstein et d'Andy Warhol, inspirée par la bande dessinée, la décennie pop s'annonce avec des couleurs vives et des formes pleines. Les designers intègrent dans leur travail l'univers graphique de l'affichage et de la publicité. Une énergie nouvelle est mise au service de la consommation de masse : une véritable révolution du goût populaire éclate pendant les années 1960. Le succès est considérable, et la pression du « marché » devient inéluctable.

Le « youthquake » (tremblement de génération)

Les années 1960 marquent un tournant sur les plans culturel et social : une époque où les attitudes, les valeurs, les normes et les opinions se modifient. Moins d'une décennie après la fin du rationnement, d'importants changements se produisent. Le confort individuel s'accroît, et avec lui la consommation. Pour la première fois depuis un siècle, les 15 à 19 ans représentent 8 % de la population en 1963-1973, pour se stabiliser à 7 % vers la fin de la décennie et les années 1970. Les médias sont focalisés sur les jeunes, leurs modes et leurs idoles. La génération des « teen-agers » imprime sa marque partout. Ils expriment une grande insatisfaction et remettent en cause les valeurs culturelles et sociales de leurs parents. Ils manifestent leur désir de changement, rejettent le fonctionnalisme et appellent de leurs vœux un design qui utilise la couleur et des formes expressives.

Le design pop

Les jeunes choisissent, pour exprimer leurs valeurs, un idéal de design antifonctionnaliste qui se traduit dès le début par une profusion d'objets et un style de vie anticonventionnel. La nouveauté qu'ils prônent prend corps à travers la musique, l'attitude, les vêtements. De nombreux designers voient là les sources d'une possible renaissance du design. Ils exploitent les idées qui naissent de ce mouvement et, à leur suite, les entreprises se mobilisent commercialement. La génération du baby-boom est la cible des fabricants. Il ne s'agit pas de la définition d'un style, comme précédemment, mais d'un mouvement, fluctuant, éphémère, libre et variable, sans critères ni canons. Les changements les plus marquants ont lieu en Angleterre et aux États-Unis. En Angleterre, après la récession économique en 1960-1961, une période de prospérité s'amorce en 1962.

La nouvelle génération de designers emploie ce qui sera appelé plus tard l'esthétique pop dans le design de vêtements, le mobilier et parfois même l'architecture. Leurs sources visuelles sont dérivées directement du pop art, qui emprunte de nombreux éléments à la culture populaire, et

Page précédente :
Chaise *S* en polyuréthane, Verner Panton, éditée par Herman Miller & Fehlbaum, 1967-1968. Paris, CCI-Centre Georges-Pompidou / bibliothèque Kandinsky.

plus tard du mouvement « op » en peinture qui émerge des deux côtés de l'Atlantique – des repères visuels inspirés en particulier d'une esthétique liée à la recherche spatiale qui fascine l'imagination populaire. Vers le milieu des années 1960, une explosion d'images, d'icônes et de symboles caractérise la nouvelle tendance du design, qui revendique l'arbitraire et l'éphémère. En outre, avec la minijupe ou le blue-jean, le style doit changer : on ne s'assied plus de la même façon... La relation traditionnelle entre forme et fonction se trouve remplacée par une relation plus extravertie entre forme et expression.

Le jetable et l'éphémère

L'ère des gadgets commence avec des objets pleins d'astuces, très bon marché, des sacs en papier illustrés, du papier d'emballage, des boîtes et des mobiles. Certains designers dessinent des robes jetables en papier illustré. Les produits sont très vite obsolètes. Ce processus est favorisé par le développement de campagnes publicitaires et des opérations marketing. Les objets sont faits pour séduire, susciter la demande, pas nécessairement pour répondre à un besoin. Le jetable a même touché le secteur du meuble, jusqu'alors considéré comme une valeur durable, grâce au carton et au PVC gonflable.

Le mobilier est vu comme une structure flexible plutôt que comme un élément sculptural monumental. Les jeunes ont besoin qu'il exprime leur mode de vie, et le mobilier en carton représente bien l'esprit mouvant de la jeunesse et son goût pour l'éphémère. L'utilisation de ce type de mobilier commence dans les années 1960. Le designer britannique Peter Murdoch propose un siège qui devient une véritable icône du mobilier pop : le *Polka-Dot Chair* (1963), le fauteuil en papier. C'est le premier meuble en carton commercialisé. Ce siège est composé de trois sortes de papier constituant un carton contrecollé, enduit pour être lavable et relativement rigide. Il a une durée de vie de trois à six mois. Il est vendu à plat, orné de points de couleur ; il égaye les étagères des grands magasins et des supermarchés. Il est très peu encombrant, résistant et d'un coût extrêmement réduit. Le motif de points est réalisé en une seule opération au contre-collage. De nouvelles couleurs ou de nouveaux motifs peuvent être introduits sans modification du système. Le siège est à monter chez soi en suivant les indications de pliage. En 1966, il connaît une renommée internationale, mais le designer ne trouve pas de fabricant en Angleterre. C'est donc The International Paper Corporation, aux États-Unis, qui produit le modèle. Cette icône du mobilier pop est remarquable par son faible coût de production et sa disponibilité. C'est un objet idéal pour la grande consommation.

Toujours en Angleterre, Bernard Holdaway, un autre designer, met au point une gamme de mobilier en carton renforcé, solide, lavable, dans le cadre d'une commande pour l'exposition « Ideal Home » de 1966, pour laquelle il réalise un ameublement familial. Il utilise des tubes et des

Chaise enfant *Polka-Dot*, Peter Murdoch, 1963. Fauteuil en papier jetable et pliable, orné de motifs de pois colorés. Il est produit en grande quantité, à prix réduit et vendu à plat. Édité par la International Paper Corporation, États-Unis.

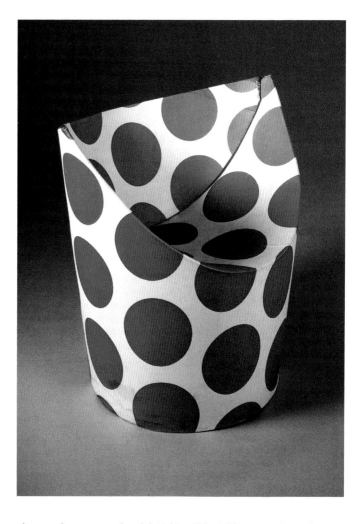

plateaux de carton aggloméré. L'objectif de Holdaway est de produire un design attirant au prix minimum. Des couleurs vives, rouge, bleu, jaune, marron, violet, donnent au mobilier son allure pop, avec des coussins aux couleurs complémentaires. La gamme baptisée *Tomotom* apparaît dans les magazines de design, et est produite par une petite société, Hull Traders. La Grande-Bretagne se passionne pour l'expérimentation et, en janvier 1967, le Design Center de Londres organise une exposition de mobilier prototype. De nombreux projets présentés sont en plastique ou en carton. Ils sont réalisés par des étudiants ou de jeunes designers.

En France, Jean-Louis Avril (né en 1935) dessine un ensemble de meubles en carton celloderme laqué : sièges, poufs, éléments de rangement, lampe colonne (1967). Il poursuit ses investigations sur du mobilier de salle à manger et de chambre à coucher. La commercialisation se fait en deux versions, carton brut verni ou carton laqué. Claude Courtecuisse exerce également des recherches sur ce matériau envisagé dans sa fonction jetable. Il réalise un mobilier orné de motifs peints en carton ondulé pliable (1967).

Une nouvelle technologie : le plastique

L'industrie du meuble répond aux besoins de produire en grande quantité, de satisfaire les goûts des enfants du baby-boom, de leur procurer du mobilier peu coûteux, mobile, léger et coloré. Étant donné le faible coût du pétrole au début des années 1960, l'industrie s'oriente vers les matières plastiques. L'ABS (un plastique rigide), le polyéthylène et d'autres thermoplastiques seront les matériaux de la décennie. Ces matières synthétiques ont de nombreuses qualités : légèreté, très bonne résistance, possibilité d'être traitées en couleur, avec un aspect brillant sur les deux faces. Si la matière première est bon marché, la réalisation du moule est coûteuse. La politique industrielle s'oriente donc vers la production en nombre afin d'amortir les investissements. Le produit est mis en vente à un prix raisonnable, il doit être écoulé rapidement et, suivant un phénomène de mode, remplacé par d'autres produits. L'industrie intègre alors les notions de marketing, de produit de consommation et de mode changeante.

L'Italie, pays pionnier

Les fabricants italiens sont prêts à répondre aux exigences de la culture de masse. De nombreuses entreprises sont créées : C&B, Kartell, Poltronova, Artemide, Zanotta. L'apport le plus important de l'industrie italienne est la mise au point de la technique du plastique moulé par injection. Dans le domaine des plastiques, l'Institut de recherche Montecatini produit, en 1957, une salle de bains expérimentale conçue par Alberto Rosselli ; Menghi dessine une série de containers en plastique, en polyéthylène, dont les vertus se prêtent bien au design de l'objet. La société Kartell réalise, avec le designer Gino Colombini, une série d'objets pour la maison : pelles à poussière (1958), passoires en plastique (1962).

Marco Zanuso produit depuis 1960 un grand nombre d'objets de haute qualité, sans céder à la mode. Son travail est très orienté vers les innovations technologiques. C'est ainsi qu'il réalise avec Richard Sapper, en 1961, la première chaise pour enfant empilable en plastique, le modèle *4999*, après quatre ans de recherches sur la nouvelle technologie du plastique. Elle est produite par Kartell (Compasso d'Oro en 1964).

En 1967, au 7ᵉ Salon du meuble de Milan, la démonstration est faite, si l'on en croit le commentaire du journal *Home Furnishings Daily* (New York, 5 octobre 1967) : «Les plastiques ont inspiré les Italiens, en donnant à leur esprit créatif de nouvelles opportunités de poids, de volume, de surface, de forme et de flexibilité même dans les formes les plus massives. La technologie du plastique les inspire au point qu'ils transfèrent leur virtuosité artistique sur du mobilier encore jamais produit auparavant.». Cette réflexion s'applique à la chaise *4867* de Joe Colombo pour Kartell, qui dérive directement de la chaise *4999* de Marco Zanuso et Richard Sapper. Kartell propose un stand tout en vert et blanc, avec des modules de rangement en plastique ABS empilables selon les souhaits de l'usager, dessinés par Anna Castelli Ferrieri : un élément, un tabouret ; deux éléments, une table basse ; quatre éléments, une étagère. Le fauteuil empilable *Gaia*, de Carlo Bartoli, en polyester et fibre de verre, est également présenté.

Vico Magistretti fait un usage rationaliste du plastique avec la chaise *Selene* (1969), éditée par Artemide. Joe Colombo produit quelques sièges en plastique au début de la décennie, dont le fauteuil *Elda* (1963), présenté par Comfort, et la chaise *4867* empilable (1965). Achille et Piergiacomo Castiglioni créent des tabourets-tables basses en polyester (1965).

Les fabricants italiens envisagent dès 1965 que soit doublée la consommation pour les années à venir. C'est ce qui explique le développement exponentiel de la création et de la production italiennes et leur reconnaissance sur le plan international. Expositions et magazines se font l'écho de l'extraordinaire effervescence, en particulier dans le design domestique, de Magistretti, Gae Aulenti, Joe Colombo, Tobia et Afra Scarpa, Giotto Stoppino, Cini Boeri, Gianfranco Frattini, Sergio Asti, Massimo Vignelli. Avec invention et élégance, ces designers explorent les vertus des matières plastiques. Ils participent à une nouvelle culture du design pour la maison qui demeure la plus grande réussite du design italien. Chacun d'entre eux a introduit une nouvelle approche par des moyens variés d'expression poétique.

Le plastique d'ailleurs

En 1963, le designer britannique Robin Day met à profit les vertus du polypropylène pour concevoir la chaise empilable *Mk2*, éditée par Hille. Combinant élégance et longévité, elle est utilisée dans le monde entier par les collectivités. Le siège et le dossier sont moulés par injection en une seule pièce d'une grande résistance aux chocs ; la matière ne s'altère pas. Des essais de résistance aux chocs ont été réalisés en laboratoire. Le modèle de base est empilable.

La France développe la mise en œuvre du plastique de façon très artisanale. Vers la fin des années 1960, quelques designers s'y intéressent. Christian Germanaz crée le siège *Half and Half* (1964), édité par Airborne en 1968, composé de deux formes en plastique identiques réunies par un serrage formant banquette. Marc Held propose, en 1969, à l'architecte Candilis une collection de meubles en polyester et fibre de verre. En 1970, ce mobilier est diffusé par Prisunic. Marc Berthier crée la table-bureau et la chaise *Ozoo* en 1965, alors qu'il est directeur du bureau de style des Galeries Lafayette ; sa collection en polyester armé de fibre de verre est éditée par Roche & Bobois en 1967.

Aux États-Unis, Wendell Castle dessine des meubles biomorphes en plastique. Dans les pays scandinaves, Eero Arnio, designer finlandais, se lance dans des recherches sur du mobilier en plastique. La société Asko produit ses deux modèles, le fauteuil *Globe* (1963), qui défend une vision

Verner Panton

Architecte danois (1926-1998), il étudie l'architecture à l'Académie royale de Copenhague. Entre 1947 et 1951, il est influencé par Arne Jacobsen et Poul Henningsen, chez qui il travaille. Il entame alors une carrière de designer, préférant le défi des nouvelles technologies aux traditions artisanales. Son premier manifeste est la *Cone Chair* (1958), puis il se tourne vers le plexiglas en 1960 avec sa chaise en «S», basée sur un dessin à la forme fluide. Le développement du prototype prend quelques années, et il est édité en 1966 par Vitra avec l'aide technique de Herman Miller. Pendant ces années 1960, il met au point d'autres sièges, mais surtout développe des idées sur l'aménagement intérieur. Il réussit un aménagement global de l'hôtel Astoria (1960), à Trondheim, témoignant d'une recherche de formes, de motifs et de couleurs du sol au plafond. Ce qui intéresse Panton, ce sont les nouveaux matériaux et les techniques nouvelles qui leur sont associées. Il a le goût de l'expérimentation ; même si certains de ses projets n'aboutissent pas à la production, ils ouvrent le champ des connaissances. Sa vision d'un *Phantasy Landscape*, environnement commandé par Bayer (1970), révèle un univers en mousse sensuel et intime, où la lumière et la couleur sont intimement liés, où il est possible de vivre au ras du sol, étendu ou assis. La *Living Tower* (1968) amorçait déjà ce tournant. Il crée des meubles mais aussi des tapis, des rideaux, des lampes et de la décoration murale aux motifs op art. Verner Panton cherche toujours à créer un environnement faisant délibérément apparaître les rapports entre les couleurs, les formes et la lumière. Il installe son bureau en Suisse et obtient de nombreux prix, dont l'International Design Award en 1963 ; il expose à Eurodomus à Turin en 1968.

Fauteuil *Globe Chair* ou *Ball Chair*, en fibre de verre, Eero Arnio, 1966. Édité par Asko, Finlande. Ce meuble représente « a room within a room », un espace douillet et abrité, une pièce dans la pièce. Vitra Design Museum.

et un vocabulaire de science-fiction, et le fauteuil *Pastilli* (1967), inspiré de la nature. Ces deux créations sont réalisées en polyester dans des couleurs vives, et deviennent de véritables icônes du mobilier pop. La styliste anglaise Mary Quant achète le *Globe* pour sa boutique de Londres en 1967. Il apparaît également dans des films et des séries télévisées.

Pop art, bande dessinée et pub

Le pop art est né de l'observation du spectacle de la rue. Les artistes américains et britanniques Andy Wahrol, Claes Oldenburg, Roy Lichtenstein, et le français Martial Raysse distillent les couleurs, les traits, les objets, les néons sur le devant de la scène. Une seconde génération d'artistes pop émerge vers 1961, en Angleterre. Pour la plupart anciens élèves du Royal College of Art, ils sont réunis lors de l'exposition «Young Contemporaries» : Peter Phillips, Derek Boshier, David Hockney, Allen Jones. L'imagerie figurative de ces artistes est empruntée aux automobiles de course, aux motos, aux vaisseaux spatiaux, aux *sex symbols*, aux flippers et aux enseignes au néon. Mary Quant et la mode mini imposent la suprématie de l'Angleterre en matière de culture jeune.

Icônes pop, lieux pop, figures pop

Les icônes pop sont reprises en Angleterre par Binder, Vaughan et Edwards, qui «customise» du mobilier, les tiroirs des commodes et les chaises, au moyen de motifs psychédéliques. Leurs clients sont lord Snowdon, David Bailey, la princesse Margaret, Henry Moore et John Lennon, pour lequel ils décorent un piano (1966). Ils personnalisent avec flamboyance une superbe Buick convertible et une voiture AC Cobra qui sera exposée à la galerie Robert Frazer de Londres. John Vaughan commence à réaliser des fresques murales pour lord John de Carnaby Street (1967). Son travail ne convient pas aux autorités. Il a quelques démêlés avec la justice, n'étant pas autorisé, par exemple, à peindre sur les murs, cette démarche étant assimilable aux graffitis. Jon Bannenberg produit un aménagement intérieur pop art pour Mary Quant et son mari en 1965. La boutique Mr Freedom constitue un autre lieu mythique, où est intervenu le designer John Weallans (1968-1969). Elle est ornée de néons, de représentations de Mickey Mouse et de peintures murales dans l'esprit de Roy Lichtenstein. Plus qu'un simple magasin, elle devient un lieu de rencontres, avec un café – un lieu désordonné où se croisent Elton John et Peter Sellers.

Aux États-Unis, Andy Warhol incarne l'esprit pop. Son lieu, la Factory, un célèbre studio new-yorkais, à la fois atelier, plateau de tournage et lieu de fêtes débridées, représente un modèle de vie décadent très influent, un lieu de rencontres internationales. Warhol, grâce à celui-ci, se trouve à l'avant-garde de la récupération des espaces industriels : y règne un esprit «loft» avant l'heure. Billy Name, une des figures de la Factory, a inspiré Warhol pour la décoration de l'espace. Du sol au plafond, il a utilisé le papier argent pour couvrir les surfaces. Ce concept d'un espace bricolé, très anti-esthétique, s'oppose aux intérieurs ultra-sophistiqués en vogue à New York à l'époque.

Do it yourself

La décoration intérieure est sans dogmes ni doctrines. Le principe est simple : «*do it yourself*» («faites-le vous-même»), grâce à un mode de récupération comprenant la transformation, les collages, le bricolage, la juxtaposition de couleurs et offrant la possibilité de changer souvent.

La vente de mobilier par correspondance place celui-ci au même rang que l'objet de consommation ordinaire. Il perd son caractère d'investissement exceptionnel. Désormais, se meubler est un geste aussi banal que s'habiller. Terence Conran, en Angleterre, inaugure cette démarche.

En France, en 1968, pour Prisunic, Maïmé Arnodin et Denise Fayolle reprennent ce principe, en diffusant un catalogue de meubles conçus par leur bureau de style et par de grands designers : Joe Colombo, Gae Aulenti, Marc Held, Olivier Mourgue et Marc Berthier. Ces produits témoignent d'un langage nouveau, populaire, sont adaptés aux besoins des jeunes et accessibles aux petits budgets.

Variations du fauteuil *Culbuto* en polyester et fibre de verre dans l'atelier de Marc Held à Paris en 1972. Les moules empilables des différents éléments de mobilier sont accrochés au mur.

Pratique : démontable, combinable, empilable, pliable

De nombreux changements s'opèrent dans le mobilier et le design de cette époque. Des besoins importants se font sentir concernant des administrations, des hôpitaux, des hôtels. Il est nécessaire que les meubles soient aisément transportables en nombre, faciles à manipuler et bon marché. La notion de flexibilité est intégrée dans le mobilier démontable. De nombreux designers vont s'intéresser à ces impératifs.

En Grande-Bretagne, la société Race va produire la *Flexible Chair* de Nicholas Frewing, qui se monte en quelques minutes, et le mobilier *Maxima* de Max Clendinning (1965), constitué de 25 éléments standards pour 300 possibilités d'assemblage. Le système offre une grande flexibilité ainsi qu'une image mode.

Le système modulaire basé sur le principe d'éléments standards combinables se développe en Italie au Salon du meuble, avec chaque année des nouveautés : en 1966, le système d'étagères *Domino* d'Eugenio Gerli, édition Tecno, et le lit transformable de Roberto Pamio *Cleo*, édition Esse ; en 1967, C&B présente le *Lombrico* de Marco Zanuso, un canapé constitué d'une série d'éléments qui permet, au moyen d'un tournevis, d'assembler sur une longueur infinie des éléments de l'assise en mousse.

Habitat

En mai 1964, le designer et entrepreneur Terence Conran déclenche une révolution dans le commerce de détail d'articles de design en ouvrant le premier magasin Habitat, au 77 Fulham Road, à Londres. Son implication dans le design remonte à 1955, lorsqu'il fonde le Conran Design Group. Avec Habitat, il met sur le marché un concept de «style de vie intégral». Répondant à l'aspiration des jeunes de se meubler dans leur style propre, il leur propose une gamme variée pour aménager et décorer leur foyer à leur goût. Il imagine un mobilier mode et classique à la fois, bien dessiné. Habitat propose ses propres créations, mais aussi des rééditions de classiques de l'histoire du mobilier : le fauteuil *Cesca* de Marcel Breuer, les chaises de Le Corbusier, des luminaires, des jouets, de l'équipement pour la cuisine, du papier peint, des tissus pour rideaux, de la vaisselle.

Le style Habitat plaît aux jeunes, car il propose à la fois un bon goût de type scandinave et des éléments repris du style anglais, un collage d'éléments de style avec du moderne, un choix mixte. Avec ses murs peints en blanc et ses carreaux rouges, le magasin stimule les clients et les encourage à faire entrer le design dans leur intérieur. Les marchandises sont en libre-service, simplement empilées par terre ou groupées sur des étagères. Les consommateurs évoluent dans un environnement agréable. Un deuxième magasin Habitat est inauguré en 1966 à Tottenham Court Road. Vers la fin des années 1960, cinq nouveaux magasins ouvrent. Habitat innove en développant la vente à distance sur catalogue. D'aspect moderne, celui-ci remporte un grand succès.

Un système combinable avec les éléments *Kubirolo* d'Ettore Sottsass, édités par Poltronova, des éléments de 45 x 45 x 45 en plastique beige ou blanc avec des poignées rouges, jaunes ou noires. C&B propose également un système de panneaux combinables sur un plan orthogonal... La société Design Center présente *Cub 8*, d'Angelo Mangiarotti, fourni avec des pièces en PVC pour assembler les panneaux. Un autre système modulaire, le *Programma C* de Tito Agnoli, est édité par Citterio. En 1969, Joe Colombo utilise le principe de série pour le siège *Additional System*, édité par Sormani.

Aux États-Unis, la société Herman Miller poursuit ses recherches sur le mobilier de bureau avec *l'Action Office 1* (1964) de George Nelson et Robert Propst. L'ensemble est modulable : il est constitué d'un meuble de rangement vertical, d'un poste de téléphone et d'un bureau. Ce système marque une étape importante. Robert Propst poursuit ce projet en mettant au point le système *Co-Struc* (Coherent Structures Hospital System) [1969], un système de containers, de cadres, de coulisses et de panneaux combinables entre eux à l'infini.

Le pop n'a pas apporté tous les changements souhaités par ses initiateurs, mais il a permis de modifier les habitudes et le design proposé aux jeunes. C'est en Italie et à Londres que se produit la révolution. Carnaby Street, entre 1963 et 1967, devient le lieu emblématique des «Swinging London». La chanson «My Generation», des Who (1965), fournit un des slogans de la jeune génération, à travers les paroles «*Hope I'll die before I get old*» («J'espère mourir avant de vieillir»).

Les années acides (1968-1972)

1968 est une année pivot : l'URSS intervient militairement en Tchécoslovaquie, Martin Luther King et Robert Kennedy sont assassinés, Nixon devient président, la jeunesse s'éveille à la politique, une action politique radicale est engagée en France par les étudiants en mai. Anarchie, radicalisme et agit-prop sont des termes que l'on entend continuellement. C'est la fin du pop, la fin d'une période de consensus.

Culture psychédélique et conquête de l'espace

Les jeunes changent d'attitude. Ils sont désormais blasés de l'opulence et se sentent concernés par la politique. Aux États-Unis, ils protestent contre la guerre du Vietnam. Des minorités s'élèvent contre les injustices sociales, se battent ou bien s'évadent : la «*drug culture*» et les hippies font leur apparition vers la fin de la décennie. L'utilisation du LSD ou acide se répand en Grande-Bretagne et aux États-Unis. Le voyage vers une extase spirituelle est enseigné par le «grand prêtre» Timothy Leary. Ceux qui suivent ses préceptes, les hippies, ont leur propre mode de vie ; les drogues hallucinogènes sont leur voie vers le nirvana. Cet optimisme naïf est incarné par le chanteur britannique Donovan. Un environnement

Ensemble de fauteuils de la série *Djinn*, Olivier Mourgue, 1964. Édité par Airborne, ce mobilier figure dans le film de science-fiction de Stanley Kubrick *2001 l'Odyssée de l'espace* (1968).

psychédélique aux formes ondulatoires, aux couleurs vives se répand dans tous les domaines : vêtements, posters, meubles, pochettes de disques, peintures murales. Le style psychédélique représente une transition.

En 1969, Neil Armstrong marche sur la Lune : «un grand pas pour l'humanité». La fin des années 1960 est marquée par l'imagerie associée à la conquête de l'espace, qui influence le design, la mode, le mobilier et les objets. La mode Courrèges est en PVC, la mode Rabanne en métal. Les boutiques de Hans Hollein sont décorées d'inox et d'aluminium, Mary Quant vit dans un univers blanc éblouissant. En matière de design intérieur et architectural, un univers compact, efficace et global se développe. Certains designers croient en la haute technologie, qu'ils explorent à travers le concept d'un micro-environnement totalement intégré faisant appel à celle-ci et à un répertoire visuel inspiré de la course à l'espace. Ces micro-environnements sont souvent en plastique, intégrant toutes les fonctions de l'habitat : les éléments pour la cuisine, la radio, le lecteur de cassettes, la télévision, la vidéo, à l'image de la capsule spatiale.

Les médias s'emparent de ce répertoire. Jane Fonda, dans *Barbarella* (1967), de Roger Vadim, évolue dans un univers de science-fiction. Elle dispose d'un superbe lit gonflable transparent, et marche dans une capsule au sol mou et aux parois gonflables. Le réalisateur Stanley Kubrick crée une vision prophétique avec *2001 l'Odyssée de l'espace* (1968), l'un des événements de l'année. Le film est présenté à Londres le 11 avril au Casino Theater et obtient un immense succès. À Manhattan, il est projeté pendant plus d'un an. John Lennon en est l'un des admirateurs. La station spatiale est équipée des sièges d'Olivier Mourgue de la série *Djinn* (société d'éditions de meubles Airborne, 1964-1965).

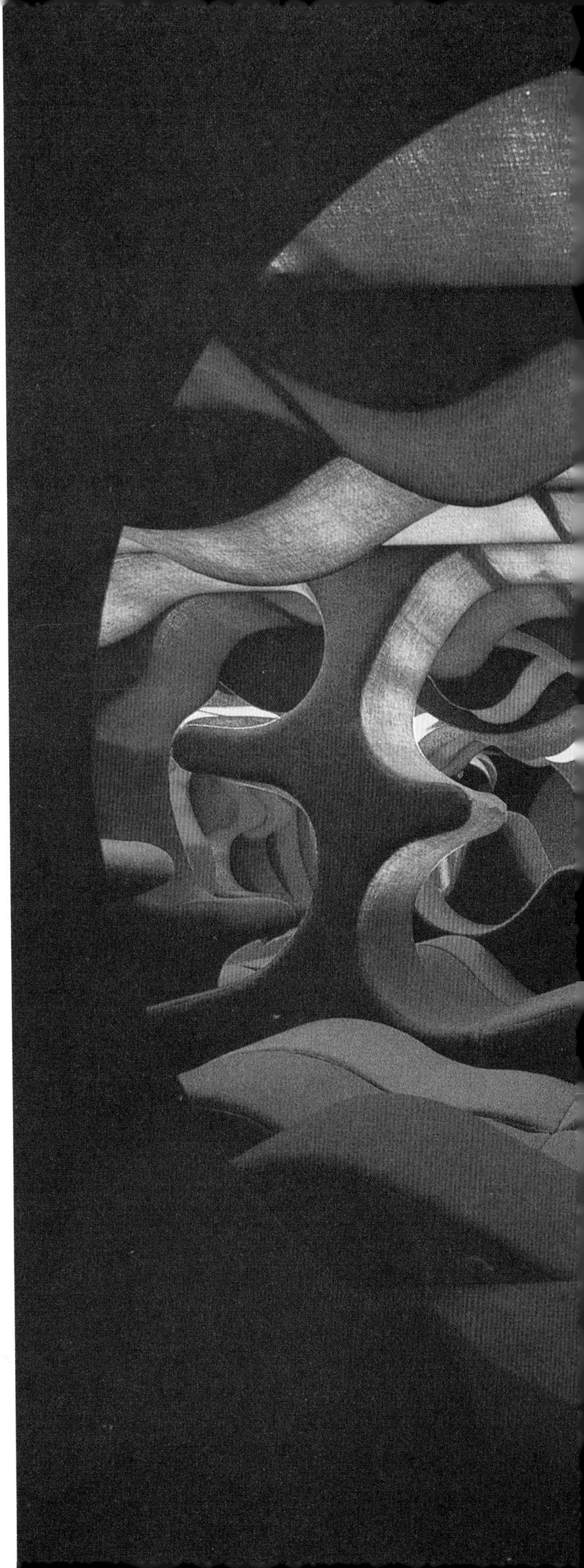

Visiona 2, Verner Panton,
1970. Environnement
commandité par la société
Bayer pour le Salon
international du meuble
de Cologne.

Design et contre-design

Le musée d'Art moderne de New York, lors de l'exposition « Italy, the New Domestic Landscape » (1972), propose des micro-environnements étudiés spécialement dans le cadre de l'exposition. Une recherche approfondie sur le thème est engagée, qui confirme les tendances effleurées tout au long de la décennie par les recherches de Joe Colombo, par exemple. Le propos est de considérer l'histoire récente du design, les tentatives de prototypes, et de tirer des réflexions d'hier des solutions harmonieuses pour l'avenir. La démonstration réalisée en 1972 par les designers et les éditeurs affiche deux tendances opposées. La première attitude envisage le design comme une solution pour résoudre les problèmes rencontrés dans le milieu naturel et socioculturel. La seconde réside dans un contre-design qui envisage de bouleverser les structures de la société. La compétition est ouverte à de jeunes designers italiens de moins de trente-cinq ans. Ils sont sollicités pour réfléchir à un environnement domestique dicté par de nouvelles habitudes de consommation et de comportement. Les environnements domestiques sont proposés par Gae Aulenti, Ettore Sottsass et Joe Colombo, et les environnements mobiles par Mario Bellini avec sa *Kara-sutra*, Alberto Rosselli, et Marco Zanuso & Richard Sapper.

Les designers japonais, poussés par la pénurie d'espace habitable, développent une recherche similaire. Kisho Kurokawa, architecte, présente une tour d'appartements-capsules totalement équipés à l'Exposition universelle d'Osaka en 1970. Cette idée de contraction de l'espace et d'efficacité des fonctions est enracinée dans le modèle spatial, notamment celui de l'habitacle des fusées.

Radio TS 502, Marco Zanuso et Richard Sapper, 1965. Édition Brionvega. La radio en forme de cube s'ouvre en deux, révélant l'efficacité de sa technique, avec d'un côté le haut-parleur et de l'autre la partie commandes.

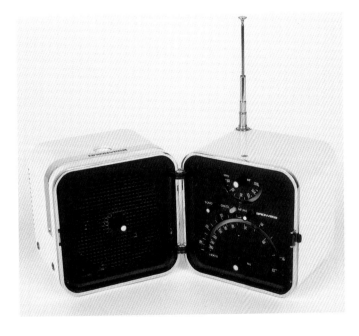

Joe C. Colombo

Unité d'habitation, Joe C. Colombo, 1969. Cet aménagement intérieur a été commandé au designer par la société Bayer pour l'exposition « Visiona ».

Né en 1930, de nationalité italienne, il poursuit des études d'architecture, de peinture et de sculpture. Il commence en 1951 à pratiquer l'art informel et expose avec Fontana, Munari, Baj, Matta. En 1952-1953, il réalise sa première construction à Milan. Après avoir repris l'entreprise de son père dans le commerce automobile, il retrouve, en 1962, son activité d'architecte et s'intéresse à l'architecture intérieure et au design. Il utilise le plexiglas pour sa lampe *Acrilica* (1962). Ses lampes, fauteuils et mobilier sont sélectionnés à la 13ᵉ Triennale de Milan. Il obtient trois médailles, pour le *Projecteur*, la *Mini-Kitchen* et les *Containers*. Colombo se passionne pour les systèmes d'habitat modulaires, comme le *Combi-Centre* (1963). Ses meubles sont sélectionnés par de grands musées, telle la chaise *Universale* en ABS (1965). Sa chaise *4867* en plastique, éditée par Kartell (1967), constitue la première expérience d'utilisation de la nouvelle technologie plastique. Le *Box Uno* (1968), édité par La Linea, condense en un bloc une chambre équipée pour une personne : un lit, des rangements, un bureau, une lampe et une échelle pour accéder au lit. Il mène des études d'ergonomie, de sociologie et marketing, et établit la dynamique d'une habitation contemporaine. *Le Système programmable pour habiter* est présenté en 1968. Il est produit par GM Arredimenti et destiné à être distribué par les grands magasins de la Rinascente de Milan. La *Tube-Chair* (1970) éditée par Flexform est une série de quatre tubes concentriques de différentes sections emboîtables, pour un transport facile, avec des clips en forme de U pour créer fauteuils ou canapés. En 1969, quand les hommes marchent sur la Lune, Joe C. Colombo présente le programme Visiona I, le *Roto-Living* et le *Cabriolet-Bed*, lieux évolutifs, très technologiques. En 1971, l'année de sa disparition, il propose au MOMA la *Total Furnishing Unit*, fruit d'une réflexion sur une unité de vie compacte, qui regroupe par secteurs spécialisés les fonctions de la maison.

Un environnement sensible, un paysage intérieur

Le groupe britannique Archigram est à l'origine d'un mouvement contestataire contre l'ultratechnologie. Dans son projet de ville *Plug'n Clip*, il se pose le problème de l'organisation intérieure. Il conçoit un espace en trois dimensions comprenant seulement sol, plafond, murs et mobilier intégrés en plastique gonflable. Un espace confortable sans aspérités. Le gonflable fait l'objet d'une recherche expérimentale, il permet de développer un caractère éphémère, en faisant appel à des matériaux synthétiques en association avec la recherche spatiale. Le mobilier peut être gonflé pour recevoir des amis ou plié pour libérer de l'espace. Le gonflable répond à l'idée d'une architecture utopique.

Le gonflable

Verner Panton est le premier à proposer, en 1962, un pouf gonflable. En 1964, des prototypes sont développés par Cedric Price, mais ce sont les designers italiens Paolo Lomazzi, Carla Scolari, Donato D'Urbino et Jonathan De Pas qui dessinent le fauteuil *Blow* (1967), le premier fauteuil gonflable rendu populaire et accessible grâce à la nouvelle technologie plastique recourant au soudage par fréquence radio pour sceller les coutures. Le fauteuil s'achète à plat et se gonfle à domicile. Sa ligne rappelle certains fauteuils modernistes des années 1930, en particulier ceux d'Eileen Gray. Il devient une véritable icône des années 1960.

En France, le Salon des artistes décorateurs de 1967, puis l'ARC, (Atelier de recherche contemporaine) au musée d'Art moderne de la ville de Paris, exposent les structures gonflables. Le groupe français Aérolande, avec Aubert, Jungman et Stinco, développe une véritable stratégie de propagation du gonflable et notamment participe activement à l'exposition de l'ARC en 1968. Il fait la démonstration de l'étendue des produits possibles avec la technique du gonflable : architectures, bateaux, barrages, structures temporaires, matelas, meubles, jeux... Les gonflables proposent un design autre, un design du XXIe siècle. En 1967, à l'Expo 67 de Montréal, et en 1970, à l'Exposition universelle d'Osaka, de nombreuses réalisations sont présentées. Quasar Khanh met au point une gamme de mobilier gonflable incluant canapé et fauteuil, de couleur ou transparent, avec des anneaux en métal pour maintenir les éléments. Une société d'édition, Ultra-Lite, assure la production des modèles de Quasar Khanh en Grande-Bretagne. En 1968, elle suit un rythme de 300 unités par semaine. De nombreux articles vantent alors l'intérêt du gonflable, et en particulier l'avantage d'un coût réduit.

Un mobilier non meublant

Dans cet environnement non conforme, un mobilier classique ne peut convenir. Les designers, sous l'impulsion d'articles tels que «Chairs as

Art» de Reyner Banham, dans *New Society* (20 avril 1967), inventent des meubles dont la forme rime avec expression et non avec fonction. La question est posée de modèles plus flexibles dans leur utilisation et leur fonctionnement, et qui proposent des attitudes différentes.

Des surfaces horizontales informelles font leur apparition. Ainsi, Max Clendinning envisage que la nouvelle forme de mobilier soit une combinaison interchangeable de coussins. Bernard Govin, en France, propose le *Tapis sol*. C'est à ce moment que viennent d'Italie, de France, de Scandinavie et de Grande-Bretagne des sièges sur lesquels on s'allonge plutôt que l'on s'assoit. Le *Sea Urchin* de Roger Dean est exposé à l'exposition «Prototype Furniture» du Design Center de Londres (1967). Sa réalisation est envisagée par Hille, mais des problèmes techniques empêchent sa fabrication en série. En France, Pierre Paulin propose des sièges contortables, la *Ribbon Chair* (1966) et la chaise *Langue* (1967): une structure métallique garnie de mousse. Les Italiens sont pleins d'audace, d'originalité et sans a priori. Leurs créations sont parfois choquantes de liberté et d'anticonformisme. «[Il y a] une nécessité de placer le mobilier au même plan que la société et d'accélérer son évolution vers 1970, si ce n'est vers 2000», déclare Jean Daniel à *l'Officiel de l'ameublement*

Fauteuil gonflable *Blow*, en PVC, Jonathan De Pas, Paolo Lomazzi et Donato D'Urbino, 1967. Édition Zanotta, Italie.

Fauteuil *Ribbon n° 582*, Pierre Paulin, 1965. Édition Artifort, Pays-Bas. La base est en acier, la structure en tube est habillée de mousse et garnie d'un tissu élastique de couleur. Vitra Design Museum.

(novembre 1967). Le peintre Roberto Sebastian Matta Echaurren (Roberto Matta) dessine pour l'éditeur Gavina le siège *Malitte* (1966), une sculpture de sièges en mousse combinables. Les sièges, lorsqu'ils ne sont pas utilisés, sont imbriqués en hauteur, formant une sculpture ornementale. Archizoom présente au Salon du meuble de Milan le *Superonda* édité par Poltronova, un divan modulaire dans le même esprit : il s'agit d'un bloc de polyuréthane expansé garni de toile cirée découpée en forme d'onde, évoquant un espace de liberté. Le plus surprenant dans cette nouvelle typologie de mobilier est la notion d'un mobilier sans ossature, signifiant une rébellion contre l'ordre établi, avec une nouveauté : les deux morceaux du canapé *Superonda* peuvent être utilisés comme une sculpture, deux canapés, un fauteuil ou une table.

« Up ! Up ! Up ! »

Un article de Henry Owen dans *Cabinet Maker and Retail Furnisher* (Londres, octobre 1969) annonce : «*Up ! Up ! Up !!! in Milan*». Il s'agit de la grande nouveauté proposée par C&B au Salon du meuble de Milan en 1969, la série *Up* de Gaetano Pesce. Son impact conceptuel est fort, et l'innovation technologique sensationnelle. Le siège est vendu sous vide, à plat. Il suffit d'ouvrir le carton, et le siège en mousse de polyuréthane alvéolaire garni de tissu en viscose, nylon et lycra mélangé reprend doucement son volume. Gaetano Pesce déclare en 1993 : «Quand les gens essaient de comprendre un concept qui n'est pas évident, chacun l'interprète à sa façon. Dans le cas d'*Up 5*, certains ont interprété le fauteuil comme le corps de la mère qui nous accueille toujours avec amour et nous berce dans ses bras. D'autres ont dit que c'était un symbole sexuel. D'autres ont dit différentes choses encore. C'était bien pour moi de voir que l'objet était ouvert à différentes interprétations. La mienne était qu'il représente quelqu'un qui n'est pas libre, un prisonnier qui marche avec un boulet à la jambe. Il est vrai qu'au cours de l'histoire les femmes ont toujours été sacrifiées à cause des préjugés des hommes. C'est comme un être en prison, comme marcher avec un poids à la jambe tout le temps. La seule manière d'exprimer le concept, c'était d'exposer l'ottomane ou le boulet relié au corps féminin par une chaîne.» Il existe également un fort engouement des jeunes pour les larges coussins modulables, disponibles chez Habitat ou ailleurs à des prix modiques ou réalisables soi-même. Au Danemark, Nanna Ditzel propose un aménagement intérieur structuré par paliers, avec des coussins, des marches-rangements, des canapés et des «fosses de conversation». Verner Panton imagine, de son côté, un espace intérieur sur plusieurs niveaux, une perception verticale alternée (les convives se trouvant sur plusieurs niveaux en hauteur, décalés, afin de pouvoir converser) avec la possibilité d'envisager la conversation à plusieurs niveaux, ou bien le retrait et la solitude.

Fauteuil *Up 5* ou *La Donna*, Gaetano Pesce, 1969. Cette série en mousse de polyuréthane recouverte de jersey comporte sept modèles différents, vendus sous vide. Édition C&B, Italie. Vitra Design Museum.

Sacco

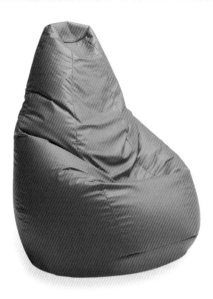

Le fauteuil *Sacco* (1968) de Piero Gatti, Cesare Paolini et Franco Teodoro, édité par Zanotta, introduit une idée révolutionnaire, qui correspond à un nouveau mode de vie. Sac en vinyle ou en cuir rempli de billes de polystyrène expansé, il est totalement novateur et a été souvent imité. Il reprend l'idée archaïque du tas de sable. Contenant 12 millions de billes de polystyrène et pesant moins de 6 kg, cet objet fait disparaître les signes identitaires du siège (piètement, assise, dossier), ce qui en fait un élément sans forme définie. Il est aisément transportable, et malléable : le corps lui donne sa forme et son sens. Le *Sacco* constitue un moule fidèle des formes individuelles ; il s'adapte à la morphologie de la personne qui l'utilise. La souplesse de cet objet sensoriel invite à la détente. Il permet une attitude de «nidification», il est le siège des positions infinies pour le jour comme pour la nuit, «le siège des mille et une nuits – mille positions pour le jour, une pour la nuit –, merveilleusement confortable» (slogan de présentation du modèle par l'entreprise Zanotta), il se plie à toutes les postures du corps. Il correspond à un certain comportement : la jeunesse s'en empare. Ce n'est pas par hasard qu'il apparaît en 1968, à une période de contestation des contraintes. La nouvelle génération vit au ras du sol. Le corps est sollicité, il faut se laisser aller. Ce siège est le manifeste d'une génération de jeunes décontractés en pantalon, assez sportifs (car il faut pouvoir s'en extraire), et non stressés, car le *Sacco* se trouve au ras du sol et procure, par conséquent, par rapport à quelqu'un assis sur une chaise, la sensation d'être lilliputien. Il rappelle certaines œuvres de l'artiste pop américain Claes Oldenburg et ses structures molles. La forme de poire est aussi d'un design souple et sensuel, proche de l'esprit organique des années 1950.

L'objet design

Les techniciens s'intéressent au métadesign. Ils rappellent qu'il existe, derrière les prototypes créés par le designer, des codes constructifs, plastiques, opératoires, et des messages. Ceux qui se consacrent au design de mode se réfèrent également au métadesign. Pour que des objets industriels varient superficiellement sans entraîner des coûts désastreux, il faut qu'ils soient obtenus à l'aide de matrices réduites à des formes simples. Les objets industriels de haute qualité comportent, du fait de leur message plastique, un pouvoir de contestation. Ils affectent la société par la vision du monde qu'implique leur emploi. Il n'y a pas un design, mais des designs. Le design rationalisation de l'artisanat, dans certains pays en voie de développement, le design semi-industriel, comme dans les pays scandinaves, encore dominés par les arts du bois et du métal, un design rigoriste au service des collectivités, un design des objets courants, « resémantisation » de la pacotille ou du gadget.

Le Centre de création industrielle (CCI)

En France, le Mobilier national s'ouvre au design, grâce à l'impulsion de Georges Pompidou et André Malraux, avec un Atelier de création contemporaine créé en 1964. Le musée des Arts décoratifs se situe au centre de cette réflexion dynamique en présentant l'exposition « L'objet », en 1962, qui fait appel aux artistes pour exprimer un nouvel art de vivre. François Mathey, conservateur, reprend cette réflexion en 1968 avec l'exposition « Les assises du siège contemporain », qui fait date, car elle propose une large section de mobilier international. Pierre Paulin s'inspire de l'utilisation nomade des tapis pour réaliser son *Tapis-Séjour*, créé pour Roche-Bobois en 1965, puis il propose la chaise longue *Declive* (1968), sorte de siège-tapis aux formes articulées à l'envi, éditée par Mobilier international. Olivier Mourgue s'inscrit dans la lignée de Pierre Paulin avec un tapis-siège publié dans le catalogue de Prisunic en 1969.

L'année 1969 voit la création du CCI (Centre de création industrielle), nouveau département de l'Union centrale des arts décoratifs, installé dans six salles aménagées à cet effet. Le CCI sélectionne des produits industriels vendus sur le marché français : cuisines, appareils de chauffage, sanitaires, tables, équipement, mobilier. Une documentation est établie pour chaque produit, consultable par le public et par les industriels. Il propose une mise en relation entre l'industriel et le designer, et se place sous le signe de l'union avec Formes utiles, qui a toujours défendu le design. Les expositions développent une analyse des différents secteurs traités. L'exposition inaugurale de 1969, « Qu'est-ce que le design ? », pose une question générale à laquelle répondent cinq des plus grands designers contemporains.

« Qu'est-ce que le design ? »

Cette exposition propose une mise en relation de cinq designers de nationalités différentes : italienne, américaine, allemande, danoise et française. Ils appartiennent à des pays industriels qui, dans les années 1960, ont réellement opéré de grandes avancées technologiques et des innovations formelles. Le design se trouve au centre des préoccupations. Il n'est pas un luxe ou une affectation, mais une nécessité. Les designers, à la question « Quelle est votre définition du design ? », proposent chacun leur propre réponse. Joe C. Colombo : « L'*industrial design* n'est sûrement pas un style, il est fonctionnel, il est rationnel. Il est la résolution totale de la problématique interne d'un produit conçu de la façon la plus objective, eu égard à l'emploi auquel il est destiné. » Pour Charles Eames, le design est « une méthode de mise en place des composants afin de parvenir à la meilleure solution d'un problème particulier ». Fritz Eichler, lui, déclare : « Le design est un ensemble complexe, qui ne se limite pas à la conception d'une forme extérieure esthétique, car celle-ci n'est que l'expression visible d'une création collective. Le design fait partie intégrante de notre évolution. ». Verner Panton précise : « L'espace et la forme sont des éléments importants dans la création du milieu, les couleurs sont encore plus importantes. Mais l'homme reste l'élément central. ». Enfin, selon Roger Tallon : « Le design n'est pas caractérisé par une activité de conception spécifique, mais par le comportement du concepteur dans l'exercice de cette activité. Le design est une conduite qui refuse l'impensé, la solution hasardeuse ou inspirée. Il est recherche de l'information et de la méthode dans le traitement du problème. »

Créations d'Europe et d'Asie

Au Danemark, Bang & Olufsen est l'une des seules entreprises produisant des appareils de radio et de télévision à se préoccuper de design. C'est aujourd'hui la plus grande entreprise danoise sur le plan interna-

Chaîne hi-fi *Beogram 4000*, Jakob Jensen, 1972. Aluminium, bois, et acier inoxydable. Production Bang & Olufsen. Le profil de la chaîne est ultraplat, le bras est tangentiel.

Roger Tallon

Téléviseur portable *P111*, Roger Tallon, 1963. Réalisé pour la société Téléavia, Italie. Paris, CCI - Centre Georges-Pompidou / bibliothèque Kandinsky

Ce designer français, né en 1929, a suivi des études d'ingénierie et a commencé sa carrière chez Caterpillar France, avant de travailler pour Du Pont de Nemours. En 1953, il rencontre Jacques Viénot et rejoint Technés, bureau d'études techniques et esthétiques fondé en 1949. À partir de 1954, il produit de nombreux objets industriels pour des entreprises : une fraiseuse pour Gambin, la caméra 9,5 mm Duplex pour Pathé, la machine à coudre *Brandt-luxe B600*, puis, en 1955, la moto compacte 125 cm³ *Taon*. Il enseigne le design industriel au cours supérieur d'esthétique industrielle de l'École des arts appliqués, premier cours de design en France. En 1957, il dessine la caméra *Veronic* 8 mm pour Sem et les tours *Gallic 16* et *Gallic 14* pour La Mondiale ; en 1958, des appareils électroménagers pour Peugeot ; en 1959, il conçoit les premiers téléviseurs pour Téléavia. En 1960, il crée pour Thomson des radios transistors et des rasoirs électriques. Il s'intéresse au mobilier en dessinant le siège *Wimpy* en contreplaqué moulé et fonderie d'aluminium, qui sera édité par Sentou. Il collabore avec Yves Klein et César à l'exposition «Antagonisme 2, l'objet» au musée des Arts décoratifs. Au congrès de l'ICSID à Paris, il fait des projections psychédéliques sur la sculpture habitable d'André Bloc à Meudon. Il crée avec Jacques Dumond le département design à l'ENSAD (École nationale supérieure des arts décoratifs), à Paris. En 1963, il dessine la machine à écrire portable *Japy Message*, le téléviseur portable *P 111* pour Téléavia, et, en 1965, les sièges et tabourets de la série *M400* pour la galerie Lacloche. Il se lance dans les premières esquisses du TGV 001 à turbine pour Alsthom. En 1969, il crée le mobilier *Cryptogamme* pour le Mobilier national, destiné à la cafétéria du Grand Palais. Il ouvre son agence en 1975, baptisée Design Programmes. Sa carrière se poursuit aujourd'hui à travers des actes de designer sans compromission : un escalier hélicoïdal en fonte contemporain pour appartements édité par la galerie Lacloche en 1966, le TGV, les montres Lip...

Lampe de table *Eclisse*, réflecteur pivotant en métal laqué, Vico Magistretti, 1967. Édition Artemide, Italie.

tional. Elle est toujours au fait des dernières innovations technologiques. Au début des années 1960, par exemple, elle développe le *Pick-up Arm*, le bras de lecture des disques sur une trajectoire tangentielle, et l'amplificateur à touches tactiles. Le programme de design de la société impose une adaptation de la technique à l'environnement domestique, avec un usage simplifié pour l'utilisateur. Bang & Olufsen a établi ses sept commandements, «Corporate Identity Components». L'identité d'entreprise est très affirmée. Les modèles mis au point vers la fin des années 1960 présentent un design remarquablement moderne, grâce à Jakob Jensen (1926), responsable du style chez Bang & Olufsen. Il crée le *Beosystem* (enceintes et ampli stéréo) et le *Beogram* (platine) entre 1969 et 1973. Les boutons sont remplacés par des touches de commande, l'alliance de placage de bois sombre, d'aluminium satiné et d'acier inoxydable est d'une grande subtilité et impose un équilibre parfait entre matières naturelles et industrielles. En somme, un design semi-industriel aux saveurs de bois et de métal.

Une nouvelle évolution se fait jour dans le domaine des appareils électriques, avec la transistorisation et la microélectronique. Les volumes se réduisent. Le Japon s'inscrit dans la recherche d'un design très pur. La société Yamaha fait appel au designer italien Mario Bellini pour concevoir le magnétophone lecteur de cassettes *TC-800GL* (1974). Le pays est engagé dans une croissance exponentielle, et en fait une démonstration éblouissante lors de l'exposition internationale d'Osaka en 1970 «Osaka World Exposition». Le design industriel est l'un des points forts de l'industrie japonaise, comme en témoigne le développement des entreprises Sony, Matsushita, Toshiba, Canon.

L'Italie poursuit sa politique innovante, grâce à Olivetti, qui, dans les années 1960, développe le secteur du bureau. Les machines à écrire et les ordinateurs revêtent les formes et les couleurs de sculptures biomorphiques. Ettore Sottsass produit l'ordinateur *Elea 9003/1* (1962) et la *Valentine* (1969), une machine à écrire portable en plastique rouge. Avec Hans von Klier, il dessine la machine à écrire électrique *Tekne 3* (1963). Mario Bellini rejoint l'équipe Olivetti et introduit des formes souples plus ergonomiques avec *TCV 250* (1965), une console vidéo, la série de calculettes *Logos* (1970) et la *Divisumma 28* (1973) [machine à calculer] ; il recouvre le clavier d'une fine pellicule souple en gomme qui procure à son utilisateur un plaisir sensuel. Rodolfo Bonetto et Naoki Matsunaga produisent *HO1* (1969-1970), une machine-outil à commandes numériques. La société italienne Brionvega, société industrielle de matériel électrique, sollicite Richard Sapper et Marco Zanuso, qui se distinguent par le design très minimal de leur téléviseur *Black 12 ST 201* (1969). Le domaine du luminaire connaît aussi une extraordinaire énergie. Gino Sarfatti, Mario Bellini et Achille et Piergiacomo Castiglioni développent des créations pour la société Flos. Vico Magistretti crée la lampe *Eclisse* (1967), le plafonnier *Triteti* et la lampe *Telegono* en résine. Livio Castiglioni et Gianfranco Frattini dessinent une lampe, le *Boalum*, pour la société Artemide. La société Danese produit des petits objets de très grande qualité dessinés par Bruno Munari et Enzo Mari. Ils conçoivent de nombreux objets : jeux et jouets. Puis, seul, Enzo Mari dessine des cendriers, et des objets pour le bureau qui sont généralement de forme simple, parfaitement adaptés à la production en série, et dont la qualité et la consistance font pour une grande part le succès de Danese. Le but de l'entreprise est de proposer des objets d'une grande lisibilité.

L'année 1973 sonne le glas de cette période euphorique. La crise du pétrole et la crise économique qui s'ensuit portent un coup dur à l'industrie du meuble plastique et de l'objet. Les limites de la société de consommation apparaissent, l'éphémère et les mouvements de mode font désormais partie du passé. Une remise en question devient nécessaire.

Un design alternatif (1973-1981)

· 1973, la crise de l'énergie

· Le style high-tech

· L'antidesign

· Postmodernisme, « historicisme »

À l'insouciance et la liberté des années 1960 succède une période d'anxiété et d'instabilité. Après le choc pétrolier de 1973, la crise s'installe. C'est l'occasion, pour une génération parvenue à maturité, de procéder à des remises en question et d'entamer une réflexion critique politique, économique et écologique. Les intellectuels et les sociologues s'interrogent sur la nature du design et son objet. On observe, à travers la mise en cause du design, la critique de la société de consommation des années 1960.

1973, la crise de l'énergie

Les derniers feux de l'insouciance et de la liberté des années 1970 s'éteignent avec la crise de 1973. Néanmoins, l'esprit de la culture pop se montre encore fécond le 10 septembre de la même année, à Londres : deux grands magasins affichant deux visions totalement opposées de la société, Biba et Habitat, ouvrent simultanément. Biba propose un univers extrêmement sophistiqué, un appel au rêve, composé de couleurs noires, or, rose, mauves, violettes, une ambiance de luxuriance et de décadence, mise en scène par Tim Whitmore et Steve Thomas pour Barbara Hulanicki. Habitat ouvre son nouveau magasin sur King's Road à Londres, devenu Conran Shop, plus élégant et plus cher. L'acheteur se sert librement ; la marchandise est simple, lisible et clairement mise en valeur.

La crise de l'énergie, en 1973, met un terme à toute une époque. Elle entraîne une augmentation dramatique du prix des produits dérivés du pétrole tels que les plastiques. Toute l'industrie du meuble plastique en subit les conséquences, et il devient impossible de produire du mobilier économique. La réaction s'organise rapidement avec les acteurs de l'anti-design et les rationalistes, qui mettent immédiatement sur pied une nouvelle stratégie. La crise internationale oblige tous les acteurs économiques à engager une réflexion sur la rationalisation des méthodes de production afin de mieux maîtriser les coûts et de rester concurrentiels. Les designers de l'industrie de l'ameublement abandonnent les fantaisies créatives et les ornements pour s'orienter vers un mobilier plus anonyme.

Design écologique et design responsable

La crise pousse les designers à un examen de conscience qui se traduit par un retour aux sources. La montée du prix du pétrole atteint de plein fouet les consommateurs et déclenche une démarche écologique et humanitaire qui touche tous les domaines : refus des contraintes technologiques, désir de trouver des solutions à la pauvreté, aide aux handicapés et au tiers-monde, lutte contre la pollution, la pénurie des ressources et le gaspillage. Le retour au bois et aux matières naturelles en général constitue l'une des solutions mises en œuvre, après tant d'années d'expérimentation des plastiques.

Dans l'ouvrage *Design pour un monde réel* (1974), Victor Papanek (1927-1999), créateur d'origine autrichienne, conçoit un monde nouveau

Page précédente :
Tabouret *Mezzadro*, Achille et Piergiacomo Castiglioni, 1957. Ce siège est précurseur de l'esprit high-tech et, dans l'esprit ready-made cher à Marcel Duchamp, il comporte un siège de tracteur récupéré. Production Zanotta (1983).

qui intégrerait l'idée d'un design révolutionnaire, opposée au postulat du design traditionnel fondé sur l'économie : acheter, consommer, jeter. Les designers doivent découvrir le besoin véritable de remodeler les outils, l'environnement et la manière dont il est pensé. Le design ne doit en aucun cas s'éloigner de la pratique.

Le boom démographique dans les années 1970 se trouve dépassé par le boom des déchets de toute sorte... L'automobile est responsable de 60 % de la pollution atmosphérique aux États-Unis. Le développement des transports aériens menace la planète en favorisant l'effet de serre.

Une des propositions pour éviter le gaspillage repose sur la vie en communauté : consommer davantage tout en possédant moins. D'où la construction de dômes temporaires, de «cubes» à la Ken Isaacs. À Drop City, les maisons communautaires sont en forme de dôme. La ville est construite à partir de matériaux de récupération et elle est alimentée intégralement par l'énergie solaire. Autoconstruction et éléments standardisés sont développés par l'architecte belge Lucien Kroll. Le design, étant donné l'importance de son rôle écologique et social, doit être révolutionnaire et radical au sens strict. Faire le plus avec le moins, fabriquer des objets plus durables, recycler les matériaux et cesser de gaspiller.

En 1976, l'ICSID organise une conférence à Londres, «Design for Need» («Le design pour la nécessité»). C'est le moment où le chauffage à l'énergie solaire se développe. L'esprit «Do It Yourself» est mis en avant dans la publication *Nomadic Furniture* (*Mobilier Nomade*), en témoigne ainsi la gamme *Nomade* (1973-1974) de Victor Papanek et Hennessey. Cette année-là, en 1976, à Londres, est ouvert le premier magasin Bodyshop. Les produits y relèvent du *«green design»*, qui s'appuie sur l'écologie à travers la vente d'objets recyclables. Les designers s'engagent, osent faire des choix pour la survie même de la planète. L'architecte Richard Buckminster Fuller met au point un design pour des structures habitables basées sur la géométrie synergétique et énergétique. Ses structures géodésiques sont diffusées depuis 1952. Il lance, en 1963, un inventaire des ressources mondiales à la Southern Illinois University, «The Era of Survival». Mais cette étude demeurera sans suite.

Au printemps 1969, six écoles américaines de pointe lancent une étude sur un environnement habitable dans les fonds marins. Elle est cependant occultée par la publicité dont bénéficie un autre projet : une recherche sur le développement de colonies lunaires sous dômes. Steve Baer, designer mathématicien, invente les maisons solaires, les «zome works».

Un retour au bois

L'industrie du meuble est durement touchée par la crise de l'énergie. Une réflexion s'engage alors sur un retour au bois et aux matières naturelles. Même s'ils sont moins engagés que les écologistes, les industriels opèrent un revirement en douceur. En Italie, Zanotta réédite la chaise *Follia* en bois de Giuseppe Terragni (1934), pièce emblématique du design rationaliste italien. La douceur du bois se retrouve dans le travail de Tito Agnoli, qui crée la chaise empilable *841*, produite par la société Montina. Angelo Mangiarotti propose des structures modulables en bois naturel et bois laqué, programme *L12* (1972), pour Lema. Le mobilier s'impose avec des couleurs naturelles, noir, brun ou neutre ; c'est la fin des couleurs vives. Les créateurs Afra et Tobia Scarpa dessinent des sièges en bois pour B&B et Molteni. Le 14ᵉ Salon du meuble de Milan (1974) amorce la tendance d'un retour au bois, en montrant l'engagement des fabricants Boffi, Driade, Bernini... Le 15ᵉ Salon du meuble confirme le rôle de premier plan du bois, avec un retour au style scandinave, le style « *teak* » des années 1950, et Sergio Asti se livrant à l'interprétation en bois d'un lit des années 1920, *Il lettone*. Le programme *Tomosama* (1975) en pin naturel de Burghard Vogtherr, édité en Allemagne par Rosenthal, est également particulièrement remarqué.

Une nouvelle société « petite-bourgeoise » peu disposée à investir dans « le social », perturbée par la crise pétrolière, angoissée par le terrorisme, se réfugie dans un domicile chaleureux et douillet. Son repli justifié par une attitude de « bon ton », de goût pour la nature et la culture, se traduit par une focalisation sur le bois comme valeur refuge, le retour au meuble « luxueux », le refus des « modulables ». On privilégie le mobilier classique, fauteuil, chaise, table, commode. Le Salon du meuble de Milan, en 1978, présente du bois et encore du bois. L'objet table devient un champ d'expérimentation : témoin les œuvres de Carlo Scarpa pour Bernini, Superstudio pour Poltronova ou encore Mario Bellini pour Cassina.

Ergonomie et handicap

Les designers des pays scandinaves possèdent l'expérience du bois, et mènent une réflexion novatrice pour tout ce qui concerne le monde des enfants, des handicapés, et les outils du travail. Ils proposent du mobilier écologique faisant appel à peu de matériaux, tube et toile par exemple. Ils s'inspirent des arguments ergonomiques et humanistes de Victor Papanek, exposés dans son ouvrage *Nomadic Furniture* (1973). En Suède, les designers Johan Huldt et Jan Dranger soutiennent une politique de la non-consommation. Ils créent leurs premiers meubles en carton, puis fondent leur société, Innovator Design, avec des créations anonymes, afin de s'élever contre le produit « culte ». Le siège *Stuns*, fonctionnel, simple, en tube et toile, révélé au Salon du meuble de Cologne en 1973, connaît ainsi un immense succès. La gamme *Innovator* est distribuée chez Ikea. A&E Design est une société fondée en 1968 par Tom Ahlström et Hans Ehrich, qui se spécialisent dans l'étude des produits à vivre, du matériel pour handicapés et personnes âgées. De leur côté, Maria Benktzon et Sven Eric Juhlin fondent à Stockholm Ergonomi Design Gruppen ; ils étudient les mécanismes musculaires mis en œuvre pour la préhension des objets et se spécialisent dans le design pour les handicapés.

Table et siège en carton ondulé, Frank O. Gehry, 1972, collection Easy Edges.

La Finlande subit les contrecoups de la crise du pétrole, notamment pour ce qui est de l'industrie du verre, qui requiert beaucoup d'énergie. Comme dans les pays voisins, les designers s'orientent vers le monde du travail, l'ergonomie des outils, la sécurité, la cohésion sociale. La chaise de bureau de Yrjo Kukkapuro *Fysio* (1978), produite par la société Avarte, est l'une des premières chaises de bureau dont la forme est dictée par l'analyse organique de l'homme. Le designer utilise le contreplaqué moulé.

La récession mondiale fait perdre de son éclat au design danois. Seules des sociétés de pointe telles que Bang & Olufsen et Georg Jensen se maintiennent sur le plan international.

Le recyclable

Contre la double prédominance du rationalisme et du superflu, certains designers se tournent vers l'antidesign. Les préoccupations de ce mouvement, dans les années 1970, sont politiques et sociales. L'un des derniers designers inspirés par le mouvement pop est le Canadien Frank Gehry (né en 1929). Il recherche constamment de nouvelles utilisations pour des matériaux dont l'usage est figé et possédant des qualités à la fois de structure et de finition. Ses études sur le carton donnent naissance à la gamme de dix-sept unités de meubles en carton aggloméré *Easy Edges Group* (1972), utilisant une technologie simple, recyclables et bon marché. La société Jack Brogan réalise les premiers modèles, et une réédition est proposée en 1982 par la société Chiru. Frank Gehry a reçu de son père, qui possède une fabrique de meubles, le goût pour la réalisation des meubles, l'artisanat et le beau métier. Mais il est avant tout architecte ; c'est donc vers l'architecture qu'il se dirige, conscient de son implication sociale. Il revient au design de meubles au début des années 1980, avec une nouvelle collection, *Experimental Edges*, également en carton, qui se rapproche davantage de l'objet d'art en série limitée.

Le style high-tech

Les promoteurs du design high-tech opèrent un glissement systématique de l'usage d'objets industriels et professionnels vers une utilisation domestique. Volontairement ou non, le détournement et le collage créent un décalage avec la réalité. Le style high-tech se fonde sur l'interrelation d'objets saisis hors contexte, un des principes consistant à explorer le répertoire d'objets disponibles et à élaborer soi-même le cadre de son environnement. Il s'agit de se les approprier et de les utiliser dans un contexte différent, en conservant leurs fonctions premières (un lavabo d'usine, une lampe de chantier, une palissade). De nombreux objets industriels, créations anonymes aucunement destinées à satisfaire les besoins de la société de consommation, se révèlent pourtant utiles au grand public. Les objets viennent répondre aux besoins domestiques, s'insérer à l'intérieur de la maison, ils sont modulables à souhait. Le mobilier high-tech, produit industriellement, est souvent en pièces détachées, à monter soi-même, et d'un coût réduit. Ce style emprunte à l'industrie son langage et ses matériaux (verre, fer, acier), ainsi que sa technique de commercialisation.

Omstack Chair, Rodney Kinsman, 1972, chaise empilable à structure acier, siège et dossier perforé, éditée par Bieffeplast. Londres, Victoria and Albert Museum.

Fauteuil *Consumer's Rest* (*le Repos du consommateur*), Stiletto, 1983, prototype produit à Berlin. Récupération d'un chariot de supermarché, édition Brüder Siegel (1990). Vitra Design Museum.

Détournement et collage

«Ici, le signe de l'utilité rejoint l'utilité du signe, et le rêve de la machine à habiter se transforme en habiter la machine», écrit François Barré dans sa préface de *High-Tech, le style industriel* (1978), de Joan Kron et Susan Slesin. Le mouvement moderne, qui a toujours fondé sa dynamique sur la recherche d'un dialogue entre art et technique, se trouve dépassé par le fait que, dans le style high-tech, la technique seule prédomine. L'intervention artistique consiste alors à s'approprier l'objet et à le dire «art», une démarche proche de celle de Marcel Duchamp avec ses ready-mades, qui utilise urinoirs, roues de vélo, porte-bouteilles. Charles Eames figure parmi les précurseurs. Dans sa maison de Santa Monica, en 1949, il utilise des éléments constructifs industriels. Les frères Castiglioni, pour le siège *Mezzadro* (1957), utilisent un siège de tracteur, et pour la lampe *Toio* (1962), un phare automobile. La chaise *Omstack* dessinée par Rodney Kinsman en 1971 est représentative du design high-tech. L'objectif était de produire une chaise à faible coût et à usage multiple. En acier perforé, disponible dans de multiples couleurs, elle est prévue à la fois pour l'intérieur et l'extérieur. Très fonctionnelle, elle est empilable et «clippable» pour réaliser des rangées de sièges. Le répertoire high-tech fait appel à une certaine fascination primaire pour les outils, les matériaux froids et les environnements métalliques, un goût glacé pour les ambiances cliniques, carcérales ou industrielles. Le mouvement punk émerge en 1977. Le style high-tech correspond à cet univers défoncé, dépourvu de manières, à son mépris du paraître, du protocole. Il répond aussi à son slogan «*No future*», à cette idéologie sans projets – et sans racines.

Esprit loft

L'Américain Ward Bennett est le grand inspirateur des architectes d'inté-rieur du style industriel. En désaccord avec le style pop des années 1960, il puise dans le réservoir industriel. Il redécouvre les lampes utilisées dans les usines, les accastillages, les étagères d'usine, la robinetterie d'hôpital. Joseph Paul d'Urso est avec lui le promoteur du style industriel, choisis-sant pour ses aménagements intérieurs des clôtures anti-cyclones, une penderie tournante de teinturier, un lavabo de chirurgien, autant d'arti-cles empruntés au domaine industriel. Il fait appel au répertoire des pro-duits typiques du style high-tech : mezzanines, systèmes d'échafaudages et de cornières, containers sur roulettes... L'architecte Norman Foster, un des représentants du style high-tech en Angleterre, conçoit des aména-gements de bureaux et d'usines.

C'est au Centre Georges-Pompidou (1977), à Paris, que l'esthétique de la structure est exposée de la façon la plus évidente. Le design fran-çais est marqué par l'inauguration de cet ensemble culturel consacré à tous les domaines de la création artistique, notamment les arts plas-tiques, la recherche musicale, l'esthétique industrielle, l'art cinématogra-phique et la lecture publique. Sur 4 000 m², le CCI (Centre de création industrielle) comprend un centre de recherche et une maison d'édition, et offre à la consultation des fiches de documentation classées par créa-teur, producteur, distributeur, lieu et prix qui deviendront des catalogues. Le CCI accueille aussi des expositions. Si l'État s'investit enfin dans le domaine du design, la période n'est pas euphorique pour autant. De nombreuses agences subissent durement les répercussions de la crise de l'énergie et sont contraintes à fermer. Le marketing reprend tous ses droits. Au terme de la décennie, des initiatives privées voient le jour, comme en témoigne la création en 1979 de l'association VIA (Valorisation de l'innovation dans l'ameublement), financée par l'indus-trie du meuble.

L'antidesign

L'Italie tente de maintenir ses exportations en poursuivant sa politique industrielle de design pur. Mais pendant cette période d'instabilité éco-nomique, un débat s'instaure entre les tenants du design pur et une vague contestataire promue par une minorité de designers d'avant-garde, développant une critique engagée de la société de consommation qui n'obéit plus qu'à la loi de l'offre et la demande. De la dérision, ils font une arme de destruction, mais aussi de création.

Radical design

Les premiers groupes de l'avant-garde architecturale, Archizoom et Superstudio, apparaissent au sein de la faculté d'architecture de Florence, en 1966. Dans le débat politique particulièrement intense qui s'y déroule, l'architecture est considérée comme un instrument politique. Archizoom et Superstudio organisent ensemble deux expositions, l'une à Pistoia, en 1966, à la Galleria Jolly 2, et l'autre au musée municipal de Modène, en 1976. La «superarchitecture» est un manifeste théorique d'architecture pop. L'exposition présente des projets et des prototypes dont certains sont réalisés par le fabricant de mobilier Poltronova. Ils dénoncent par l'absurde les dérives de la société de consommation.

Archizoom est fondé à Florence en 1966 par Andrea Branzi, Gilberto Corretti, Paolo Deganello et Massimo Morozzi. Le groupe propose une conception utopique et dérisoire de la ville avec la *No-Stop-City* (1970), qui reprend les critères d'organisation spatiale de l'usine et du super-marché, avec des armoires habitables. Le groupe se consacre aussi au design, et produit un mobilier kitsch avec les *Dream Beds*, le canapé par éléments *Safari* (1967) édité par Poltronova, la chaise *Nepp* (1968), et enfin le système révolutionnaire de sièges *AEO* (1975) édité par Cassina. Un autre exemple de ce design de la contestation est l'aménagement radical par Archizoom Associati de l'*Empty Room* (*Une pièce vide*) – où l'on entend une voix de petite fille qui décrit la pièce comme un inté-rieur lumineux et coloré – présentée en 1972 à l'exposition «Italy: a New Domestic Landscape» du MOMA, à New York. En 1975, les Archizoom Associati se séparent. La plupart des membres vont travailler à Milan.

Le Superstudio, qui avait déjà réalisé en 1969 ses «histogrammes d'architecture», établit une sorte de trame composée de volumes sim-ples à travers laquelle l'urbaniste doit tailler les villes, l'architecte les

Lit de rêve *Rose impériale*, Archizoom Associati, 1967. Introduction du néokitsch dans l'espace traditionnel de la chambre à coucher. FRAC (Fonds régional d'art contemporain) de la région Centre.

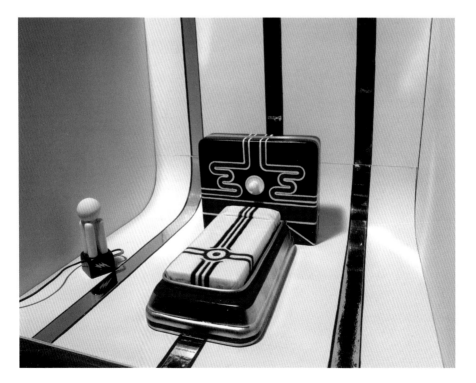

bâtiments, et le designer les meubles. Il joue un rôle important dans l'avènement, en Italie, du «mouvement radical» combatif. Les membres du Superstudio mettent en cause le fonctionnalisme, l'accusant entre autres d'apporter, sous couvert de recherche ergonomique, des arguments publicitaires aux entreprises capitalistes. La plupart des membres du Superstudio entrent à l'université, où ils enseignent et entament une longue et silencieuse recherche didactique. Ils exposent à New York dans le cadre de «Italy : a New Domestic Landscape» au MOMA (1972), et en Europe en 1973 et 1974.

Une attitude critique

C'est dans ce climat de révolte qu'est créée à Florence la Global Tools, en 1973, une contre-école d'architecture et de design qui se propose de regrouper autour d'un même programme tous les groupes et les individus constituant l'avant-garde de l'architecture radicale italienne. La fondation officielle de cette contre-école date de novembre 1974 ; un article dans le magazine *Casabella* consacre sa reconnaissance en janvier 1975. Un front de lutte unitaire regroupe maîtres et élèves dans une grande complicité. Le destin de l'établissement s'achève en 1975, marquant la fin de la première phase de l'antidesign. La crise politique et sociale entraînée par la crise de l'énergie ainsi que la menace du terrorisme ne laissent plus de place au discours critique. Certains groupes, comme UFO, 9999, Studio 65 et Gruppo Strum, adoptent toutefois une attitude

Fauteuil *Joe*, Jonathan De Pas, Donato D'Urbino, Paolo Lomazzi, 1971. En hommage à Joe Di Maggio, joueur de base-ball. Un gant surdimensionné forme l'assise en cuir. Vitra Design Museum.

Pratone (*Prairie*), Gruppo Strum (Giorgio Ceretti, Piero Derossi, Ricardo Rossi), fin des années 1960, siège-sculpture édité par la société Gufram, dans la collection Multipli. Vitra Design Museum.

radicale. Leur production n'atteint pas le grand public, mais elle est bien accueillie par la presse. Le design italien est influencé par l'art, en particulier le pop art, avec une référence à l'œuvre de Claes Oldenburg. Jonathan DePas, Donato d'Urbino et Paolo Lomazzi proposent en effet un siège en forme de gant de base-ball surdimensionné, nommé *Joe DiMaggio*; le sofa *Bocca* de Studio 65, édité par Gufram, est une allusion à Salvador Dalí et son canapé *Mae West*.

Le land art représente une autre source d'inspiration, avec la production de l'éditeur italien Gufram, les multiples d'artistes en mousse, les cailloux géants *Sassi* et *Sedilsasso* (1970) et le tapis de sol en forme de galets *Pavepiuma* (1970) de Piero Gilardi. L'imitation géante du gazon, également en mousse, que constitue le *Pratone* (1966-1970) du Gruppo Strum rappelle l'utilisation de matériaux organiques de Giuseppe Penone. Le *Nid* (1973) de Paolo Ruffi renvoie par sa forme et par le matériau qu'il évoque à certains des *Igloos* de Mario Merz. Même la référence à l'Antiquité du *Capitello* (1973) de Studio 65 rappelle les citations gréco-romaines de certaines œuvres de Giulio Paolini. Ces réalisations éditées en production limitée se révéleront aussi importantes dans l'histoire du design que les objets les plus réussis de la production de masse.

Alchymia, « une étape mémorable dans l'histoire du design »

Alchymia est un groupe de designers qui a exercé une influence importante sur tous les secteurs du design : design industriel, design intérieur,

Capitello (*Chapiteau*), 1971, fauteuil en polyuréthane expansé garni d'une peinture élastique Guflac, Studio 65. Vitra Design Museum.

graphisme, mode, design objet. Il propose une solution qui se situe entre modernité et postmodernité. Le groupe Alchymia, formé en 1976 par Alessandro Guerriero (né en 1943) et sa sœur Adriana, à Milan, est reconnu pour son expérience de *radical design*. À l'époque, il s'agit d'un studio de design graphique. Alessandro Guerriero rencontre Alessandro Mendini (né en 1931), rédacteur en chef des revues *Casabella*, *Modo* et *Domus*, lors d'une exposition sur les «valises radicales» au Studio Alchymia (le thème de l'exposition portait, en effet, sur l'interprétation de la valise). Il l'aide à réaliser des meubles pour une exposition en juin 1978, au Palazzo dei Diamanti (Ferrare). Il y expose le fameux fauteuil *Proust* ainsi que le canapé *Kandinsky*; Ettore Sottsass et Andrea Branzi exposent également. En 1978, le groupe devient le lieu d'expérimentation de la vague radicale milanaise. À l'intersection entre les expériences artisanale et industrielle, il ouvre, pour conserver son autonomie, sa propre galerie, dans laquelle il présente ses productions et sa gamme, le *Bau Haus*. C'est au Salon du meuble de 1979, à Milan, qu'est révélé Alchymia. Un article publié dans le magazine *Casa Vogue* traduit bien l'impact du mouvement, «une étape mémorable dans l'histoire du design», une véritable coupure avec le design standard. Le groupe conçoit un design produit antirationnel, faisant appel à des références historiques et à des motifs décoratifs des années 1950. Avec humour, il revisite les classiques du design, et utilise des références à l'art en le banalisant. La touche du peintre Paul Signac sur une copie de fauteuil

Louis XIV donne le fauteuil *Proust* d'Alessandro Mendini. La société Abet Laminati produit la coiffeuse de Paola Navone *Gadames* ainsi que la table *Le Strutture tremano* d'Ettore Sottsass Jr, aux pieds fins et tremblants, dont la base est en bois laminé et le plateau en verre.

Le langage du Studio Alchymia se situe dans un registre ironique, rejette le discours rationaliste, et s'inscrit dans le prolongement du mouvement radical théorisé par Germano Celant. Alchymia ne cherche pas nécessairement la nouveauté, mais recycle, décore. Le travail passe par la forme ou le design pictural. Le projet de «re-design» rejoint les conceptions postmodernes. Les membres du groupe jettent sur le papier des projets libres réalisés en petite quantité, sans souci de productivité. Alchymia devient le lieu des humeurs changeantes et du design sentimental. Mais le groupe connaît de sérieuses difficultés, les designers souhaitant être édités et dépasser le stade des prototypes expérimentaux. Guerriero s'intéresse davantage aux expositions et aux activités culturelles qu'à la commercialisation. Pour finir, l'attitude critique nihiliste de Mendini s'impose, et le studio Alchymia s'identifie progressivement à ses idées. La scission s'opère lentement. La seule personne qui quitte le groupe à l'automne 1980 est Ettore Sottsass, suivi quelque temps après par Michele de Lucchi.

Fauteuil *Proust*, Alessandro Mendini, 1978, pour le studio Alchymia. Le fauteuil, inspiré du style Louis XV, est peint à la main à la manière du peintre pointilliste Signac.

Memphis

Ce groupe est fondé en 1981 à l'initiative d'Ettore Sottsass avec Michele De Lucchi, puis de jeunes architectes et designers milanais : Fausto Celati, Ernesto Gimondi, Renzo Brugola, Mario et Brunella Godani. Le groupe propose ses premiers dessins en février 1981. La réalisation des lampes est entendue avec Artemide, les meubles sont fabriqués, les céramiques sont produites, et, le 18 septembre 1981, la première exposition est inaugurée (31 meubles, 3 horloges, 10 lampes, 11 céramiques) devant 2 500 personnes. George Sowden, Marco Zanini, Michele De Lucchi, Matheo Thun, Nathalie du Pasquier produisent mobilier, luminaire, orfèvrerie et céramique. L'exposition connaît un grand succès et le projet se développe commercialement grâce à l'appui et à la collaboration de quatre partenaires, qui ont fondé une société capable de distribuer les créations de Memphis sur le marché international : l'éditeur de mobilier Renzo Brugola, l'éditeur de luminaires Fausto Celati, Ernesto Gismondi, président d'Artemide, et Brunella Godani, propriétaire d'une galerie à Milan qui est devenue le lieu d'exposition de Memphis. Barbara Radice est chargée de la direction artistique et de la coordination du groupe. Ettore Sottsass en est la figure centrale. Il lance cette réflexion comme une opération culturelle d'envergure. Memphis s'ouvre immédiatement aux créateurs internationaux, en particulier aux grands du mouvement

Étagère *Carlton*, Ettore Sottsass, 1981, produite en petite série par le studio Memphis. Un nouvel artisanat.

Ettore Sottsass

Chaise de salle à manger en tube de métal et bois revêtu de mélanine à motifs décoratifs, Ettore Sottsass en collaboration avec la société Abet Laminati, 1980, collection « Bauhaus », Alchymia.

Architecte et designer italien d'origine autrichienne, il est né en 1917 à Innsbrück (Autriche). Après des études d'architecture au Politecnico de Turin jusqu'en 1939, il est contraint d'attendre la fin de la guerre pour s'installer en tant qu'architecte. À Turin puis à Milan, il participe à la reconstruction. Il s'intéresse également au design et à la peinture, expose à la Triennale de Milan et montre ses travaux personnels en 1956 à la Galleria del Naviglio, à Milan. Il est rapidement reconnu comme un des principaux chefs de file italiens du rationalisme et du fonctionnalisme en design et en architecture. Il s'intéresse particulièrement à une nouvelle définition de l'espace domestique, en recherchant un équilibre subtil entre la rigueur intellectuelle des structures et la couleur, source d'énergie et de vitalité. En 1959, il est designer consultant pour Olivetti. Des voyages aux États-Unis et en Inde modifient son interprétation du monde et il commence à appréhender le rapport étroit de l'homme avec la nature. La culture de l'Orient lui sert de modèle pour ses céramiques.

Très attaché à la « recherche pure », il cherche à transformer l'habitat conventionnel. Les meubles entrent en symbiose avec les murs par une correspondance de couleurs. En 1970, année de *la Chambre grise*, il utilise les matériaux de synthèse. En 1972, il participe à l'exposition « Italy: the New Domestic Landscape » au Museum of Modern Art de New York, où il présente un « profil d'habitat » constitué de modules mobiles en plastique. En 1976, il est invité par Hans Hollein à participer à l'exposition inaugurale « Man Transforms » du Cooper-Hewitt Museum de New York. La même année, le Centre de design international de Berlin organise une exposition rétrospective de ses œuvres. Cette exposition est ensuite présentée à la Biennale de Venise et dans plusieurs autres villes. En 1977, il participe à un projet de signalétique pour l'aéroport Fumicino de Rome et à un projet de restructuration du musée d'Art moderne de la ville de Berlin. De 1978 à 1980, il participe au groupe Alchymia, et, en 1980, il fonde la société Sottsass Associati avec Aldo Cibic, Matteo Thun et Marco Zanini. La même année, il lance le groupe Memphis, pour lequel il réalise un grand nombre d'objets et de meubles.

Gaetano Pesce

Green Street Chair,
Gaetano Pesce, 1984,
chaise en polyester,
acier et mousse, éditée
par Vitra International.
Saint-Étienne, musée
d'Art moderne

Né à La Spezia en 1939, il suit les cours de la faculté d'architecture de Venise. Il s'intéresse à l'art figuratif et expose dans différentes galeries italiennes. Il étudie également à l'Institut supérieur de design industriel à Venise. En 1959, il participe à la fondation du groupe «N» de Padoue. Au sein de celui-ci, il collabore avec le Gruppo Zéro en Allemagne et le Groupe de recherche d'art visuel (GRAV) à Paris, puis avec le Gruppo T de Milan. Il a de nombreux contacts à la Hochschule für Gestaltung d'Ulm, où il expose. Il donne de nombreuses conférences et présente son premier *Manifeste pour une architecture élastique* (1961). En 1965, il rencontre Cesare Cassina. Il crée alors pour la société Cassina le fauteuil *Yeti* (1968), et fonde la société Bracciodiferro avec Francesco Binfare, afin d'éditer des objets expérimentaux. Il réalise pour la société C&B la série de sièges *UP*, en mousse de polyuréthane et jersey. En 1971, il présente un projet d'habitat pour deux personnes s'insérant dans un projet global de *Ville souterraine à l'époque des grandes contaminations*, à l'exposition «Italy, the New Domestic Landscape», à New York, en 1972. Le musée des Arts décoratifs de Paris lui consacre en 1975 une exposition intitulée «Le futur est peut-être passé», organisée par le CCI.

Les recherches de Gaetano Pesce deviennent une référence pour le nouveau design italien. Elles proposent une mise en scène des nouvelles technologies de fabrication des objets et rompent avec la répétition de la production en série, comme le montrent les séries différenciées, le siège *Golgotha* (1972), le fauteuil *Sit Down* (1980), le siège *Dalila* (1980), édités par la société de meubles Cassina. Il poursuit sa recherche avec des exemples de design aléatoire, exploitant le défaut de fabrication comme une qualité, comme par exemple à travers la table *Sansone 1* (1980) et la *Pratt Chair* (1983). En 1986, le fauteuil en feutre *Feltri* constitue un détournement de matériau industriel. Gaetano Pesce participe à de nombreux projets et concours: un «loft vertical», un gratte-ciel à Manhattan (1978), l'immeuble du *Chicago Tribune*, à New York (1980), l'aménagement des Halles, à Paris (1979).

postmoderne Michael Graves et Hans Hollein. Lors de cette exposition se trouvent aussi réunis des jeunes créateurs de toutes nationalités, inconnus ou jouissant d'une certaine réputation comme Arata Isozaki ou Shiro Kuramata. Le succès considérable de cette première collection est confirmé par la reconnaissance de la presse internationale.

À la Foire du meuble de Milan, en 1981, la presse s'étonne de la vivacité des couleurs, des formes basiques du mobilier et de la diversité des objets présentés. Une des innovations notables du groupe est l'utilisation du plastique laminé. Ce revêtement généralement utilisé dans les cuisines et les salles de bains est abondamment exploité pour ses qualités originales : les surfaces colorées peuvent être ornées de motifs décorant les meubles en pleine lumière dans le salon. La société Abet Print met tout son savoir-faire à la disposition des fantaisies ornementales du groupe. Les créateurs se défendent d'être «design» et revendiquent le sens décoratif et ornemental, en particulier Sottsass, Sowden et De Lucchi. Les qualités décoratives de Memphis consistent en une absence délibérée de références culturelles et une grande liberté figurative.

Postmodernisme, « historicisme »

Le mouvement postmoderne est refus, rupture, abandon, davantage qu'un choix délibéré. Il intente un procès au moderne, à partir de 1968. Cette rébellion trouve son origine dans la prise de conscience des changements radicaux dans les rapports sociaux et dans la production, et des transformations radicales de l'industrie, la crise des ressources énergétiques faisant ressurgir des problèmes que l'on croyait résolus depuis longtemps. Plutôt que de prendre une direction ultrafuturiste, tout un mouvement se tourne vers les racines, la tradition, et tente de brasser le présent et le passé. En témoignent les mœurs, la façon de s'habiller, le revival, le folk. Le besoin de contemplation et d'osmose avec la nature se fait sentir, loin de la civilisation de la machine.

Une sorte de Renaissance

L'adjectif «postmoderne» a voyagé avec des fortunes diverses dans les champs des sciences humaines – littérature, sémiologie, philosophie, puis architecture, où il a suivi une trajectoire qui, de la critique, a investi la pratique. Le mouvement postmoderne d'antidesign trouve son apogée en architecture. L'architecture moderne, jugée à travers la cité moderne, apparaît dépourvue de toute qualité de vie, de ses valeurs collectives, de caractéristiques locales, et terriblement uniforme. Les architectes du mouvement post-moderne ont fait de la ville leur champ de réflexion, dans une optique de renouveau à tout prix, de rupture des équilibres, mais en intégrant l'enseignement des règles et la connaissance des canons qui ont régi des siècles d'histoire. Ils ont ainsi appris la mise en valeur du patrimoine caractéristique d'un lieu. Une sorte de Renaissance, en

Service à thé et à café (collection Tea and Coffee Piazza), Aldo Rossi, 1983, édition Oficina Alessi.

somme, ayant l'ambition de récupérer certaines des valeurs du passé.

Les postmodernes se sont attiré les foudres des gardiens de la modernité en défendant un enracinement profond des thèses postmodernes dans l'histoire, et en opposant celui-ci à l'alliance de la modernité avec la bureaucratie et le totalitarisme. Ils ont affirmé leur volonté de se détacher d'un mouvement obsédé par les innovations technologiques. L'architecte Charles Jencks a proposé d'en saisir la spécificité en déterminant le langage des architectes postmodernes comme un élément de communication. Le langage d'un bâtiment postmoderne est celui des archétypes. Il opère un retour aux conventions architecturales, qui peut être illustré, par exemple, par la réutilisation d'un temple grec classique. Un retour de l'architecture au sein de son histoire.

Depuis les années 1950, l'histoire de l'architecture et du design tente d'échapper au mouvement moderne. Le postmodernisme a également suscité une réflexion sur l'urbanisme et son développement à outrance. La crise de l'énergie a stimulé la recherche d'alternatives à cette croissance démesurée, et a poussé au choix de matériaux plus traditionnels.

L'architecte américain Robert Venturi est l'un des propagandistes de cette culture. Il rejette l'attitude puriste et réductrice du modernisme et prône les valeurs de l'Amérique du XIXe siècle avec les maisons Wislocki et Trubek, dans le Massachusetts (1970). Il apprécie le kitsch urbain, les néons et les messages publicitaires. Philip Johnson, autre architecte américain, pose un fronton insolite sur son *AT&T Building* (1978-1982), à New York. Charles Moore, pour sa *Piazza d'Italia* (1974-1978) construite à La Nouvelle-Orléans, utilise colonnes, chapiteaux et cannelures. Aldo Rossi empile les formes simples à la manière d'un jeu de construction. Hans Hollein structure ses volumes et ses réalisations comme des espaces antiques. Michael Graves, Aldo Rossi et les artistes du mouvement postmoderne tentent de tirer le design vers les beaux-arts plutôt que vers l'industrie.

Le renouveau des arts de la table

Ils jettent leur dévolu sur les meubles et les objets, et révèlent un courant plein de fantaisie et de couleurs qui emboîte le pas au postmodernisme, et qui correspond bien à un nouveau mode de vie, porteur d'un sens de la consommation retrouvé. La société italienne Alessi, fondée en 1921, est établie dans le Nord de l'Italie, dans la petite ville de Crusinallo. Elle produit des objets de table en métal de grande qualité. En 1982, elle se fait remarquer en créant une nouvelle marque, Officina Alessi, qui présente non seulement des rééditions de pièces historiques créées par Josef Hoffmann, Christopher Dresser, Marianne Brandt, mais aussi des créations postmodernes. Elle sollicite des architectes de réputation internationale pour dessiner un service à thé et à café : Aldo Rossi, Robert Venturi, Michael Graves, Arata Isozaki, Richard Meier, Paolo Portoghesi, Stanley Tigerman, Hans Hollein et Charles Jencks. Le service de Michael Graves est un ensemble de six pièces en argent, aluminium, imitation ivoire et bakélite. Il s'agit d'une micro-architecture pour la table, un amalgame raffiné de style Biedermeier, Wiener Werkstätten et Art déco. C'est la première fois que Michael Graves se penche sur le design. Jusque-là, il avait réalisé uniquement des showrooms. Grâce à cette politique novatrice, Alessi rencontre un énorme succès commercial, et les arts de la table, un engouement depuis longtemps oublié. Les objets de la table, les pièces d'argenterie sont investis par les créateurs, qui réalisent de véritables microarchitectures. Les objets Alessi, véritables icônes du début des années 1980, sont réalisés au moyen de techniques à la fois artisanales et sophistiquées.

Rééditions

«C'est la grande crise des idées en Italie et ailleurs, alors, autant rééditer des choses de grande qualité»: ainsi s'exprime le président Cesare Cassina. En 1977, la société Cassina lance la collection Cassina i Maestri, qui réédite du mobilier conçu par les créateurs du mouvement moderne : Mackintosh, Rietveld, Le Corbusier et Asplund. La société Zanotta, en 1972, réédite la chaise *Follia* (1934), dessinée par Giuseppe Terragni. La société Bernini, en 1976, décide de produire *1934*, mobilier de salle à manger de Carlo Scarpa (1934). Une vague «rétro» envahit le 14ᵉ Salon du meuble de Milan, avec la réédition des meubles de Josef Hoffmann par l'éditeur allemand Wittmann. En France, Andrée Putman crée Écart international en 1978, qui réédite du mobilier historique: la chaise de Robert Mallet-Stevens, la lampe de Mariano Fortuny, le fauteuil de Jean-Michel Frank, la table basse de Pierre Chareau. Ce désir de retour aux grands classiques de l'histoire du design permet une respiration, une pause, après la période d'euphorie des années 1960 et les divagations formelles de la création plastique.

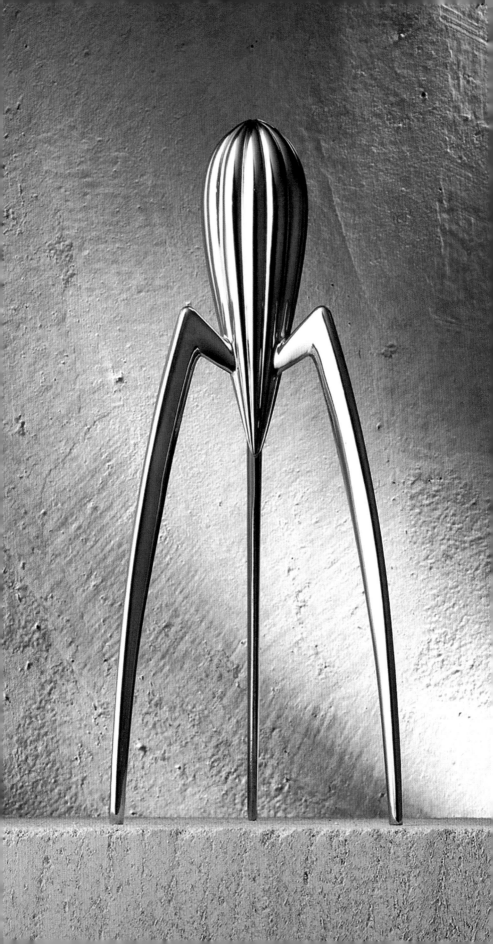

Les années 1980, des années éclectiques

Après une longue période d'austérité et de récession, les années 1980 sont porteuses d'espérance, grâce au boom économique et à la fin de la guerre froide, symbolisée par la chute du mur de Berlin en 1989. Mais elles sont aussi liées à des phénomènes tragiques tels que la propagation du sida, le chômage, la découverte d'une nouvelle catégorie de citoyens, les SDF. Dans un désordre apparent, cette période est stimulante pour la création, dopée par l'argent facile et spéculatif.

L'individualisme français

Dans les années 1980, la question est incontournable. Pourquoi le design français se développe-t-il de manière si laborieuse ? Comment l'expliquer, si ce n'est par le caractère conservateur de la clientèle ? En outre, les couches jeunes et urbaines de la population ne s'attachent pas à l'idée de constituer un patrimoine. Depuis les années 1960, elles s'orientent vers un ameublement consommable qui s'use et se renouvelle. Les industriels français sont peu enclins au risque et refusent d'admettre que le design exprime un message, que le mobilier, au-delà de son apparence physique, fonctionne comme un système de signes révélateur d'un temps particulier.

Des structures indépendantes

Les années 1980 voient surgir une multitude de structures d'édition et de vente en rupture avec la conception industrielle. Le temps des «créateurs» est venu. Les travaux des sculpteurs, designers, architectes d'intérieur sont produits en série limitée. Des galeristes investissent dans leur travail, qui prévoient l'avenir du marché. La galerie Néotu, à Paris, rue du Renard, instigatrice de ce mouvement, propose une exposition «Onze lampes» en janvier 1985. Ses fondateurs sont Pierre Staudenmeyer et Gérard Dalmon, alors collectionneurs d'objets Memphis. Ils invitent, parmi les premiers, les designers François Bauchet, Dan Friedman, Élisabeth Garouste et Mattia Bonetti, Kristian Gavoille, Éric Jourdan, Pucci de Rossi, Sylvain Dubuisson, Borek Sipek, Martin Szekely. Le choix est éclectique mais guidé par la volonté de révéler une œuvre à travers l'objet. Au début de l'année 1986, Yves Gastou, antiquaire, s'intéresse au design radical italien et invite Ettore Sottsass, qui aménage sa galerie, puis Ron Arad (1986) et plus tard Shiro Kuramata. La boutique «En attendant les barbares» fait le bonheur des journalistes et propose les réalisations de Migeon-Migeon, Éric Schmitt, Jarrige puis Cheriff; le mouvement Barbare en naîtra. À la boutique «Avant-Scène», place de l'Odéon, sont représentés Marco de Gueltz, André Dubreuil, Javier Mariscal, Mark Brazier-Jones.

Le mécénat d'État

L'ARC, Atelier de recherche et de création du mobilier national, est créé en 1964 dans le but de soutenir la transformation des infrastructures françaises : maisons de la culture, préfectures des villes nouvelles. Il a pour

Page précédente:
Presse-agrumes *Juicy Salif*, Philippe Starck, 1990. Édition Alessi.

Ensemble de bureau pour
le ministère de la Culture,
Andrée Putman, 1984.

vocation d'encourager les recherches expérimentales et de favoriser les projets novateurs, telles les recherches sur la mousse expansée de César en 1968, ou la définition d'un appartement de type F4 avec Olivier Mourgue. Après la crise du pétrole de 1973 s'opère un retour vers des matériaux traditionnels confortant un certain conservatisme. L'ARC reflète alors les contradictions de l'époque entre «design» et «meubles d'artistes». En octobre 1981, avec l'apparition du mouvement Memphis, ce groupe italien de création d'objets et de mobilier constitué à Milan sur une idée d'Ettore Sottsass et dont l'ambition est d'être un agitateur, le monde du design entre dans ce que l'on appelle «le monde de l'image». La production est éclectique, et le terme «designer» est remplacé par «créateur».

Les années 1980 voient un renouveau de la commande publique. François Mitterrand, lors de sa première conférence de presse, en septembre 1981, annonce sa politique de «grands travaux», qui sera principalement conduite par le ministre de la Culture, Jack Lang. Cinq créateurs sont sélectionnés en 1982 pour rénover les appartements privés de l'Élysée : Ronald Cecil Sportes, Annie Tribel, Jean-Michel Wilmotte, Philippe Starck et Marc Held. Le choix du président Mitterrand, en se portant sur cinq créateurs architectes d'intérieur, marque sa détermination à encourager la création de meubles originaux. Il donne ainsi une sélection des tendances significatives du mobilier français du moment. Le pluralisme est une des données fondamentales de l'époque.

Jean-Michel Wilmotte se voit, en outre, confier l'aménagement du bureau de l'ambassadeur à Washington (1984). Isabelle Hebey aménage le bureau de Mme Mitterrand au rez-de-chaussée du palais de l'Élysée. Les premiers chantiers sont lancés : le Grand Louvre et le nouveau ministère des Finances à Bercy. Jack Lang commande le mobilier de son bureau à Sylvain Dubuisson (1991). Henri Nallet, ministre de l'Agriculture, opte pour du mobilier réalisé d'après les dessins de Richard Peduzzi (1989). Claude Évin, ministre de la Solidarité, fait appel à Marie-Christine Dorner (1991).

La VIA (Valorisation de l'innovation en ameublement) est une association française créée le 18 avril 1980, née de la volonté commune du ministère de l'Industrie et de l'Unifa (Union nationale des industries françaises de l'ameublement). Son directeur, le designer Jean-Claude Maugirard, a pour mission de réunir un comité de spécialistes – industriels, distributeurs, créateurs, journalistes, institutionnels – chargés de mener à bien toute action de nature à promouvoir l'innovation dans le domaine de l'ameublement français. Plusieurs outils sont mis en place : les «appels permanents», décidés par une commission bimestrielle qui donne la possibilité aux créateurs de réaliser un prototype grandeur nature, et les «Cartes blanches», sorte de bourses attribuées à des créateurs, qui les utilisent comme ils l'entendent. De plus, afin d'encourager la création, l'État organise un concours de mobilier de bureau et un concours de luminaires, avec à la clé la promesse d'une commande de l'administration.

L'après-Memphis

Le mérite du groupe milanais est d'avoir fait sauter les verrous du design, désavoué son idéologie «morale». Il donne une envie de kitsch et de culture polyglotte. Le mouvement séduit particulièrement une certaine frange de la population française : les jeunes cadres ambitieux, en pleine ascension sociale. Ils apprécient un design d'humeur et d'humour plutôt qu'un design fonctionnel. Cette production éclectique s'exprime essentiellement dans le domaine du mobilier, car il est plus simple de charger de valeurs symboliques un siège qu'une machine-outil ou un appareil électroménager. Des créateurs à forte personnalité prennent alors leurs distances par rapport à l'industrie, avec parfois une tendance à créer du mobilier-sculpture de série limitée. Ce processus de création est proche de l'expérimentation et du prototype. Ces designers considèrent que leur rôle est de créer des modèles en innovant sur le plan formel ou stylistique.

François Bauchet (né en 1948), sculpteur de formation, consacre l'essentiel de son activité à la production de meubles, qui ont une belle présence sans évidence fonctionnelle : fauteuil *Epiploon* (1984-1987), *ADL* (1986), écritoire *APF* (1986), *Coiffeuse* (1981). En 1989, il réalise une série de meubles en résine. La plupart de ces créations sont éditées par la galerie Néotu.

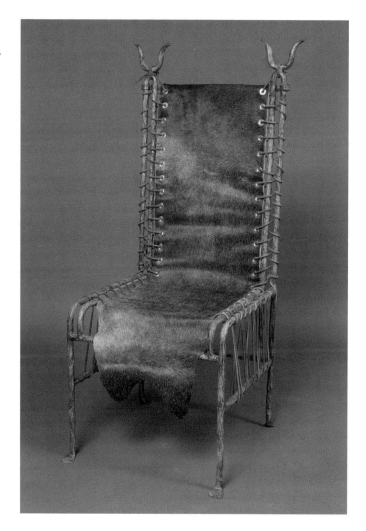

Chaise *Barbare* en fer forgé et peau, Élisabeth Garouste et Mattia Bonetti, 1985. Paris, CCI - Centre Georges-Pompidou / bibliothèque Kandinsky.

Totem est un studio de design créé à Lyon en 1980 par Frédéric du Chayla, Jacques Bonnot, Vincent Lemarchands et Claire Olivès. Il expose ses premiers prototypes en 1981 à Lyon, puis au VIA, à Paris. Les meubles sont en bois laqué de couleurs vives : chaise *Lolypop*, fauteuil *Caméléon*, table *Zig-zag* éclectiques et ludiques.

Olivier Gagnère (né en 1952) collabore au groupe Memphis en 1980-1981. À partir de 1983, il s'intéresse aux petits objets et les met en scène dans un registre magique, voire mystique. Impressionné par le décorum d'église, il s'en inspire pour réaliser des lampes votives, des calices, des autels, des paravents expiatoires, des miroirs : *Lampe autel* (1985), miroir *Barbiere* (1987), *Commode* (1987) sont édités par Adrien Maeght. Il est lauréat d'une Carte blanche au VIA en 1982. Sa collection de mobilier Banc, dont *Banc et table basse* (1988), est éditée chez Artelano.

Élisabeth Garouste (née en 1949) et Mattia Bonetti (né en 1953) travaillent sur l'histoire du style de l'Antiquité romaine avec ses drapés et ses stucs, qu'ils utilisent pour la décoration du club Privilège, au Palace, à Paris.

Puis ils décident de faire table rase et reviennent à l'aube de la civilisation, à la préhistoire : blocs de rochers, morceaux de bois. Leur inspiration, marquée par des civilisations primitives, est à l'origine d'un courant baptisé «Barbare». Leur production prend le contre-pied du design industriel. Pucci de Rossi, pour sa part, déclenche des sensations mélangées à travers la juxtaposition de matériaux aux évocations contraires : bois, acier... De nombreux jeunes designers adoptent cette attitude marquée par l'humour et la dérision. Bécheau et Bourgeois (nés en 1955), avec *Lampe de bureau* (1986), *Stèle tournant* (1984) ou *Armoire menhir* (1987), développent des recherches axées sur la légèreté, la transparence et la mobilité, en utilisant des mousses et des tôles plastiques. Pierre Charpin (né en 1962) pratique également cette dissection des éléments constitutifs du design.

Les deux architectes du groupe Nemo Alain Domingo (né en 1952) et François Scali (né en 1951) interrogent la fonction. Ils manifestent un grand sens de la dérision et un mauvais esprit caractéristique en créant les fauteuils *Moreno et Marini* (1986), conçus à partir de l'idée de couple. Enfin, Coll-Part, designer de l'extrême, propose des objets vieillis ou abîmés par le temps qui passe : *Un jour la terre trembla en mal* (1987, VIA).

Un design plus austère

Le réalisme économique et l'austérité engendrent, vers le milieu des années 1980, un style particulièrement branché, à l'image de la mode japonaise de Yohji Yamamoto, qui adopte le noir comme uniforme. La tubulure noire époxy est l'outil de cette nouvelle rigueur. Sylvain Dubuisson (né en 1946) a une attirance pour les matières rares. En 1987, il est le premier à utiliser les possibilités offertes par les matériaux composites, et il conçoit *la Table composite*, en taffetas de fibre de carbone. En 1990, grâce à la Carte blanche du VIA, il dessine le fauteuil *Aéro*, la *Table portefeuille*, les chaises *Composite*, puis de nombreux aménagements. Martin Szekely (né en 1956) s'intéresse lui aussi aux matériaux comme le Corian® (l'acier inox). En 1981, lauréat d'une des premières Cartes blanches du VIA, il propose le programme *Soft Foot* (1981) et la chaise longue *Pi* (1982), avec table et guéridon. Il signe ainsi le début d'une collaboration avec la galerie Néotu, qui présente son travail et édite la série *Containers* (1987). Il surdimensionne des meubles en hauteur avec *Haut à rideau* (1987), et poursuit son activité par de nombreuses collaborations, par exemple avec les faïenceries de Gien, Swaroski et Delvaux. En 1996, il crée la bouteille Perrier.

L'architecte Jean Nouvel (né en 1945) s'intéresse également au mobilier et à la technicité du meuble. Dans le cadre des Cartes blanches du VIA, il conçoit en 1987 une collection de mobilier métallique : la table élévatrice *PTL*, l'étagère extensible *AAV*, le coffre *BAO* (sur le principe de la boîte à outils). En 1992, il réalise un «kit d'aménagement de bureaux» comprenant tables et caissons techniques pour l'agence de publicité CLM BBDO, puis la série *Less* pour la Fondation Cartier, tous deux édités par Unifor.

Philippe Starck

Né à Paris en 1949, Philippe Starck a été formé à l'école Camondo. Il commence par s'intéresser au siège avec le fauteuil *Bloodmoney* (1977), la chaise pliante *Francesca Spanish* (1979-1980) et le siège *Mr Bliss* (1982). C'est alors le début du succès commercial. Il réalise quelques aménagements intérieurs, crée de nombreux luminaires – *Easylight* (1980), *Stanton Mick* (1979) – et la table *Tippy Jackson* éditée par Driade (1981). Dans le cadre d'une Carte blanche du VIA, il crée une chaise en époxy, tube d'acier, cuir et tissu, *Miss Dorn* (1983). 1984 est une année importante pour Philippe Starck : celle de l'aménagement intérieur du Café Costes, à Paris, et de sa reconnaissance médiatique et publique.

Devenu directeur artistique de la maison d'édition XO, il a la volonté de renouer avec la notion de service à l'usager, se préoccupant ainsi de la fonctionnalité de l'objet à tous les stades, production, distribution et usage. Le fauteuil Club *Richard III* (1984), le fauteuil *Docteur* *Sonderbar* (1985) sont édités par XO. Il s'adapte aux impératifs de la distribution de masse en 1985, en développant le kit et le pliage. Il entame une collaboration avec les 3 Suisses : contrairement aux autres créateurs, il témoigne un intérêt pour la vente par correspondance. Pour Driade, il décline une ligne de chaises en bois *Anna Rustica* (1986), et *Bob Dubois* (1987). La chaise *Dr Glob* (1988) est d'un esprit moderne en tube d'acier empilable, éditée par Kartell. Après le tube d'acier, les formes se fluidifient ; il moule l'aluminium avant de développer une recherche sur le polyuréthane avec la chaise *Louis 20* (1992) éditée par Vitra. Parmi les nombreux objets qu'il crée, citons l'horloge *Walter Wayles II* (1987), le presse-agrumes *Juicy Salif* (1987) et la passoire *Max le Chinois* (1990), édités par Officina Alessi. Il poursuit son expérience de production industrielle avec des objets de série, notamment une brosse à dents pour Fluocaril en 1992, tout en amorçant une réflexion sur la nature et sa conservation.

TGV Atlantique, Roger Tallon, 1999. La rame duplex 231 est la première de la série 34, commandée par la SNCF. Roger Tallon collabore avec la SNCF depuis le premier modèle du TGV, le 001.

L'industrie

Depuis la révolution industrielle, l'art, l'architecture et le design se sont harmonisés, bon an mal an, avec les développements des sciences et techniques. Chaque évolution voit le monde de la création réagir, adoptant un matériau ou le détournant.

Le développement de la fibre de carbone et l'apparition des plastiques opèrent une rupture. Pour la première fois, l'homme invente des matériaux. Face aux nouvelles technologies, à la puce, à la fibre optique, aux réseaux et à la confusion de l'espace et du temps, designers et créateurs sont perplexes. Quelques grosses entreprises disposent de bureaux de design qui mettent en œuvre une meilleure adéquation avec de telles évolutions. Tim Thom, constitué d'une équipe de designers sous la houlette de Philippe Starck, travaille pour la société Thomson multimédia. La société automobile Renault est considérablement dynamisée par la direction du design industriel fondée par Patrick Le Quément, qui reçoit le grand prix national de la création industrielle en 1992.

Le 27 septembre 1981 est inaugurée la première ligne de TGV, qui relie Paris à Lyon à plus de 300 km/h. Le design de la SNCF est confié à Roger Tallon, qui développe une recherche de forme essentielle et une esthétique aérodynamique (1972-1990).

La tradition japonaise

Le Japon fait son entrée sur la scène du design international en 1970, avec pour la première fois sur son sol une Exposition universelle, à Osaka. Celle-ci se révèle ancrée dans la tradition japonaise. La *place des Festivals* est conçue par l'architecte Kenzo Tange en trois dimensions, avec un toit de nappe érigé à 30 mètres de haut. Elle est dominée par la tour du Soleil de Taro Okamoto, où se déplacent deux robots dessinés par Arata Isozaki.

Objets design versus nouveau design

Le nouveau design japonais se distingue grâce à Shiro Kuramata (1934-1991), qui, avec *Side 1* et *Side 2*, un ensemble de rangements ondulant produit par Cappelini, est présent au Salon du meuble de Milan (1985). Il donne à voir l'objet dans sa complexité constructive – le fauteuil en résille d'acier nickelé *How High the Moon* (1986) – et dans sa poésie – le siège en acrylique *Miss Blanche* (1988). Le geste de Toshiyuki Kita (né en 1942), avec la chaise longue *Wink Chair* (1980) et ses appui-têtes mobiles et colorés et la table *Kick* (1983), est emprunt d'humour et d'originalité. Un an après leur sortie, les modèles sont intégrés dans les collections du musée d'Art moderne de New York. Masaki Morita et Takamachi Ito, autres designers japonais, renouent dans leurs créations avec la tradition graphique japonaise.

Au-delà de la production artisanale d'«objets design» coûteux, promus au rang d'œuvres d'art, vendus dans des galeries, le «nouveau design», au service de l'industrie, connaît un très grand succès économique. La société Fuji lance l'appareil photographique jetable 24 poses en 1986, qui bouleverse toutes les habitudes et les principes. Canon accélère la popularisation de l'art photographique en inaugurant la mise au point automatique et informatisée sur les appareils 24x36, avec l'appareil *T90* (1986). Les amateurs peuvent désormais faire leur cinéma grâce aux caméras vidéo en 8 mm. Dans le domaine des deux-roues, le Japon est le leader mondial avec Honda, premier constructeur au monde, Yamaha, Suzuki et Kawasaki. Le couturier Kenzo, en s'installant à Paris à la fin des années 1960, étonne. Au Japon, une esthétique proche de la tradition kabuki se développe, représentée par le couturier Yohji Yamamoto. Issey Miyake propose lui aussi une réflexion sur la tradition du vêtement japonais. Rei Kawakubo, styliste de la marque «Comme des garçons», présente au Salon du meuble de Milan des chaises tout en métal, *Comme des garçons n° 1* (1986). Son implication dans l'univers du design est fidèle à sa conception globale d'un univers marqué par la couleur noire, les matières froides, un univers vide et épuré.

Le contraste italien

En 1980, l'Italie est, malgré la crise, le premier exportateur mondial de mobilier devant l'Allemagne. La 31ᵉ conférence internationale du Design qui se déroule à Aspen (Colorado) a pour thème «The Italian Idea». Le phénomène du succès italien se poursuit. Au début des années 1980, alors qu'une grande partie de l'attention générale se porte sur Memphis, un nouveau mouvement naît : le néoprimitivisme, une restitution formelle et métaphorique d'un état originel.

Lampe *Tizio* en métal
et résine synthétique,
Richard Sapper, 1972.
Édition Artemide.

La Domus Academy

Après quinze ans de «nouveau design», après un engagement allant de l'architecture radicale au design primaire, d'Alchymia à Memphis, Andrea Branzi crée la Domus Academy en 1983, à Milan. Dans cette école, lieu d'observation du design international, de confrontations et de débats, se retrouvent les meilleurs concepteurs. Pendant les trois premières années, la Domus Academy met en œuvre un cycle de réflexion sur les grands problèmes contemporains. Les étudiants proviennent de 80 pays ; les enseignants sont les maîtres du design italien – Mario Bellini, Ettore Sottsass, Rodolfo Bonetto, Achille Castiglioni, Vico Magistretti et Richard Sapper. Dans un esprit de communication culturelle, l'école invite des «professeurs associés», elle organise des séminaires de création technique, et des visites techniques en entreprise. Des recherches sont menées en collaboration avec les sociétés Abet Laminati, Fiat, Flos, Kartell. L'ambitieux projet de la Domus Academy se base sur un document théorique qui résume les thématiques traitées.

Le néoprimitivisme

Andrea Branzi poursuit son discours sur le nouvel artisanat et parvient, en 1985, à l'idée d'associer très librement des éléments naturels, branches de bouleau et tranches de tronc d'arbre, et une base standardisée formant l'assise et le piètement d'une série de sièges. Il intitule cette collection *Animali domestici* (*Animaux domestiques*) en référence au paragraphe «Le plus bel animal domestique» du texte du premier livre de Jean Baudrillard *le Système des objets* (1968). Il qualifie lui-même ce style de «néoprimitif». Il réalise aussi un canapé et des chaises éditées dans la collection *Zabro* par Zanotta (1985). Dans cette intrusion du matériau brut se lit l'influence du mouvement de l'avant-garde artistique italienne Arte povera. Cette collection explore la condition domestique, c'est-à-dire un ensemble de comportements, d'affects, de valeurs psychologiques qui se réalisent à l'intérieur de la maison. Point de départ de tout projet, la maison est considérée comme un socle, un lieu anthropologique. «Il faut repenser les rituels, les mythes et les propriétés magiques de notre environnement», affirme Andrea Branzi. Gaetano Pesce explore également des thématiques radicales et fortes, comme celles que véhicule le néoprimitivisme.

L'humour italien

Denis Santachiara (né en 1951) propose une thématique qui voit la technologie comme une sorte de pourvoyeuse de lutins domestiques. Il fait appel à la fois à un maximum d'imaginaire et à un maximum de technologie. Par exemple, la lampe *Maestrale* (1987) est munie d'une soufflerie qui agite un petit drapeau rouge. Issu de l'utopie radicale des années 1970, Alessandro Mendini (né en 1931) l'un des fondateurs d'Alchimia, est l'un de ses plus brillants représentants avec le fauteuil *Proust* (1978). En 1980, à la Biennale de Venise, lors de l'exposition «Oggeto banale», il présente avec Daniela Puppa et Franco Raggi une série d'objets quotidiens qu'il réinterprète en ajoutant des éléments décoratifs, voire kitsch. Il a le projet avec une trentaine de créateurs de réaliser *Il mobile infinito* (*le Meuble infini*) [1981], une série de meubles illimitée, un jeu de construction sans fin pour finir le siècle. Le designer florentin Pierangelo Caramia (né en 1957) est l'un des fondateurs du mouvement «bolidiste», fondé en juillet 1986 à Bologne, qui n'aura qu'une courte existence. Le mouvement s'inspire du design de Norman Bel Geddes et du style *streamline*, et revendique la modernité dans son expression électronique. La galerie Yves Gastou en présente la première exposition à Paris en 1987. Caramia exprime une nostalgie stylistique, avec par exemple sa petite table en verre et aluminium *Arcadia Swing* (1987), éditée par XO, dont le piètement reprend la forme de la statue de la Liberté.

Design conceptuel

Le meuble devient objet de spéculation intellectuelle. Les années 1980 voient apparaître une génération de créateurs conceptuels. Le designer mène une réflexion approfondie sur la conception de l'objet, son sens. Contrairement aux principes du *corporate design*, le nouveau designer se veut l'interprète des usagers. Il parle le langage des mythes et celui des sens, plutôt que le langage des logos. Il s'attache au langage d'une société, non à celui d'une entreprise. L'avènement de l'électronique permet de créer des objets qui se situent à la frontière de l'utile et de l'agréable. Si le design classique cherchait à donner des fondements scientifiques au fait esthétique, celui des années 1980 opte pour la démarche inverse en donnant des fondements esthétiques au fait scientifique. Le renouveau du design passe par une remise en cause du fonctionnalisme pur : l'objectif des designers est d'aller au-delà de la seule utilité de l'objet. Des designers du groupe Memphis rejoignent Ettore Sottsass chez Olivetti, George James Sowden, Marco Zanini et Michele de Lucchi. Leur regard ludique se porte sur les objets industriels et l'électroménager. Ces acteurs du «nouveau design» redécouvrent l'intérêt de la production en plus grand nombre. Achille Castiglioni (né en 1918) s'inscrit dans la tradition d'un fonctionnalisme libre, qui conçoit des produits fonctionnels aux lignes pures : le lampadaire *Gibigiana* édité par Flos (1980), l'huilier édité par Alessi (1980), les verres *Ovio* et *Pario* pour Danese, ou encore des appareils sanitaires pour Ideal Standard.

Une île chavirée : la Grande-Bretagne

Le phénomène punk est à l'origine de la diffusion d'une mode vestimentaire et d'une imagerie qui reflètent les tendances les plus anarchistes de la jeunesse. Il marque profondément les dessinateurs récemment sortis des écoles d'art, lesquels ont enfin mis la Grande-Bretagne sur le devant de la scène internationale du design. Depuis le séminaire «*design*» organisé par Margaret Thatcher en 1982, le gouvernement a triplé les subventions annuelles en faveur de la création en design, et les spécialistes du design se sont lancés dans le réaménagement de boutiques à travers le pays. Le design est devenu une véritable industrie de services. Le mot «design» est d'ailleurs utilisé comme un terme de marketing. Mais le marché demeure relativement confidentiel. Le design est peu exploité par l'industrie, et la scène reste largement dominée par les pièces uniques et les séries limitées.

Des designers indépendants

Les créateurs renoncent à collaborer avec l'industrie et cherchent à fabriquer et à distribuer eux-mêmes leurs produits. L'absence de pression économique permet une grande liberté, laissant le champ libre à l'audace créative. L'association d'architecture de Londres engendre des designers comme Nigel Coates (né en 1949), qui fonde le groupe NATO (Narrative Architecture Today). Il lance en 1987 les lignes de mobilier *Jazz* et *Metropole*, auxquelles succède la collection *Arche de Noé* (1988) à Milan.

L'architecte Zaha Hadid (né en 1950) s'intéresse également au mobilier, son travail rappelant les lignes des constructivistes russes des années 1920 : *Red Sofa* (1987-1988).

L'underground

Dans le domaine de la mode et du stylisme, de nombreux jeunes dessinateurs transforment le style jeune en style international. Dans les années 1980, Londres devient une capitale culturelle porteuse au même moment de deux courants de design antagonistes.

Le premier est représenté par Julian Powell-Tuck, Danny Lane, Ron Arad, le groupe NATO. Il trouve dans la dévastation, le bris, l'esthétique «*destroy*» ses moyens d'expression les plus percutants. Très inspiré par le mouvement punk représenté par John Richmond et la styliste Vivienne Westwood, il met en scène la décrépitude, la brisure. Il constitue une sorte d'archéologie de la première révolution industrielle. Des galeries spécialisées proposent les travaux de ces designers indépendants. Ron Arad (né en 1951) ouvre à Covent Garden, avec Tom Dixon et Peter Keene, le bureau de design One Off (studio, atelier et espace de vente). Il crée du mobilier qualifié de high-tech et «ruiniste» avec *Transformer Rover*, *Stereo Concrete*, *Aerial Light*. Il réalise aussi des éléments d'architecture. Il expose avec Tom Dixon, André Dubreuil et Danny Lane. Leurs travaux sont considérés comme de l'art utilisable, produit en série limitée. Au Centre Georges-Pompidou, lors de l'exposition «Nouvelles tendances» (1987), Ron Arad reprend contact avec le domaine du vivant : pour se débarrasser du design, il invente une grosse machine à démolir les vieux objets, les vieilles chaises en particulier. Il imagine un

Vue intérieure de la galerie-atelier One Off, Ron Arad, 1981. Mobilier en acier inoxydable. Paris, CCI - Centre Georges-Pompidou / bibliothèque Kandinsky.

puissant broyeur qui les emboutit. Lorsqu'un clapet s'ouvre, une brique équivalant à dix chaises est éjectée automatiquement. Une brique de plus pour le mur de briques de chaises. Ron Arad attire notre attention sur l'objet qui ne veut pas mourir. Jasper Morrison (né en 1959) défend un design équilibré accompagné d'une sorte de retour à la morale. Sa chaise *Wingmut* (1985) ainsi que son bureau en contreplaqué (1988) édité par Néotu sont remarquables.

La seconde tendance, d'esprit néobaroque, est représentée par Tom Dixon, André Dubreuil et Mark Brazier-Jones, et trouve un écho dans la mode de John Galliano. Le mobilier extravagant de Tom Dixon (né en 1959) est fabriqué à la main. Il utilise des objets industriels qu'il soude ensemble pour créer des meubles en métal raffinés, qui sont des objets fantaisistes, baroques, et des citations. André Dubreuil (né en 1951), designer français qui vit à Londres, s'inspire du mobilier du XVIIIe siècle français et du mouvement baroque, mais utilise également des maté-

Aspirateur *DC02*, James Dyson, 1995. Un des derniers modèles de la gamme, au design novateur : il s'agit d'un aspirateur sans sac. Le premier modèle, le *G-Force Cyclonic*, a révolutionné l'électroménager en 1983.

riaux rudes comme le fer à béton. Il expose à Londres puis à Paris, acquiert une réputation internationale, multiplie les commandes. Mark Brazier-Jones (né en 1956) fonde avec Tom Dixon le groupe Creative Salvage. Il privilégie des matériaux comme la fonte, ou l'aluminium qu'il dore, et s'inspire de la mythologie avec le cabinet *Nemo*, les chaises *Arrow*, *Atlantis* ou *Whale Tail*. L'introduction de l'art dans le design est une préoccupation majeure de l'ensemble de ces designers.

En Grande-Bretagne, au début des années 1980, apparaît une génération de « designers industriels » qui proposent des projets parfois complexes. Daniel Weil (né en 1953) enveloppe ses postes de radio, ses horloges et ses calculatrices dans des sacs en plastique (1981). Il abandonne les habillages rigides et opaques pour restituer, grâce à la transparence du sac, la beauté des composants électroniques. Winfried Scheuer propose un prototype de récepteur de télévision, un ventilateur et un radiateur. Un sens du design pur anime l'aérodynamisme de certains objets, tel l'aspirateur *G Force* de James Dyson (1979), qui, après des années d'efforts et de recherches, sera finalement fabriqué au Japon.

Un design d'avant-garde

Le fonctionnalisme correspond à une société machiniste, celle des turbines et des boulons. Les années 1980 sont celles de la communication et du virtuel. Une des plus célèbres unes du *Times* annonce, en 1984 : « *Mr Computer, Man of the year* ». Depuis la découverte en 1971 de la puce par Intel Corporation (États-Unis), la microélectronique a investi la société. La miniaturisation des éléments permet au designer de réduire la taille des objets et de jouer avec leur forme extérieure sans limitation. En 1985, la firme américaine Zenith met au point l'écran tactile. Le baladeur Sony à cassettes, lancé en 1979, obtient un succès foudroyant. C'est un tournant dans le design japonais, plus qu'une découverte technologique. Il signe en priorité un style, une attitude, un mode de vie nouveaux. Le rapport forme-fonction n'est plus le même. Les nouvelles technologies de la fin du XXᵉ siècle permettent de faire une projection virtuelle du produit et

Brosses à dents du catalogue *Good Goods*, pour La Redoute, Philippe Starck, 1998.

d'envisager son fonctionnement sur l'écran. La forme est déterminée par le numérique. Le style est universel ; il est déterminé par des formules et une mise en couleurs. L'idée de modernité va de pair avec la reconnaissance mondiale d'un produit.

Une société virtuelle

La CAO (conception assistée par ordinateur) en trois dimensions induit de profonds changements dans le fonctionnement des studios de design. L'ordinateur devient l'outil central du développement et de la modification des projets. La technique numérique s'oppose à la méthode traditionnelle. Les performances des logiciels de CAO entraînent une diminution du temps de réalisation, et ils permettent de se décharger d'une part importante des tâches d'exécution (plans, prototypage numérique, imagerie, etc.), libérant ainsi du temps pour la création pure. En revanche, l'outil informatique nécessite une formation approfondie, et implique le renouvellement rapide des logiciels, environ tous les six mois. Au sein d'un univers technologique où le système informatique est tout-puissant, l'outil numérique constitue lui-même un objet à l'esthétique entièrement nouvelle. Les composants de l'objet (microprocesseurs, mémoires, éléments miniaturisés) ne révèlent pas leur configuration, l'explication visible de leur fonctionnement. Au contraire, ils cachent leur finalité. La forme ne suit plus la fonction, elle doit la symboliser. Cette avancée de la technologie crée une distance historique entre les objets de design de la fin du xxᵉ siècle et les outils du premier âge industriel, souvent caractérisés par leur conformité fonctionnelle.

À la fin des années 1970, plusieurs ordinateurs personnels PC (Personal Computer) sont disponibles sur le marché, mais un long apprentissage est nécessaire pour en maîtriser le langage. En 1976, Steve Jobs et son associé Steve Wozniak fondent la société Apple Computer. Ils réussissent à défier IBM et d'autres grandes compagnies en mettant au point une gamme d'appareils incompatibles avec les systèmes IBM. Leur but est de réaliser un PC simple d'utilisation, le Macintosh. Les premiers modèles d'ordinateurs personnels sont le *Apple II* (1977) et *Lisa*, déjà des produits très compacts. Un des éléments spécifiques du Mac est la souris, en complément du clavier. L'autre nouveauté est la convivialité, avec des mots, des graphismes et des signes simples liés au bureau traditionnel. Créé au début des années 1980, cet ordinateur est lancé en 1984, grâce à une large campagne publicitaire, orchestrée par le cinéaste Ridley Scott, dans laquelle le produit est associé à la notion de liberté. En 1982, l'agence de Harmut Esslinger, Frogdesign, est choisie pour le programme officiel de design d'Apple jusqu'en 1985. Puis d'autres agences interviennent. En 1989, c'est Giugiaro Design qui dessine les premières versions du futur Powerbook.

En 1990, Internet devient un réseau mondial entièrement dédié à la recherche civile. Le CERN est à l'origine de la mise au point du World Wide Web, qui a permis l'accès d'Internet au grand public.

Le biodesign

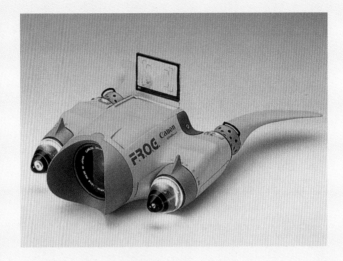

«La nature est le point de
départ», tel est le concept
central de la biodynamique de
Luigi Colani (né en 1928). Il s'agit
de l'un des designers les plus
controversés. Certains le voient
comme un critique professionnel
ou un amuseur en design, mais
il connaît un grand succès auprès
de certains autres, qui le considèrent
comme un philosophe et un génie.
Il dessine des produits de design
automobile, moto ou aéronautique,
mais aussi des objets courants, utiles
quotidiennement : équipement de
sport, mobilier, équipement de salle
de bains, appareils photo. L'exemple
le plus marquant est l'appareil
photo Canon *T90*, pour lequel il
aboutit à un design en harmonie
avec le corps humain et prolongeant
même celui-ci. Il reçoit la distinction
« appareil photo de l'année 1987 ».
Chez Canon, il réalise des maquettes
grandeur réelle d'appareils photo
reflex, comme l'*Hypro*, qui ressemble
à un coquillage, et le *Frog*, amphibie
qui semble sorti d'une bande
dessinée de science-fiction. Pour
la société Mazda, il dessine la *MX5*,
une voiture ronde, «*concept car*»
du futur. Le biodesign est courbe,

organique, il ouvre une réflexion
sur le rapport physique de l'objet
au corps humain. Ce langage basé
sur les formes sinueuses, liées à
des recherches ergonomiques, trouve
de nombreux adeptes, témoins le
Vidéophone de Panasonic, la moto
Yamaha *Morpho*, l'appareil photo
Olympus *AZ330* (1988). Cette
influence concerne également les
caméscopes, les lecteurs CD et les
postes de radio. La mise au point
de ces formes complexes est rendue
possible par la CAO (conception
assistée par ordinateur). Sony a
beaucoup investi dans cette
technologie et a créé son propre
logiciel, Fresdam, sur station Silicon
Graphics, avant de conclure un
contrat de recherche avec
l'Université du Michigan, portant
sur l'optimisation des formes.

Le « corporate design »

Les équipements de bureau modulables, dans la lignée de l'*Action Office* produit par Herman Miller, se multiplient. La prospérité économique déclenche un renouveau du « *corporate design* ». Les sociétés Vitra, Herman Miller, Steelcase Strafor orientent leurs recherches et leurs efforts d'investissement vers l'environnement du bureau. La chaise de bureau devient un siège adaptable, dont plusieurs versions sont explorées, à l'attention aussi bien de la secrétaire que du directeur.

Emilio Ambasz (né en 1943), designer argentin, et Giancarlo Piretti (né en 1940) créent la première chaise ergonomique de bureau destinée au poste de secrétaire, *la Vertebra*, récompensée par le Compasso d'oro en 1981. La société allemande Vitra, qui inaugure en 1989 son musée du design construit par Frank O. Gehry, produit *la Figura* (1985) et *la Persona* de Mario Bellini, deux fauteuils de bureau aux formes rembourrées. Pendant les années 1980, des architectes de renom se penchent sur le design technique du mobilier de bureau. Sir Norman Foster (né en 1935), architecte anglais, signe le mobilier *Nomos* (1986) en verre et acier chromé pour la compagnie italienne Tecno. Pour cette collection, il reçoit le Compasso d'oro en 1987. Il défend son design par cette déclaration : « *Nomos* n'est pas un ensemble de tables, [...] c'est d'abord et avant tout une façon de penser, de créer la fonction-surface [...], c'est-à-dire [un espace où] l'homme accomplit ses rituels publics et domestiques. » L'architecte designer est transformé en « grand prêtre », en donneur de sens. Le *9 to 5* (1987) de Richard Sapper pour Castelli est élégant et procède de cette nouvelle notion intégrée dans le langage des designers : le « rituel ». C'est la même notion qui préside à la conception

Bureau du système *Nomos* en verre et acier chromé, Norman Foster, 1986. Édition Tecno. Saint-Étienne, musée d'Art moderne.

Chaise *Aeron*, Bill Stumpf
et Don Chadwick, 1994.
Édition Herman Miller.
Houston, musée des
Beaux-Arts.

de l'*Ethospace* (1986) du designer américain Bill Strumpf (né en 1936)
pour Herman Miller. L'employé bénéficie d'un espace libre, de qualité, et
assez souple pour se prêter à un usage aussi bien intime que collectif.

Une technologie du futur : les (im)matériaux

Dès les années 1980 s'amorce une réflexion sur l'objet industriel, qui cul-
mine avec l'exposition «les Immatériaux» organisée en 1985 au Centre
Georges-Pompidou par le philosophe Jean-François Lyotard. Il s'intéresse à la dématérialisation des objets, grâce à l'utilisation des nouvelles
techniques, comme la fibre optique.

Deux nouveaux matériaux apparus dans les années 1980 vont favoriser le retour du travail artisanal : le MDF, une fibre de moyenne densité
que l'on peut travailler comme du bois, en planches, et le ColorCore, produit par la société Formica en 1982. Afin de faire connaître celui-ci, la
société commande à des artistes et à des designers des meubles qui seront

exposés en 1983 pour l'exposition «Surface et ornement» à Pittsburgh. C'est le designer américain Stanley Tigerman (né en 1930) qui fera l'usage le plus talentueux de ce matériau.

Au début des années 1980, une série de meubles plus techniques voient le jour, tels le fauteuil *Sinbad* de Vico Magistretti présenté au Salon du meuble en 1981 par Cassina, une couverture de laine négligemment jetée sur le siège comme sur le dos d'un cheval, ou le fauteuil *Wink* (1980) de Toshiyuki Kita (édition Cassina), à la structure complètement élastique au niveau de l'appui-tête. La chaise *Penelope*, star du Salon du meuble de Milan en 1982, dessinée par Charles Pollock et produite par Castelli, consiste en 6 mètres d'un acier continu sur lequel se fixe une base en maille d'acier tressé. Dans le même esprit, l'éditeur allemand Vitra cache une technologie ultrasophistiquée sous des coussins informes, avec le *High Touch*. L'architecte Jean Nouvel utilise systématiquement l'aluminium. Son travail marque le passage d'une technologie à l'autre, de la mécanique à l'électronique, par exemple la *Table télescopique* (1987), un prototype financé par le VIA.

L'apparition de l'halogène dans le luminaire domestique témoigne de l'adaptation d'une technologie industrielle au monde de la maison.

Malheureusement, pour les jeunes designers français, les nouvelles technologies et les nouveaux matériaux sont difficiles d'accès. Kevlar, carbone, aluminium nid d'abeille, cristaux liquides, etc. sont à des prix inaccessibles dans le secteur de l'habitat et plus encore dans celui du mobilier. On peut toutefois prévoir les retombées pratiques de la recherche de pointe. La recherche spatiale n'en est qu'à ses débuts. Elle procurera, demain plus encore qu'aujourd'hui, des matériaux nouveaux, des technologies nouvelles, induisant des modes de vie différents. En décembre 1985, Jerry Ross et Sherwood Spring ont assemblé des structures d'aluminium embarquées lors de la 23e excursion de la navette spatiale Atlantis. La vie sur la Lune ou dans une station spatiale n'appartient plus au domaine de la science-fiction. La technologie de pointe, en particulier celle de l'astronautique, est exploitée par certains designers: Alberto Meda utilise la résine de fibre de carbone pour la chaise *Light Light* (1987, édition Alias), qui ne pèse qu'un kilo. Ce matériau demeure toutefois très cher.

Un retour à l'artisanat

Les années 1980 marquent cependant un éloignement des créateurs de l'outil industriel. Pour la plupart, ils conçoivent du mobilier qu'ils peuvent produire eux-mêmes, avec du bois sculpté, du métal ployé. Cette autonomie leur procure davantage de liberté. Ce retour à un artisanat est une des caractéristiques de cette période, avec le pluralisme et une grande indépendance des designers.

Wendell Castle (né en 1932) réalise aux États-Unis des éléments de décor et du mobilier en bois scié et monté artisanalement. Ces meubles sont imposants par leur forme, et leurs détails sont emprunts de sensualité : le bureau égyptien en érable et ébène (1982), l'horloge sur pied *Dr Caligari* (1984) en merisier rehaussé d'ébène, et *Ghost* (1985), une horloge ancienne habillée d'acajou. Également aux États-Unis, George Nakashima (1905-1990) conçoit des productions qui font référence au mobilier «*shaker*» du XIXe siècle et à l'artisanat japonais. Ces réalisations, bien éloignées de la production de série, ont un coût extrêmement élevé. Ce retour à l'ouvrage bien fait, à l'objet patrimonial, traduit de façon évidente la lassitude des consommateurs à l'égard des produits industriels jetables et consommables. John Makepeace (né en 1939) fonde une école d'artisanat du bois en Grande-Bretagne, en 1976, où il ouvre un des ateliers les plus connus au monde dans sa spécialité, la sculpture sur bois. Il renoue ainsi avec la tradition de l'artisanat dans l'esprit des Arts and Crafts.

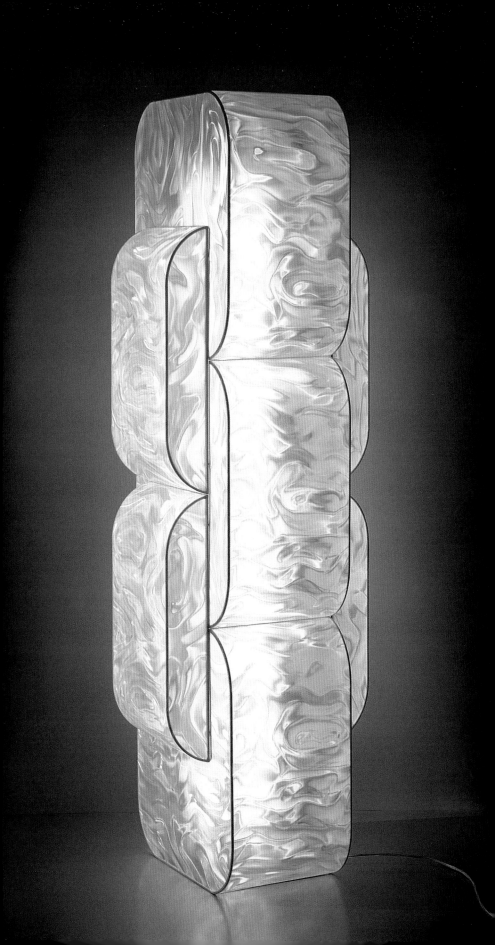

Les années 1990-2000
une ère virtuelle

- · Le culte de l'objet
- · Design et stratégie des marques
- · Développement durable / environnement
- · Une nouvelle génération
- · Design interactif
- · Design-fiction

«Que faire après l'orgie?» (Jean Baudrillard, 1990). Les effets de la guerre du Golfe sur l'économie, le développement du sida à l'échelle mondiale et toute une série de menaces écologiques pèsent sur la viabilité et la pérennité de la planète. Il est devenu indispensable de produire des objets qui préservent l'environnement à tous les stades de leur existence: on se penche sur les matériaux mis en jeu, les énergies de production, de fonctionnement et de recyclage, l'ergonomie, l'esthétique, la récupération... Par ailleurs, les années 1990 se caractérisent par une politique de regroupements industriels mondiaux. Les frontières géographiques ont fait place aux regroupements d'intérêts.

En France, le design se décentralise à travers le CIRVA (Centre international de recherche sur le verre) à Marseille, le CRAFT (Centre de recherches sur les arts du feu et de la terre) à Limoges, la Biennale de Saint-Étienne (1998), les actions organisées à la villa Noailles à Hyères. À la fin du XXe siècle, alors que l'énergie créative se perd en divagations virtuelles, le design retrouve ses racines. Plusieurs rétrospectives sont organisées: l'exposition «Design, miroir du siècle», au Grand Palais, à Paris, en 1993; l'exposition «Roger Tallon», au CCI, à Paris, en 1993; un hommage au design rationnel, «Design français: l'art du mobilier 1986-1996», au centre culturel de Boulogne-Billancourt (1996); un hommage à Charlotte Perriand au Design Museum de Londres, en 1996; sans oublier l'exposition «Europa, Europa», à Bonn (1994). Le design réinvestit son histoire et réinterprète des objets ou des marques mythiques. Le célèbre Laguiole est revu par Philippe Starck, Louis Vuitton propose une table pliante en cuir naturel de Christian Liaigre, et Hermès une nouvelle ligne de bagages de François Azambourg. Depuis les années 1980, les designers considèrent les industries du luxe comme de nouveaux partenaires – sans pour autant trahir leur mission de service «pour tous».

Le culte de l'objet

Le discours du design est aujourd'hui tenu par les non-designers: médias, spécialistes du marketing et de la communication, mais aussi sociologues, philosophes, sémiologues. Le marketing et la communication ont introduit dans le discours sur l'objet des notions d'émotion, de sensualité, de plaisir qui n'ont plus rien de commun avec les propos technologiques et fonctionnalistes. Les valeurs psychologiques font l'objet des études marketing, davantage que les valeurs utilitaires. Le design n'est plus remis en question, car il est intégré dans la logique du marketing et de l'image. Le designer est chargé de livrer un produit agréable, séduisant. Le design se tourne vers l'immatériel. Une notion fondamentale, «le look», confère son pouvoir de séduction à l'objet. Il est du domaine du stylisme. Or, le stylisme est une démarche esthétique, donc artistique.

Page précédente:
Lampe *Chain*, assemblage de cinq éléments avec effet d'hologramme, Tom Dixon, 2003. Édition Tronconi.

Art et design

À la fin du XXe siècle, le rapport entre art et design s'inverse. Le temps des avant-gardes artistiques qui influencent le design est révolu. À son tour, le design devient le modèle de l'art. Dans les années 1990, l'installation est à nouveau d'actualité. L'œuvre de Franz West *Auditorium* (2000) [une installation de canapés et tapis], par exemple, interroge la fonction de l'art. De nombreuses œuvres d'art ressemblent à s'y méprendre à des lieux de vie que vient remettre en question une attitude critique des artistes tels que Jorge Pardo, Tobias Rehberger et Philippe Parreno. Les préoccupations du designer et celles de l'artiste présentent des points communs : travail de réflexion, inscription et positionnement dans le domaine de la création contemporaine, utilisation de l'outil informatique, et mise en œuvre d'une stratégie de communication, de marketing et de production. Le designer, à l'instar de l'artiste qui exécute une commande, met en scène le concept du produit dans une optique déterminée par son destinataire. Il conçoit l'objet dans une démarche clairement identifiable et qui se veut percutante, en apportant un « supplément d'âme » qui distingue l'entreprise.

Les artistes s'investissent aussi dans le domaine du design, tel Damien Hirst avec des environnements comme son bar-restaurant *The Pharmacy* (1997). Ron Arad conçoit un totem monumental pour la revue *Domus*, en 1997, dans le cadre du salon off du Salon du meuble de Milan. C'est aussi à cette occasion qu'il conçoit son siège *Tom Vac* en faisant réaliser un moule à l'aide des techniques de l'aéronautique. Le groupe néerlandais Droog Design, fondé en 1993, propose un meuble fonctionnel malgré une conception artistique de structure éphémère et évolutive : le chiffonnier *You Can't Lay Down your Memories* (1996), de Tejo Remy.

Artisanat, séries limitées

Olivier Gagnère est le précurseur du rapprochement avec l'artisanat de qualité. Il expose à la galerie Maeght des verreries élaborées à Murano (1989), puis il réalise une collection de céramiques éditées par Bernardaud pour le café Marly, au Louvre.

Le CIRVA (Centre international de recherche sur le verre), dirigé par Françoise Guichon, ouvre en 1986 à Marseille. Cette structure unique, ni école, ni galerie, dispose de 1 400 m² de surfaces d'expositions et d'ateliers, de matériaux, ainsi que d'une équipe permanente d'ingénieurs et de techniciens à la disposition d'artistes et de designers de toutes nationalités. Le CIRVA joue également le rôle de centre d'information permanent sur les techniques du verre. De nombreux designers y réalisent des pièces souvent uniques : Gaetano Pesce, Marc Camille Chaimowicz, Erik Dietman, Giuseppe Penone, Marie-Christine Dorner, Sylvain Dubuisson, Borek Sipek, Élisabeth Garouste et Mattia Bonetti, Martin Szekely, Pascal Mourgue. Des expositions – « Trente vases pour le CIRVA » (1989), « Trente créateurs internationaux » (1993), mise en scène par Jasper Morrison au musée du Luxembourg à Paris – permettent de découvrir le travail de la céramique.

Les cristalleries Daum s'ouvrent aux créateurs Hilton Mac Connico, Philippe Starck (1988), André Dubreuil (1991), Eric Schmitt (1995). Les cristalleries de Saint-Louis sollicitent le designer Jean-Baptiste Sibertin-Blanc.

Le CRAFT (Centre de recherches sur les arts du feu et de la terre) a été créé en 1994, à l'initiative du ministère de la Culture et à l'occasion de l'ouverture de la nouvelle école des arts décoratifs de Limoges. Dirigé par Nestor Perkal, il a pour vocation de sensibiliser artistes et designers à la dimension artistique de la céramique. En 1993, il produit des pièces exclusives conçues par les designers Claude Courtecuisse, Daniel Dezeuze, Olivier Gagnère, Daniel Nadaud, Nestor Perkal. En 1998, à la Biennale de Saint-Étienne, le CRAFT propose des pièces de Martin Szekely, Bécheau-Bourgeois et Éric Jourdan.

Le ministère de la Culture et la ville de Vallauris mènent une opération conjointe, «Designers à Vallauris», de 1998 à 2002. Les ateliers de céramique de Vallauris encouragent de jeunes designers habitués au processus industriel à se confronter aux techniques et aux savoir-faire artisanaux. Ils seront nombreux à partager cette expérience unique : Martin Szekely (briques à fleurs tournées en terre brute), Roger Tallon (vaisselle modulable de vacances), Olivier Gagnère (vases), Ronan Bouroullec, François Bauchet, Pierre Charpin et Jasper Morrison (des objets aux lignes épurées), les Radi designers, Frédéric Ruyant, Patrick Jouin. Les artistes réservent quatre exemplaires numérotés au FNAC (Fonds national d'art contemporain), les petites séries étant destinées à la vente. Cet engouement pour l'artisanat se trouve confirmé par l'installation du viaduc des Arts à Paris (XIIe arrondissement), avenue Daumesnil.

Des manifestations « branchées »

L'association Designer's Days a pour vocation de promouvoir le design et de fédérer différents acteurs afin de faire de Paris la capitale du design. Par ailleurs, certaines manifestations sont d'incontournables rendez-vous parisiens : le Salon du meuble de Paris et le Salon international du design «Now». Une autre, «Le parcours», est apparue en 2003. Dix-sept salons professionnels de la mode et de la maison se regroupent sous la marque «Paris, capitale de la création», qui organise deux fois par an des événements autour du design de la mode et de l'art. La France se dote d'une Biennale internationale du design, rattachée à la ville de Saint-Étienne, une cité dont l'histoire s'enracine dans la modernité industrielle, avec des manufactures, notamment la célèbre manufacture d'armes et de cycles Manufrance, alors mythiques. Le musée d'Art moderne, qui déploie une collection d'objets du siècle passé, accueille la première édition de la Biennale en 1998.

Cette biennale internationale témoigne du souhait de mettre en évidence la pluralité des champs d'investigation du design, une ambition complexe où se mêlent contraintes économiques, enjeux sociaux et préoccupations culturelles. Elle présente un vaste panorama des objets

Carafes réalisées à Vallauris chez le tourneur Claude Aiello et chez Martial Quéré, Ronan Bouroullec, 1999. Paris, galerie Peyroulet.

contemporains : objets emblématiques de la consommation issus des nouveaux matériaux et des technologies innovantes. Ils proviennent d'une cinquantaine de pays, répartis sur les cinq continents. Le design est envisagé comme un phénomène mondial. «Par la mise en scène de la foisonnante et mouvante diversité des objets, la Biennale de Saint-Étienne doit permettre l'archéologie du présent, repérer les engagements philosophiques des designers portés par les utopies et les inquiétudes de notre civilisation», écrit Jacques Bonnaval dans la préface du catalogue de la biennale 1998. À l'époque du «tout économique», cette manifestation permet de constater que le design n'est pas toujours conçu dans une optique de consommation, qu'il reste, malgré tout, ancré dans la complexité des fondements culturels, et qu'il est en mesure de faire écho aux inquiétudes sur le devenir de la planète et à la prise de conscience de sa fragilité.

Le Salon du meuble de Milan représente toujours un «must» dans la vie du design, et cette rencontre annuelle donne lieu à une véritable mise en scène. Ce haut lieu de performances, soutenu par la revue *Domus*, encourage la démarche artistique. En 2001, les designers Tom Dixon, Michael Young, Karim Rashid, Ron Arad et Michele De Lucchi se livrent à une expérience en direct : la réalisation de pièces à l'aide de filaments de plastique aux multiples couleurs. De nouvelles foires apparaissent, telle la Foire de Courtrai (Belgique). Le design vit, et sa dynamique inspire un vif engouement. Les structures d'enseignement se sont multipliées dans le monde entier.

Concept-stores et galeries

Le design occupe une grande place dans les médias, qui participent à la propagation de ce phénomène de mode dans les capitales et les lieux branchés du design. À Paris, le magasin-galerie Colette (1997) arbitre les repères du nouveau «bon goût» chic international. Conran Shop (1992) est un temple de l'objet et du meuble. Le magasin japonais Muji propose des produits de qualité sans marque. Le magasin Sentou est éditeur de classiques du design comme Roger Tallon ou Isamu Noguchi, mais développe aussi une gamme de jeunes créateurs. Il faut citer également les Tsé-Tsé, la boutique du Centre Georges-Pompidou, la boutique Avant-Scène, le VIA et ses vernissages branchés sous la houlette de Gérard Laizé. Le design capte le public de l'art contemporain dans la galerie Kreo, située dans le périmètre des galeries de l'association Louise, rue Louise-Weiss, à Paris (XIIIᵉ arrondissement). Kreo, une galerie-éditeur, expose de nombreux projets de designers contemporains. La galerie possède l'exclusivité des pièces en série limitée de Martin Szekely, Ronan et Erwan Bouroullec, Marc Newson, ainsi que la diffusion exclusive des œuvres de Ron Arad.

Bruno Domeau et Philippe Pérès, deux talentueux «compagnons» épris de qualité, dans leur arrière-cour de La Garenne-Colombe, réalisent l'édition et la diffusion des projets de designers tels que Christophe Pillet,

Chaise *Very Nice* en contreplaqué de bouleau, galette en cuir, François Azambourg, 2004. Édition Domeau & Pérès.

qui le premier a fait confiance aux deux artisans de haute ébénisterie. Matali Crasset, Christophe Pillet, Ronan et Erwan Bouroullec, Andrée Putman, Alexandre de Betak, Jérôme Olivet, Élodie Descoubes, Laurent Nicolas et d'autres encore viennent confirmer la qualité du duo et la solidité de l'entreprise, qui trace résolument son chemin dans l'histoire du design. Leur dernière présentation est l'œuvre du designer François Azambourg, une réalisation prodigieuse et ambiguë : la table et les chaises *Very Nice* (2004). Cette œuvre complexe a demandé la détermination tenace de François Azambourg, qui, tel un Eiffel contemporain, propose, de dessins en calculs, une alchimie subtile – un fagot de contreplaqué de bouleau qui, une fois assemblé, se transforme en une architecture du vide, un piège de la lumière.

Pierre Staudenmeyer a été le premier à accompagner ce mouvement d'édition de petites séries au début des années 1980. Il poursuit son rôle d'éditeur avec de très belles expositions. Reconnu comme un témoin particulièrement averti de cette époque, il publie de nombreux ouvrages. Il ferme sa galerie Neotu, et ouvre la galerie Mouvements modernes, rue Jean-Jacques-Rousseau. Plusieurs galeries parisiennes se passionnent aussi pour le design contemporain : Chez Valentin, De Di By.

Les *concept-stores* se développent, afin de surprendre et de raviver le désir d'un public las de l'abondance. Le design sort des musées et des galeries pour investir les boutiques. À New York, les boutiques du MOMA, Murray Moss et Totem, s'affichent comme de véritables conservatoires du design. À Londres, Space, aménagé par Tom Dixon, Ogetti, la boutique du Design Center, Coexistence et Conran Shop sont des vitrines prestigieuses du design contemporain. À Tokyo, la dynamique structure d'édition Idée communique, tandis que le centre Axis expose. La ville accueille une édition du parcours «Design Week», donnant l'occasion de découvrir la vitalité des jeunes éditeurs et distributeurs E&Y, Trico, Harajuku Gallery. La jeune génération, influencée par les créateurs européens, dévore la presse design internationale.

Un nouveau concept de vente apparaît aux États-Unis avec Evans and Wong. Christopher Evans et Victor Wong éditent un catalogue distribué à une série de clients privés, d'institutions culturelles, d'entreprises, aux journalistes en France, en Europe et aux États-Unis. Celui-ci constitue une véritable référence des créations exclusives de jeunes designers, en proposant un design très contemporain. Evans et Wong ont opté pour un fonctionnement particulier : ils conservent des stocks minimum et ne payent leurs fournisseurs que sur les ventes. Le numéro zéro du catalogue *Approximations* paraît en 1995 (2 000 exemplaires), ainsi que les numéros 1 de *Brainstorm* (3 000 exemplaires) et *Copyright* (10 000 exemplaires). Leur démarche novatrice suscite la curiosité. Ils réalisent également un site Internet où sont référencés leurs produits. Les designers français d'Appartement D proposent un concept un peu équivalent : «Une association loi 1901, 30 m^2, quatre membres fondateurs et dix adhérents.» Ils présentent une exposition off au Salon du meuble de 1998. Leur slogan : «Si vous êtes acheteurs, achetez ! Si vous êtes designers, téléphonez !» Ils se consacrent à l'édition et à la vente. Ils publient un catalogue de vente par correspondance, et offrent la possibilité à de jeunes designers de réaliser les prototypes de leurs modèles.

Design culinaire

La dernière «*fashion attitude*» est le «*fooding*», dont les frères Costes ont inauguré la vogue dans les années 1980 avec le café Costes. Outre les nouvelles saveurs ou les nouvelles attitudes alimentaires, le design alimentaire se manifeste par l'apparition de nouveaux lieux. Philippe Starck propose un nouveau concept de restauration avec les restaurants Bon, rue de la Pompe, et Bon 2, rue du Quatre-Septembre, en faisant appel à Jean-Marie Amat comme chef consultant. Les restaurants de ce type se multiplient : Food Unlimited, dans le quartier Beaubourg (mobilier de Christophe Pillet) ; le Georges, au Centre Georges-Pompidou (décor signé Jacob et MacFarlane) ; Lô Sushi, au pont Neuf, autour d'un grand comptoir en Corian imaginé par Andrée Putman ; le restaurant de Terence Conran ; le restaurant-boutique de Versace ; le café Beaubourg ; le restaurant aménagé par Mathilde Bretillot et Frédérique Valette, Top Cloud, à Hong Kong, où l'on sert de la «*fusion food*». Au restaurant R'aliment, rue Charlot, quartier général du designer Philippe Di Meo, la cuisine est «bio» et colorée. Patrick Jouin, pour Alain Ducasse, dessine les petits pains d'un nouveau modèle de sandwicherie (2000), et aménage son restaurant Mix sur la 58e rue à New York. Claudio Colucci aménage le Delicabar au Bon Marché. Ce concept de snack chic est créé par le jeune chef pâtissier Sébastien Gaudard. Une autre expérience révélatrice du goût et du plaisir que procure la cuisine est le livre de recettes produit par le magazine *Case da Abitare* en 2003, qui comprend vingt-deux recettes de designers : Tord Boontje propose la «Blackbird pie», Matali Crasset l'«Op cake», Massimiliano Fuksas «Boom !!!», Massimo Iosa Ghini la «Torta a due piani»...

Design et stratégie des marques

Phénomène de mode et phénomène de société, le design est devenu un des vecteurs privilégiés de la stratégie des marques. La communication et le marketing visent des objectifs précis. Dans cette optique, le cahier des charges intègre le designer comme interprète, porte-parole de l'entreprise.

Le tout-design

En 1993, le nouveau directeur du studio design de Philips, le designer italien Stefano Marzano, annonce son intention de défendre l'identité de la marque par le design. Il crée la collection Visions of the Future, avec le mini-aspirateur *Daisy*, le mixer *Billy* et la bouilloire *Bob* (1995-1996).

Sa démarche s'inscrit dans la lignée des produits de rêve conçus par Alessandro Mendini et produits par le studio Officina Alessi. D'autres sociétés de design se lancent dans cette réflexion sur l'objet. Moulinex organise le concours «Génération Design» (1990) s'adressant à des étudiants européens. La société italienne Zanotta encourage la création design grâce à Roberto Pezzetta, qui dessine le réfrigérateur *Oz* (1996), aux courbes sensuelles. Marc Berthier et Elium Studio travaillent à des programmes pour Rowenta, Lexon, Magis.

Aucun secteur n'est oublié. Même EDF lance un concours sur le projet de pylônes de haute tension (1994). De nombreuses équipes sont en compétition : Giugiaro Design, Starck-Méda, RSCG-Tallon, Wilmotte-Technip. Les projets de l'équipe française de Marc Mimram et de l'équipe anglaise de Ritchie-RFR-Gustafson sont choisis. La société française Ricard invite Garouste et Bonetti à concevoir une carafe (1995), puis une bouteille (2000), tandis que les Radi Designers sont sollicités pour réaliser le doseur (1999). La société Jean-Claude Decaux engage une recherche innovante sur le mobilier urbain : certains projets de Philippe Starck, Norman Foster et Martin Szekely seront produits. Philippe Starck quitte, en 1996, le Tim Thom Studio de Thomson qu'il avait mis en place en 1993, en faisant fusionner une équipe de jeunes designers avec l'équipe en place, mais le studio continue. Il est coordonné par Matali Crasset, Éric Jourdan et Patrick Jouin. Leur ambition est de créer des «produits de rêve» comme les projecteurs LCD *Cub* et *Vertigo*, la chaîne hi-fi *Rock & Rock*, le téléphone numérique *Alo*, le radio-réveil *O Clock*. D'autres collections sont développées par le studio. La collection «Line», la collection «Partenaires» et la collection «Gamme» sont également produites par celui-ci, répondant à un cahier des charges fixé, à des contraintes de fabrication, de série et de distribution.

Radiocassette mono
Don'O, collection « Line »,
Matali Crasset, 1993.
Studio Tim Thom pour
Thomson Multimedia.

Concept-cars

Renault lance le *concept-car Scenic*. Patrick Le Quément dessine la Renault *Twingo* (1992). À partir de 1995, le style «*new edge*» impose une esthétique qui supplante le biodesign. Claude Lobo, designer chez Ford, est le premier à mettre en œuvre ce style qui se fonde sur les lignes cassées, avec les Italiens concepteurs de la Lancia *Ypsilon*. Les ventes se redressent, tous les modèles sont inspirés de la *Twingo* : *Smart*, *As* de Mercedes... La *Smart*, une mini urbaine, est le fruit d'une collaboration entre Mercedes et Swatch. Son encombrement est très réduit, grâce à des pare-chocs intégrés. La sécurité y est très élaborée, l'habitacle constituant une cellule de sécurité appelée Tridon, visible de l'extérieur. Les éléments de carrosserie, interchangeables, sont recyclables. La *Smart* semble tout droit sortie d'une bande dessinée, elle a un aspect ludique. En 1999, le designer anglais Marc Newson réalise le *concept-car 021C* chez Ford.

Le culte du corps : le sport

Les articles de sport sont à la fois des objets techniques performants et des produits de grande consommation qui répondent au désir de s'intégrer dans le monde de la mode, en adoptant un «look», comme en attestent les modes des baskets et des joggings. La musique, la publicité, la starisation des athlètes se révèlent souvent efficaces pour atteindre le public. L'innovation dans le sport est synonyme de haute technologie. Des matériaux de haute performance sont développés, par exemple dans le domaine de la voile – catamarans, trimarans et monocoques de compétition. Dans le domaine du cycle, le designer Mike Burrows conçoit, pour les jeux Olympiques de Barcelone en 1992, un vélo en résine armé de fibre de carbone, renforcé par des inserts de titane. Le marché des équipements sportifs (surf, snowblade, roller, etc.) se fait l'écho d'une nouvelle culture fondée sur la liberté, l'individualisme, la recherche de plaisirs et de sensations.

Les chaussures de sport envahissent le marché international au cours des années 1980 ; si elles deviennent les emblèmes de tribus urbaines (rappeurs, skaters...), elles se portent aussi bien en ville. Adidas lance une gamme de chaussures de sport suivant le concept «*Feet you wear*» (1997), avec le designer John Earle, qui crée la *Training Mercury* (1998) et son système à torsion. Les formes, les couleurs sont étonnamment kitsch et ludiques. Il en résulte un produit technologique de haut niveau adapté à la physionomie du pied. Ses grands concurrents américains, Nike et Reebook, conçoivent des produits analogues.

La société Nike est créée par Phillip Buck en 1962. Il commence par la distribution de chaussures athlétiques venues du Japon. Avec son acolyte Bill Bowermann, il élabore une semelle dans laquelle est injectée du latex. Il crée ainsi la *Moon Shoe*, destinée à la course à pied. En 1979, la société développe le système à coussin d'air, qui rend plus confortable l'impact au sol ; puis elle renforce cette stratégie et met au point le système à ressorts,

le produit *Air Max*, qui procure un accompagnement de l'effort avec un maximum de confort. Nike stimule la consommation en s'appuyant sur des campagnes publicitaires de grande ampleur, avec une musique associée et un slogan: «*Just do it.*» Le logo a un impact très fort. La marque met au point une politique de distribution tout à fait innovante, à travers les Nike Towns, vastes centres commerciaux, lieux de culte et de consommation. Nike produit des icônes. En 2004, l'entreprise sollicite vingt-cinq artistes japonais et leur propose d'interpréter le modèle *White Dunk* à leur fantaisie. L'exposition se tient à Paris, au Palais de Tokyo, dans le Centre de création contemporaine, hissant ainsi le produit au rang d'œuvre d'art.

Matières et surfaces

Une fois intégré dans le tissu industriel, le design se trouve de plus en plus touché par l'évolution des matières premières. Témoin l'exposition «La matière de l'invention», au Centre Georges-Pompidou (1989), qui prévoit que l'avenir du design passe par les nouveaux matériaux. Des sociétés spécialisées dans l'inventaire des matériaux de pointe se constituent. La première du genre, Material Connexion, créée à New York en 1997, établit des catégories de matériaux: céramique, verre, polymères, produits à base de carbone, produits à base de ciment, produits naturels et dérivés. Une bibliothèque de 3 000 échantillons avec fiche technique est mise à la disposition des chercheurs, designers et architectes. L'agence est orientée vers le développement durable et fournit également des fiches techniques. En Europe, sur le même principe, est créée Innovathèque, une émanation du CTBA et du VIA. D'autres initiatives privées suivent. Au Salon du meuble de Paris 2001, l'Union nationale des industries de l'ameublement (UNIFA) organise un panorama de la création française au xxᵉ siècle, dans la perspective des matériaux premiers et des matières essentielles. La liste se décline de «A» pour «acier embouti» à «V» pour «verre massif», en passant par «composite» (l'armoire de Martin Szekely, éditée par Kréo, 1998), «fibre de verre» (le fauteuil *Gosthome* de Jean-Marie Massaud, 2000), «polycarbonate» (chaise *La Marie* de Philippe Starck, Kartell, 1999) et «polystyrène choc» (Ronan et Erwan Bouroullec, étagère hommage à Charlotte Perriand, Galerie Néotu, 1997). Dans la section «*design lab*» du Salon du meuble 2003, le designer Christian Ghion propose quarante-six projets réalisés en collaboration avec des entreprises qui ont mis des matériaux et des ressources technologiques nouvelles à la disposition des designers. Le designer italien Alberto Meda met une point une chaise ultralégère, *Light-Light* (1989), éditée par Alias.

Les matériaux font appel aux technologies de pointe. La technique du moulage a évolué : un liquide plastique est désormais projeté à l'intérieur du moule qui tourne. La société Kartell utilise ce procédé pour le siège *Bubble Club* de Philippe Starck (2000) en polyéthylène coloré. Avec la chaise *Air* (2000) en polypropylène de Jasper Morrison, Magis prévoit la présence d'air à l'intérieur des pieds, ce qui permet d'éviter les barreaux. Jean-Marie Massaud utilise, pour *Horizontal Chair* (1997), un technopolymère revêtu d'une peau autocicatrisante à base de protéines mise au point au Japon. Le titane, d'un coût abordable, est utilisé pour les montures de lunettes et certains équipements sportifs. L'aluminium est désormais courant. Le Corian®, un nouveau matériau désormais utilisé pour la cuisine et les éléments de salle de bains, remplace avantageusement les vasques en céramique. Jiri Pecl, designer hongrois, l'emploie pour le modèle *Corian Kitchen* (2002) exposé à la Biennale internationale du design à Saint-Étienne. Arik Levy et Pippo Lionni, avec L Design, exploitent une nouvelle matière : l'Alukobon®.

Développement durable / environnement

Des réflexions s'amorcent sur la croissance illimitée, qui se révèle menaçante, et sur les utopies passées et les rêves de société meilleure. La préservation de l'environnement et des valeurs humaines fondamentales, la notion de développement durable deviennent des préoccupations de plus en plus visibles. Le développement durable désigne une croissance capable de satisfaire «les besoins présents sans compromettre les besoins propres des futures générations» (définition de la Commission mondiale sur l'environnement et le développement, 1987). La législation évolue vers la responsabilisation des entreprises à l'égard des objets qu'elles fabriquent. Elle impose la traçabilité des produits. Le designer joue un rôle clé dans cette réflexion en apportant ses connaissances sur les approches industrielles, les nouveaux schémas de consommation. Il encourage l'accessibilité aux produits, et défend l'idée de réparer le produit plutôt

Armoire-feuille en
Alukobon® découpée et
pliée, Martin Szekely,
1998. Ni vis, ni boulons.
Édition Kréo.

que de le jeter s'il ne fonctionne pas. Une approche environnementale peut être intégrée au cahier des charges de la conception du produit. Le «*design for disassembly*» américain est le fruit d'une réflexion sur la conception, dès l'origine, du mode de démontage et de recyclage ultérieur d'un produit.

Good Goods

Philippe Starck est un designer très sollicité depuis les années 1990. «Il faut faire, dit-il haut et fort. Je suis un citoyen qui vit, réagit, agit.» Il présente plus de deux cents modèles d'objets pour le catalogue *Good Goods* de La Redoute. «L'achat n'est pas vital, l'intéressant étant de le lire entre les lignes», déclare-t-il. Le catalogue propose «des non-objets pour des non-consommateurs... Des objets honnêtes, responsables, respectueux de la personne. Des objets pas forcément beaux, mais des objets bons.» L'époque se veut vertueuse. Les acheteurs recherchent des valeurs essentielles, du qualitatif, du sélectif. Philippe Starck propose des produits exempts de tout surcoût publicitaire. Il s'appuie sur une équipe de jeunes designers, les meilleurs de la «*Net generation*» : Frédérique Valette, Kristian Gavoille, Bruno Borrione et Thierry Gaugain. En 1993, Starck

Couverture du catalogue *Good Goods* réalisé pour La Redoute, Philippe Starck, 1998. Une sélection de 200 modèles d'objets.

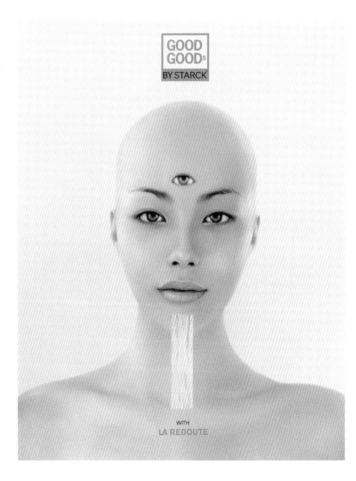

prend la direction du département design de Thomson Consumer Electronics, qui devient immédiatement Thomson Multimedia (Thomson, Saba et Telefunken). Il crée pour Saba le premier téléviseur en bois, *Jim Nature*. Selon lui, il faut «vendre moins mais vendre mieux» à des «consommateurs citoyens». Il met en place un code de bonne conduite. La petite chaise *Bo* éditée par Driade, en polypropylène sans une pièce en aluminium, est entièrement recyclable.

Écologie et environnement

De nombreuses entreprises se mobilisent en faveur de la défense de l'environnement. La société de design Saprophyte, aux États-Unis, se consacre à la recherche et au développement de processus industriels écologiquement sains.

Lors de la Biennale internationale de design de Saint-Étienne, en 2002, se tient l'exposition «Re-f-use: design durable / sustainable design». Organisée par Natasha Drabbe, commissaire d'exposition de nationalité néerlandaise, elle traduit le design non plus seulement en termes d'esthétique et de fonctionnalité, mais aussi en termes de conséquences sur l'environnement: «La prévention ou la réduction des déchets par une conception de produits durables est notre principal objectif, mais les déchets produits en dépit de ces efforts peuvent être rendus très utiles.» L'exposition consiste en une sélection de 150 produits venus de 17 pays, présentant, en plus d'un design durable, une esthétique renforcée. Sont mêlés bambou et acrylique, carton, papier et plastique recyclés en matériaux de construction, emballages naturels, boîtes en peaux d'agrumes... Cette biennale apporte encore de nombreuses autres propositions. L'agence 0-France, avec WWF et Victoires éditions, publie l'ouvrage *Développement durable au quotidien*. Cette agence accompagne Monoprix dans sa démarche de développement durable depuis 1996. Pour LVMH, elle réalise un manuel, *Emballage et environnement*.

L'agence suédoise Kinnarps défend l'environnement depuis 1972. Son slogan: produire des meubles, pas des déchets! Ronan et Erwan Bouroullec dessinent *Treilles*, une cloison naturelle constituée de vasques en céramique, et *Fontaine* (2003), en céramique vernissée à l'intérieur qui permet un système d'irrigation sur des pots (édition Teracrea). Severine Szymanski obtient une aide à projet du VIA et présente au Salon du meuble 2004 une cloison végétale, *Brike*. Elle suit le principe d'un empilement de tuiles, sur un bac de culture mobile qui accompagne la croissance des plantes. Un système de réservoirs et de tubes assure l'arrosage des plantes par capillarité.

L'art des jardins

Patrick Nadeau et Vincent Dupont-Rougier conçoivent le premier «meuble-jardin», jardin-serre-terrasse modulable et nomade qui s'ouvre comme une fleur. Il est présent au 8e Festival des jardins de Chaumont-

Installation Luxlab, Jean-Marie Massaud, Thierry Gaugain, Patrick Jouin, 1999, prototype (230 x 150 cm), édition Via. Les designers ont voulu créer une métaphore du luxe où la seule valeur serait le bien-être. « Ce jardin extraordinaire » procure trois sensations voluptueuses : s'allonger dans l'herbe en regardant l'eau et en contemplant le feu, qui donnent ainsi satisfaction à un désir primitif essentiel. L'art des jardins du IIIe millénaire…

sur-Loire, et obtient le grand prix de la critique au Salon du meuble 2000. Nadeau et Dupont-Rougier s'approprient les techniques des cultures hors sol en réalisant un véritable projet de design domestique. Une grande importance est accordée au dessin des outils permettant de pratiquer pour le plaisir, chez soi, ce type de culture. Les composants techniques comme le système d'irrigation sont associés à des matériaux nobles : teck, inox et céramique. Lorsqu'il n'est pas planté, le jardin se présente comme une grande boîte fermée, posée à 90 centimètres du sol.

Jean-Marie Massaud, Thierry Gaugain et Patrick Jouin proposent *Luxlab*, la mise en scène utopique d'un paradis perdu, un retour vers le naturel : la terre (sol mutable), l'eau (la table liquide) et le feu (le métafoyer). Il s'agit de redécouvrir les sensations et de s'attacher à la « volupté physique et spirituelle que les éléments génèrent ».

Une nouvelle génération

Le design européen reste à l'écoute des changements de la société. La notion de mobilité prend une importance capitale, qu'il s'agisse de déplacement dans l'espace ou de déplacement virtuel sur le web.

Le *i-book*, micro-ordinateur portable couleur mandarine, Jonathan Ive, 1999. Apple. Un objet-culte.

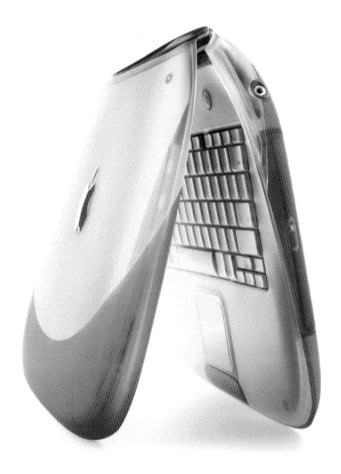

L'ordinateur portable devient le centre du foyer moderne, il a supplanté l'ordinateur fixe et lourd. Dans les domaines de l'électroménager et du mobilier, l'heure est également à l'écran plat, aux meubles pliants et légers. Le consommateur prend davantage en compte la notion d'usage. Il lit les étiquettes, est attentif aux efforts d'ergonomie. Désormais adulte, il refuse d'être considéré comme un simple acheteur. À l'attention de ce nouveau type de consommateur, une génération de designers développe une esthétique discrète et mobile.

Le « low design »

L'esthétique du « *low design* » est revendiquée par des designers français tels que Christophe Pillet, Delo Lindo (Fabien Cagani et Laurent Matras), Éric Jourdan, Martin Szekely et Jasper Morrison. Le mouvement est envisagé dans sa dimension de manifeste dans l'ouvrage publié par le VIA *Modernité et modestie* (1994). Parmi ses représentants : Pierre Charpin et la *Slice Chair* (1998, édition Kréo), Martin Szekely et *l'Armoire* en Alukobon® (1999) qui prend forme grâce au pliage et ne comporte ni vis, ni chevilles. Ce meuble inaugure une nouvelle méthode de travail et constitue un manifeste de design essentiel. Il se caractérise par une

Love Seats, fauteuils de cinéma pour deux en acier, contreplaqué et mousse moulée, Martin Szekely, 2002. MK2/Kréo.

économie de moyens, un matériau exclusif, il prend forme en un geste, le pliage. Martin Szekely explore les qualités de nombreux matériaux. Le Corian® est utilisé pour de nombreux meubles : bureaux *d.l.*, tables de conférence, tables basses et tables TV ; le contreplaqué de bouleau et liège, pour les chaises *Cork* (2000) ; du nid d'abeilles d'aluminium recouvert de Corian pour la table *Slim* (1999) et pour la table *s.l.* (2003). Il utilise également le contreplaqué, l'aluminium anodisé. Martin Szekely dessine des formes essentielles : *Échelles*, une collection de six constructions étagères (2002). La galerie Kreo est son agent pour l'ensemble de ses créations. Il réalise *Corolle* (1998), un pylône électrique pour lignes haute tension en pin lamellé-collé, mais aussi la bouteille Perrier (1996), la brique à fleur de Vallauris (1998), la *Reine de Saba* (un collier et un bracelet) [1999] en argent pour Hermès, des boîtes en porcelaine émaillée collection Itebos, en collaboration avec le CRAFT à Limoges, *Reflet* (2001), des plats en argent massif pour Christofle. Il est chargé de l'aménagement intérieur du cinéma MK2 Bibliothèque, à Paris, des îlots végétaux situés à l'extérieur, et propose même les *Love Seats* (2003), des fauteuils de cinéma pour deux personnes.

Une nouvelle génération de designers fait son apparition, confirmant la position dominante du design français. La démonstration en est faite depuis 1998 aux Salons du meuble de Milan, de Saint-Étienne et de Paris. Christophe Pillet (né en 1959) produit un design aux lignes fluides et sobres, avec le canapé *People* (2004, édition Artelano). Il dessine aussi une importante collection de canapés éditée par Domeau et Pérès : *Lobby Sofa*, l'*Hyper Play*, *Nath's Sofa*, *Video Lounge* – ainsi qu'un système de canapés pour l'atelier Renault. Jean-Marie Massaud obtient une Carte blanche du VIA en 1995, avec le fauteuil *Owen* ; il conçoit ensuite une chaise en kit, *O'Azar*, éditée chez Magis, puis *Horizontal Chair* (1999), édition E&Y. Il se distingue encore, entre autres, par le canapé *Right Stuff*, édité chez Domeau et Pérès, et une table au design trompeur comportant un effet d'optique sur le pied bicolore (2004, édition FR66).

Ronan Bouroullec, rejoint par son frère Erwan, est extrêmement discret. Il se hisse cependant à la une des magazines de design. Prônant le design « bio », il obtient une Carte blanche du VIA qui lui permet de réaliser un projet de cuisine modulable (1998). Il crée le vase *Soliflore* et la tasse à café édités par Evans and Wong. Le fauteuil *Spring*, la chaise en métal *Hole* et le *Lit-clos* sont édités par Cappellini. Les modules de rangement *Brick Design*, édités en polystyrène pour la galerie Kréo, sont ensuite produits par Cappellini en bois laqué. Les deux frères réalisent l'aménagement intérieur de la boutique A-Poc d'Issey Miyake (*A Piece of Cloth*), où un nouveau concept est mis en œuvre : la taille du vêtement est effectuée dans la boutique à la demande du client.

Alfredo Häberli (né en 1964 en Argentine) vit et travaille en Suisse. Son design est strict, dépouillé : « beaucoup de fonctions, beaucoup de pensées, peu de formes ». Une de ses préoccupations est la question de l'air, synonyme de liberté, de respiration. Il s'inspire de la vie quotidienne. Un projet correspond à une idée, une phrase, une image. Il est élu designer de l'année du salon « Now 2004 », où il présente le fauteuil *Take a Line for a Walk*, édition Moroso, 2004.

En Angleterre, Jasper Morrison présente, dans le nouveau show-room de Vitra, sa dernière ligne de bureaux, *ATM* (Advanced Table Module) [2003], d'une grande simplicité : « J'ai voulu rendre le bureau plus doux, plus "soft", plus chaud, pour un travail plus créatif. J'ai dessiné une table et ça ressemble à une table. J'ai voulu faire abstraction du mystère qui entoure le bureau avec ses modes d'emploi de 300 pages. » Un écran en aluminium réglable à différentes hauteurs permet de s'isoler.

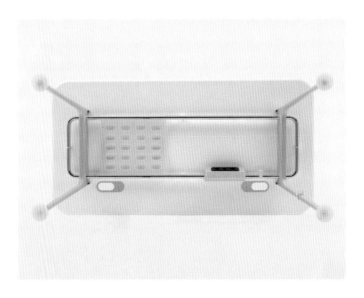

Le bureau *ATM* (*Advanced Table Module*) vu du dessous livre sa structure en toute légèreté, Jasper Morrison, 2003. Édition Vitra.

Ligne de bureau *ATM*
(*Advanced Table Module*),
Jasper Morrison, 2003.
« [Un] bureau plus doux,
plus "soft", plus chaud,
pour un travail plus
créatif.» Édition Vitra.

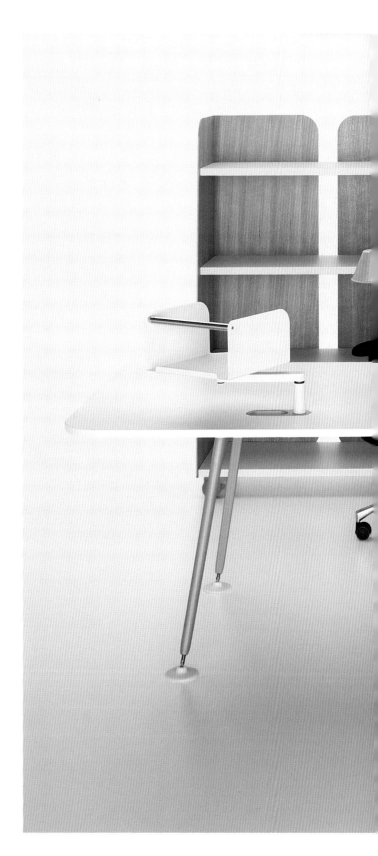

En Allemagne, Konstantin Grcic devient un des designers de la société Authentics. Dirigée depuis 1980 par Hans Maier-Aichen, celle-ci propose des articles de cuisine et d'intérieur suivant un concept de design minimal, économique et écologique (le tabouret *Leg Over* de Sebastian Bergne [1997], le cabas *Rondo* de Hans Maier-Aichen). Elle impose des critères esthétiques précis et une politique de prix. Konstantin Grcic propose une présentation de la société au Salon du meuble de Milan (1996). Bien que considéré comme minimaliste, son design ne manque pas d'humour. Il dessine la table *Pallas* (2003), et *Diana* (2004), une série de tables d'appoint d'acier plié éditées par Classicon. Il conçoit la chaise *Chair One* (2003), en aluminium et béton, éditée par Magis. Sa lampe *Mayday* obtient le Compasso d'Oro en 2001 et entre dans les collections du musée d'Art moderne.

Le designer belge Maarten van Severen exprime rigueur et sobriété. Il produit des modèles tels que la chaise empilable en polyuréthane *.03*, édiée par Vitra, puis la chaise longue transparente *LCP*, éditée par Kartell et présentée au Salon du meuble de Cologne en 2002. Il est élu «designer de l'année 2001» au Salon du meuble de Paris. Il crée les chaises de la bibliothèque du Centre Georges-Pompidou à Paris. Ses *Étagères* (2004) en aluminium et polycarbonate sont éditées par MarteenvanSeveren Meubelem.

Humour et empathie

Matali Crasset est la figure emblématique de la nouvelle génération française. Elle a fait de son visage et de sa coupe de cheveux son logo, systématiquement décliné dans sa communication, et fascine les médias. Sa réflexion se fonde sur ce constat : il faut aider les gens à s'aimer, à se comprendre, à se voir. Dès la Triennale de Milan, en 1991, elle propose *la Trilogie domestique* : trois diffuseurs de chaleur, de lumière et d'eau. Elle travaille ensuite avec Denis Santachiara à Milan (1992), collabore avec Philippe Starck, responsable du projet Thomson Multimedia, puis avec Tim Thom Design, pour lequel elle réalise *O+O*, baladeur lecteur de cassettes, des téléviseurs, un radiocassette, *Don-O*, et de nombreux produits audiovisuels (1993-1997). Elle crée aussi quelques éléments pour la société allemande Authentics, tels que l'*Empathic Chair*, prototype de mobilier urbain (1996), *W at hôm*, prototype de mobilier de bureau domestique, dans le cadre d'une Carte blanche (1997), ou encore *Quand Jim monte à Paris* (1997), colonne transformable en lit pour un invité qui arrive à l'improviste. Matali Crasset monte sa propre structure en 1998. Elle réalise un radio-réveil pour Lexon, parmi de nombreux autres projets. Après avoir obtenu le grand prix de la presse internationale de la critique du meuble contemporain pour *Quand Jim monte à Paris*, édité par Domeau et Pérès (1999), elle crée une collection de meubles prototypes, *Glassex*, avec Olivier Peyricot et Lisa White (1999).

Matali Crasset se préoccupe essentiellement de l'habitat : «Il y a toute une façon de repenser la maison en travaillant sur les espaces morts ou

Vues de l'aménagement intérieur du Hi Hotel, Matali Crasset, Nice, 2003.

Quand Jim monte à Paris,
«colonne d'hospitalité»
(lit d'appoint), Matali
Crasset, 1998. Édition
Domeau & Pérès.

en construisant des microarchitectures flexibles. La maison serait découpée en strates au ras du sol : l'espace relaxation puis celui consacré au travail, etc.» Elle expose *Table et chaises travesties* (2000) à la galerie Gilles Peyroulet. Les nappes sont accrochées au mur lorsqu'elles ne sont pas utilisées. Elle crée de nombreux objets de 1999 à 2000 : une *Lampe autogène* (autonome, elle restitue la nuit la lumière accumulée le jour) ; *Next to Me*, une chaise d'attente de bureau ; un fauteuil avec accoudoirs tablettes, *Il capriccio di Ugo* ; *Téo de 2 à 3*, un tabouret de sieste ; *Permis de construire*, sofa-jeu de construction. Elle inaugure en 2004 à Nice le Hi Hotel, un aménagement d'hôtel en milieu urbain dans un immeuble années 1930. Elle invente alors un espace animé de couleurs primaires en aplats, structuré par 9 modules distincts répartis en 38 chambres, avec des éléments de mobilier originaux qui font interfaces : la tête de lit devient bureau. La chambre étalon est une chambre monospace ; décloisonnée, la salle de bains est dans la chambre.

Un autre groupe surprend la scène parisienne : les Radi Designers (Recherche autoproduction design industriel). Créé en 1992, il est constitué de cinq membres : Claudio Colucci, qui ouvre une antenne à Tokyo, Florence Doléac Sadler, Vincent Massaloux, Olivier Sidet et Robert Stadler. Ils jonglent avec les évidences de la vie quotidienne, les typologies objets, produits, meubles, gadgets. Ils manipulent codes, usages, techniques et formes, se plaisent à inventer. *Tavolino* et *Ray*, le guéri-

Embryo Chair, fauteuil
à structure tubulaire,
polyuréthane et néoprène,
Marc Newson, 1988.
Édition Idée.

don et la carafe fichée en son centre et le tabouret au profil de Ray
Eames, sont édités par la galerie Sentou. Leur désir est de provoquer les
sens et de donner une touche d'humour à l'univers du meuble et de l'objet, témoins le *Whippet Bench*, image grandeur nature d'un lévrier, le
tapis *Sleeping Cat* (1998), où flammes artificielles, tapis chauffant et
chat endormi apportent une véritable idée de confort, ou encore *Coffee
Drop Splash* (1998), le biscuit-éclaboussure. Ils sont élus créateurs de
l'année en 2000 au Salon du meuble de Paris.

Le designer australien Marc Newson (né en 1963) peut tout dessiner : du mobilier, sièges, tables et luminaires ; des ustensiles, décapsu-
leurs, égouttoirs, lampes-torches, un broc pour une marque de pastis. Il
adopte une forme fétiche, le Pod, une cosse de haricot, qu'il met en
scène dès sa première pièce, la *Lockheed Chair* (1987). En 1995, il crée
Bucky, un dôme constitué d'éléments «Pods» : un hommage au designer
américain Richard Buckminster Fuller. Il devient une star du design : son
style est sexy, humoristique et futuriste. Les machines défiant le temps
et l'espace demeurent toutefois sa véritable passion. Il dessine l'intérieur
de jets privés comme le Falcon *900B*, des bicyclettes pour la compagnie
danoise Biomega, une voiture-concept, la Ford *021C*, et un siège pour
la Qantas, le *Skybed*. Il expose à la Fondation Cartier, en 2004, son «objet
idéal», le *Kelvin 40*, un avion biplace de 8 mètres d'envergure aux ailes
de carbone greffées sur un fuselage d'aluminium.

La crise du design ?

Dans la préface du catalogue de l'exposition de Marc Newson à la fondation Cartier (2004), l'architecte Paul Virilio, passionné d'aviation, écrit : « Newson révèle la crise du design, qui pose maintenant des questions philosophiques que l'art ou l'architecture ne savent plus poser. » Crise du design, ou plutôt crise du commercial : les grosses sociétés font appel au designer pour ajouter de la valeur à leurs produits. « J'essaie de comprendre leurs motivations, dit Marc Newson, et mes objectifs sont assez solides pour les dépasser. C'est peut-être ce qui me rend différent des autres. » Le Groninger Museum (Pays-Bas) organise une grande exposition rétrospective de l'œuvre de Marc Newson (mai-septembre 2004). La société Inflate, éditeur anglais, relance le goût du gonflable, mettant en avant le plaisir qu'il procure, ses formes arrondies, son côté doux et léger, et même l'invention de gnomes sympathiques. Les designers Marc et Michael Sodeau et Nick Crosbie produisent coquetiers, lampes, bouchons de baignoires et saladiers.

Aux Pays-Bas, le groupe Droog Design est constitué de rebelles comme Gijs Bakker et Renny Ramakers, directrice artistique, cofondatrice du groupe. Elle revendique la création comme un jeu intellectuel, excitant, encourageant, une réaction contre la forme. « Oui, la beauté signifie toujours quelque chose... Cela doit toujours présenter un aspect dérangeant. » En 1993, ils exposent au Salon du meuble de Milan, et présentent le lustre de Rody Graumans composé de 85 ampoules nues réunies en bouquet. Richard Hutten travaille le bois, et propose un banc composé à partir du dessin d'une croix gammée à l'envers. Tejo Remy se distingue avec le luminaire *Milk Bottle* (1991).

Transversalité

Éric Jourdan, commissaire de la Biennale de Saint-Étienne 2000 et 2002, a été étudiant de l'école des beaux-arts de Saint-Étienne. Il a aménagé le bureau du maire avec François Bauchet (1996). De fructueuses rencontres jalonnent son parcours : Marie-Claude Beaud, à la Fondation Cartier, pour laquelle il réalise en 1989 du mobilier signalétique ; Philippe Starck et Thomson, avec lesquels il réalise *Oyé Oyé* (1993) [une radio] ; et Michel Roset, qui édite sa chaise longue *Tolozan* (2002). Ses recherches portent sur la continuité des espaces. En 1995, il entame sa réflexion sur les meubles architecturés, et poursuit avec ses meubles-cloisons *Traversants* (2000) exposés à la galerie Peyroulet. Il présente *l'Espace visionnage* au VIA en 2002. Éric Jourdan dessine également le mobilier d'accueil de la Maison internationale de la cité universitaire, à Paris (2004). Le bureau *Hyannis-port* (2004, édition Cinna) est l'un de ses petits meubles de dimensions multiples.

Fréderic Ruyant crée en 1994 Design Affairs. Il propose du mobilier pour le nouveau show-room d'Issey Miyake (1997). Dans le cadre d'un « appel permanent » du VIA en 1998, il conçoit la lampe *Doux Dream*, en polypropylène, qui associe plaisir et intimité, à la fois lampe et vide-poches. Il réalise une collection de luminaires pour Cinna (1998), dessine du mobilier (1999) pour Ligne Roset. Sa démarche très minimaliste répond à une volonté de liberté. Il a pour principe de ne pas s'attacher, ne pas éprouver de nostalgie vis-à-vis des objets, il aime changer, recycler. Il poursuit un travail entamé en 1999 avec *Mobilier en ligne, ligne de mobilier*, et propose *Dining Suite* et *Wood Corridor*, deux nouveaux projets qui font apparaître un espace métamorphosé. Il obtient une Carte blanche du VIA pour son mobilier *Mobile Home* (2003). Au Salon du meuble 2004, il est chargé par le VIA de concevoir un appartement dans un espace moyen. L'espace est décompartimenté et des volumes recomposés sont proposés aux occupants. Toutes les pièces s'enchevêtrent,

Meuble-cloison *Traversant* en MDF peint et peuplier verni, Éric Jourdan, 2000. Galerie Peyroulet.

avec des meubles non figés dans une pièce. Par exemple, par un mouvement, le bureau peut glisser de la chambre à coucher au salon... Avec la Carte blanche du VIA au Salon du meuble de Paris décernée à Jean-Michel Policar en 2004, on peut lire le même désir de transversalité : une cellule «aire-meuble», espace de confort modelable et rafraîchissant, est proposée ni tout à fait dedans ni tout à fait dehors. En écho, le luminaire *Noon* se nourrit de l'énergie offerte par la nature (capteurs photovoltaïques).

Design interactif

L'introduction des nouvelles technologies dans le design s'effectue par le biais de l'architecture, qui utilise déjà le 3D. Le CD-Rom, qui offre des possibilités encyclopédiques, est le premier outil pédagogique, mais l'engouement à son égard diminue rapidement. L'expansion d'Internet, en revanche, accélère la communication à échelle mondiale. Dominique Mathieu est un designer nouvelle génération formé sur Autocad et Silicon Graphics. Appréhendant ses projets de façon très virtuelle, il se consacre avant tout à la communication et la mise en images de ceux-ci. Il propose *le Clou* (2000), édité par la galerie Gilles Peyroulet : l'ombre portée du guéridon sur le sol est matérialisée et fait fonction de base. Il signe une *Étagère* (2004) en acier pliée d'une simplicité étonnante, éditée par FR66.

Numérique, informatique et nouvelles technologies

La technique évolue énormément. En 1990, le premier système de numérisation des photos est créé par Kodak. Puis c'est l'invention du CD-photo, le lancement du Minidisc, inventé par Sony (1992), le lancement de la caméra Viewcam par Sharp Corporation (1992), enfin le lancement au Japon du Digital Versatil Disk (DVD) [1996], censé devenir le support de stockage universel de l'information numérique. En 1997 sont mis au point des écrans à plasma et des écrans plats géants. Kodak produit le premier CD enregistrable. Sony invente le tube plat pour écrans TV. L'assistant numérique personnel *Avigo 10*, créé par Texas Instruments, réunit les fonctions d'agenda électronique et de relais d'ordinateur personnel. On peut y stocker de très nombreuses informations.

Parmi les nouveaux objets du design dans les années 1990, ceux qui relèvent de l'électronique et de l'informatique occupent une place de choix. La «réalité virtuelle» des objets est acceptée comme un mode de représentation. Elle prend de l'importance dans la conception et la modélisation des recherches en design. L'ordinateur joue un rôle capital dans la vie quotidienne. La société Apple a réussi à outrepasser les conventions et à s'adapter aux évolutions du mode de vie en s'adjoignant les talents du dessinateur Jonathan Ive, ancien collaborateur du studio Tangerine. L'idée géniale est de concevoir un ordinateur transparent aux couleurs des mers du Sud. Le premier prototype sort en 1997, l'*iMac* est commercialisé en 1998. Il rencontre un succès immédiat. Apple révolutionne le monde du micro-ordinateur en lançant un produit qui ne représente pas uniquement un outil de travail, mais aussi, en quelque sorte, un complice. De forme «*new edge*», avec poignées inté-grées, la coque translucide et bleutée laisse apparaître les composants internes. Apple conserve la notion de convivialité tout en apportant la puissance, l'intégration en un seul volume, un usage pratique grâce à la facilité de connexion des périphériques, avec les prises USB. De nomb-reux produits sont déclinés dans la gamme, confirmant la suprématie de la marque Apple.

Prototypes et séries

Le prototypage est un moyen de fabrication rapide de modèles et de prototypes à partir de l'image numérique de l'objet. L'image est élabo-rée à l'aide de la CAO (Conception assistée par ordinateur), et a pour sup-port un fichier numérique qui contient toutes les informations de l'objet en 3D. Cette technique se développe depuis les années 1980 dans les domaines du design automobile, médical, aéronautique et objet. Elle se répartit en deux types de procédés : la stratoconception, qui opère par superposition de couches de résine photosensible qui polymérise grâce à un laser, et le procédé LOM (Lamination Object Manufacturing) super-position de couches de poudre (métal, nylon, céramique, plastique...). Les différents procédés de prototypage ouvrent de nouvelles perspectives d'édition de pièces uniques ou de séries limitées destinées à une com-mercialisation immédiate.

Certains designers ont décidé d'utiliser cette technique pour produire non des prototypes mais des produits finis. Les projets se multiplient depuis peu. En 2003, le designer italien Gabrielle Pezzini réunit trois confrères autour d'une collection d'objets de consommation courante réalisés en stéréolithographie, *Made in China*, éditée par la société amé-ricaine DSM Somos. Le Finlandais Janne Kyttanen et le Néerlandais Jiri Evenhuis exposent au Salon du meuble de Cologne de 2004 le tabouret *Honey Bunns*, en alvéoles de résine. Au Salon du meuble de Milan 2004, la société belge Materialise propose la collection *.mgx* : des luminaires imaginés par le duo Kyttanen-Evenhuis. La firme milanaise Oneoff, fon-dée en 2002, a invité de jeunes designers à réaliser une collection bap-tisée *In Dust We Trust* (*En la poudre nous croyons*). La réalisation de ces objets prototypes nécessite quelques heures de travail (quatre heures pour la bague *Money* d'Apostolos Porsanidis, trente-cinq heures pour la suspension *Nopully* de Cristiana Giopato et Christopher Coombes). Les pièces sont enduites de résine, mais leur aspect délicat les fait apparaî-tre aussi fragiles que la céramique. Cette technique de prototypage sophistiquée permet de produire rapidement des formes très complexes et ouvre une perspective nouvelle au design contemporain.

Design-fiction

Le design conceptuel donne un rôle primordial à la technologie. Cet outil puissant permet de repenser les typologies des produits. Le mélange des styles devient possible, les tendances marginales se font primordiales. Le design conceptuel marque ainsi la fin de la notion d'avant-garde : on fait se côtoyer le passé et le futur, grâce au montage ou au collage ; la contradiction est une richesse ; la théorie du chaos est reprise et réinterprétée. L'homme communicationnel évolue dans un espace que les nouvelles technologies ont considérablement modifié. Il développe la mobilité virtuelle, l'ordinateur tenant une place centrale dans la maison. Il suit les tendances et les modes, et la maison se transforme en une zone de libre-échange relationnel.

Réfrigérateur numérique Internet *GR-D267DTU*, 2003. Il est équipé de la télévision, de la radio, d'une caméra numérique, d'une messagerie et d'une fonction surf sur Internet. Extrême sophistication de l'électroménager de demain. LG électroménager.

Science-fiction ou réalité

La réalité rejoint la science-fiction. Le réfrigérateur *Screenfridge* (1999) d'Électrolux est équipé d'un ordinateur et d'un écran tactile. Les prévisions sur les technologies à venir et leurs répercussions sur notre vie quotidienne semblent extravagantes, et pourtant le design a déjà produit quelques objets fantastiques : appareils audiovisuels miniaturisés, outils de communication et ordinateurs intégrés dans de minuscules contenants, machines à laver interactives, cuisines qui parlent, images projetées sur n'importe quel support et commandées par voie tactile, robots virtuels... La commande à distance permet d'actionner les portes de la voiture, celles de la maison, d'allumer la lumière, le four, de remplir la baignoire, de zapper devant la télévision.

En 1983, à la Foire internationale de Milan, Ugo La Pietra présente la future *Maison télématique*, désormais déjà dépassée. Vingt ans plus tard, en 2003, est présenté au Salon du meuble de Paris le système LG électroménager. Au sein de l'ère numérique domestique, cette entreprise propose l'idée de «néoculture», à travers un habitat numérique intelligent, destiné à faciliter la vie quotidienne. Leader de la technologie numérique, LG met en place un réseau domotique ultrasophistiqué. Le réfrigérateur Internet est équipé des fonctions TV, radio, caméra numérique, MP3, d'une messagerie et d'une fonction surf sur Internet. Il peut s'employer comme serveur réseau, utilisant le protocole de communication PLC (Power Line Communication). Il possède un moniteur 15,1 pouces à écran tactile inclinable, quatre hauts-parleurs avec son numérique, une caméra numérique, un micro et un module de réception de la télécommande. Il sert de serveur réseau aux autres appareils électroménagers. Le four à micro-ondes *Internet* donne accès via Internet à des recettes avec des informations permettant de faire ses courses tout en gérant son budget. Par ailleurs, il suffit de se connecter du bureau à la page www.DreamLG.com pour programmer le cycle de lavage de la machine à laver et le climatiseur à une température idéale. Cette «vie idéale» reliée au web constitue une application très pointue des nouvelles technologies, ouvrant des perspectives qui peuvent donner le vertige : deviendrons-nous dépendants du réseau ?

Conclusion

Il n'y a pas un design mais des designs, selon l'attitude face à l'objet et le projet retenu.

« La laideur se vend mal »

L'histoire du design, qui commence en 1851 avec la première Exposition universelle à Londres, est intimement liée aux évolutions de la société. La révolution industrielle en constitue le déclencheur, à travers l'industrialisation du processus de fabrication et la production en série. L'artisanat et les manufactures s'éclipsent progressivement du paysage. La question de l'aspect des produits et de son impact commercial est soulevée aux États-Unis, avec par exemple le constat de Raymond Loewy : «La laideur se vend mal.» En pleine crise économique après le krach de Wall Street, on constate que les produits les mieux «designés» sont ceux qui se vendent le mieux. C'est aux États-Unis, dans les années 1930, qu'un contrat lie pour la première fois une entreprise et un designer, conférant son statut professionnel au designer.

L'histoire du design en Europe voit défiler des idéologies successives : celles des Arts and Crafts, du Werkbund, du Bauhaus, de l'UAM. Puis, sous l'impulsion des États-Unis, l'industrie se mobilise. En Italie notamment, elle bénéficiera d'une véritable politique du design. La société Olivetti comme l'industrie du meuble sont d'une grande vitalité ; de nouvelles matières plastiques sont utilisées ; la *«Gute Form»* allemande, la société Braun, l'esthétique industrielle avec le Français Roger Tallon constituent autant de témoins de ce dynamisme. Le mouvement du design évoque celui d'un pendule. La fin des années 1960 voit une remise en cause, avec des groupes d'antidesign (Alchymia, Memphis) qui bousculent l'univers du design, adoptant une attitude subversive. Puis, à la suite de la crise pétrolière, les créateurs posent des questions éthiques liées aux excès de la société de consommation. Enfin, aujourd'hui, le design des objets est conçu à l'aide des images virtuelles en trois dimensions, laissant libre cours aux projets utopiques.

Objets utilitaires

Fondamentalement, le design renvoie au rapport entre forme et fonction, articulant pour ainsi dire un dessin et un dessein, un projet et une forme. L'objet est considéré comme un ustensile, doté d'un programme d'usage. Il est apprécié et recherché pour sa valeur pratique, sa fonctionnalité, son confort, sa performance, son efficacité ou encore sa facilité d'utilisation. Il est recherché pour son rapport qualité-prix, quantité-prix ou économie-sécurité. La globalisation des marchés et le développement des technologies impliquent par ailleurs une uniformisation des marchés et des produits. Les créateurs sont porteurs d'une tradition, mais ils sont souvent formés dans d'autres pays. Parmi les transformations importantes qui affectent le design, la mobilité et la polyvalence bouleversent les usages. Muji, avec trois cents boutiques au Japon, en Europe et aux États-Unis, propose de multiples gammes de produits : papeterie, vêtements, textiles pour la maison, ustensiles et vaisselle, mobilier... Produits de qualité sans marque, simples, ils sont destinés à entrer dans les intérieurs sans heurts. La société japonaise, fondée en 1980, obtient un immense succès avec ses produits naturels enrobés de cellophane. Sa stratégie est de proposer des produits sans marque, ni logo.

Objets de désir

L'objet est un outil qui nous permet de parvenir à une fin, dans le cadre de l'élaboration d'un programme de vie. Il est le vecteur de l'identité du consommateur. À travers l'esthétique, qui transmet l'émotion et la sensation, l'attente des individus est surtout une valorisation existentielle. Celle-ci pouvant passer, entre autres, par le plaisir ludique que procure l'objet.

Les designers cherchent toujours davantage à comprendre et à conceptualiser les nouveaux modes de vie. Matali Crasset propose un monde plein de poésie. Elle raisonne en termes d'hospitalité, d'intimité, avec cette faculté intuitive à se mettre à la place d'autrui : l'empathie. Les technologies deviennent un moyen de stimuler l'imagination et le désir. Une des catégories du concours de l'exposition «Design for Europe 02» de Courtrai se nomme d'ailleurs «Free Stand at New Fairy Tales» («libre exposition pour nouveaux contes de fées»). Certains créateurs inventent des décors de contes de fées, nous proposant un voyage nostalgique dans l'enfance. Une valise de survie, un abri pliant, une chaise à bascule... Voici des projets, qui proposent un mode imaginaire idéal.

Objets technologiques

Des matériaux toujours plus «intelligents» conduisent les designers à renouveler le simple rapport forme-fonction. La panoplie des matières est vaste et complexe ; dans certaines se croisent le végétal et la haute technologie. L'*Horizontal Chair*, de Jean-Marie Massaud, est garnie d'une peau autocicatrisante protéinée. On utilise des matériaux recyclables, des composites haute performance, des élastomères aux textures multiples, aux propriétés antichoc, des textiles conducteurs de lumière, régulateurs de température – des produits faisant appel à une haute technicité. La notion du temps est modifiée : les microprocesseurs contractent le temps en divisions toujours plus infimes. L'organisation de la société et notre lecture du monde en sont bouleversées. L'évolution rapide de l'informatique et des télécommunications, ainsi que l'utilisation d'Internet, ouvrent à la vie quotidienne des perspectives inenvisagées. Le mot clé est «convergence». Ce ne sont pas uniquement les technologies qui se rejoignent, mais aussi les modes d'utilisation. La demande de services de données mobiles est croissante : 95 % des personnes possédant un téléphone portable se déclarent désireuses de bénéficier d'Internet sur leur appareil.

La société Panasonic prévoit un monde où l'on pourra regarder la télévision, écouter de la musique, commander de l'électroménager sur son téléphone mobile. Le constructeur nippon NEC développe un ensemble d'outils dotés d'une interface permettant à l'usager un accès illimité à l'information, tout en respectant la nature. Parmi ceux-ci, le *Ubiquitous Media-Chip Gumi*, des micropuces placées dans des gélules transparentes, que l'on connecte dans un lecteur et que l'on peut manger après avoir utilisé les images et la musique qu'elles contiennent. L'entreprise allemande Siemens vient de produire un portable tribande en forme de stylo, afin de faciliter l'usage du téléphone aux adeptes des SMS. Ce téléphone est capable de traduire les mots écrits à la main en SMS. La société néerlandaise Securfone prévoit de lancer prochainement un téléphone à l'interface simplifiée pour les seniors.

Pour la *e-Home*, la maison intelligente en réseau, la domotique est au point. Au sein de la maison intelligente, les divers systèmes électroniques sont liés en réseau. Les entreprises Siemens, Bosch, Grundig, LG et Motorola ont adopté une norme commune, le EIB, qui permet de maîtriser à distance la plupart des fonctions de la maison, et de réaliser des économies d'énergie. L'institut de recherche allemand Fraunhofer prévoit la généralisation de robots domestiques capables de simplifier les tâches dans la maison. *Aibo*, le petit chien-robot japonais de Sony, est sur le marché depuis 2001. Les différents ministères de l'Éducation soutiennent ces travaux de recherche interdisciplinaires sur les interactions homme-technique. Ces nouvelles technologies permettront à l'homme, dans son environnement privé et professionnel, de commander et d'utiliser le matériel avec des moyens simples, tels la parole ou le geste.

L'éco-objet

La responsabilité du designer est engagée. Il a une obligation d'anticipation, il doit penser le devenir de ses produits. Le design est un métier de service, pas seulement un métier artistique. Tout produit intervient sur l'environnement, tout produit consomme et pollue. Le designer doit prendre en compte cette réalité dès la phase de conception et de développement. L'évolution du marché européen annonce une redéfinition du design industriel. Progressivement, les designers intègrent ces notions de consommation d'énergie, de typologie de matériaux, de nouveaux usages aux différentes étapes de la vie du produit, ils se préoccupent des emballages, des consommables, de la PLV. Le designer doit minimiser et optimiser.

Une pléthore de produits envahit notre vie quotidienne. L'économie actuelle est toujours fondée sur l'obsolescence et le phénomène d'usure. Le passage d'une société de consommation à une société d'usage s'inscrirait dans une perspective de développement durable, intégrant la dimension environnementale, sociale et éthique au projet économique. On assiste au développement d'un management environnemental. Le grand prix de l'exposition «Design for Europe» de Courtrai en 2002, dans la catégorie «objets de survie et extérieur», est attribué à un objet conçu avec des matériaux et une technique d'«objets trouvés» généralement rejetés par le monde du design. Créé par Sylvain Willenz, designer belge, et James Carrigan, designer anglais, *Dr Bamboozle* est un siège en cannes de bambous, grossièrement assemblées par une imprégnation de caoutchouc pour former un siège.

L'homme est aujourd'hui le gardien de la biosphère. Il doit adopter une attitude éthique et prendre conscience de toutes les conséquences de ses actes.

Le designer du XXIe siècle

Le design du XXe siècle, expression de la société industrielle et de son emprise matérialiste, affichait deux pôles majeurs : la matière et l'énergie. La civilisation dans laquelle nous entrons s'extrait de cet axe pour adopter celui du temps et du vivant. L'homme est devenu un démiurge, il a la possibilité de simuler le vivant, de créer des êtres nouveaux à l'intersection de la biologie et de l'électronique. Il enfante des créatures virtuelles, que préfigurent les «Tamagochi» nourris avec désinvolture par les enfants japonais et européens. Il propose de nouveaux hybrides engendrés par les manipulations génétiques et électroniques. Ce nouveau contexte de connaissances et ces possibilités technologiques alimentent la réflexion du XXIe siècle. Un designer de logiciels peut faire évoluer son design selon les réactions des utilisateurs, combinant ainsi l'art de l'ingénieur, celui du scientifique et celui du créateur. Jusqu'à présent, les designers étaient ingénieurs, architectes d'intérieur, créateurs de mobilier. Ils savaient collecter, classer, questionner, développer et créer. Le designer du XXIe siècle, lui, ne peut se passer d'une culture scientifique approfondie, nourrie des sciences cognitives, de la biologie et de l'informatique.

Annexes

Index

A

B

C

Bibliographie

Ouvrages généraux

— *Design et gammes*. Industries françaises de l'ameublement.
Les villages 2001, Hazan, 2001.
— *Design et sièges de collection. Le Fonds national d'art
contemporain au Salon du meuble de Paris*, Industries françaises
de l'ameublement, 2004.
— *Design et utopies*, Industries françaises de l'ameublement,
Les villages 2000, Hazan, 2000.
— *Beaux-Arts Magazine*, hors-série « Design 2003 », juin 2003.
— *Dictionnaire des arts appliqués et du design*, collectif sous
la direction d'Arlette Barré-Despond, Éditions du Regard, Paris, 1996.
— *Plaidoyer pour le mobilier contemporain. L'Atelier de recherche
et de création du Mobilier national* (1964-2000), catalogue
d'exposition, Galerie nationale de Beauvais, 2001.

Catalogues d'exposition

— « Bauhaus, 1919-1928 », Museum of Modern Art, New York, 1938.
— « Design in America, The Cranbrook Vision 1925-1950 »,
The Detroit Institute of Arts - The Metropolitan Museum of Art -
Harry N. Abrams Inc., New York, 1983.
— « Design japonais 1950-1995 », Forum du Centre Georges-Pompidou,
Paris, 15-20 avril 1996.
— « Gute Form, an Exhibition of German Industrial Design »,
Council of Industrial Design, Londres, 8-30 décembre 1965.
— « Die Stadt der Künstlerkolonie 1901-1976. Ein Dokument Deutscher
Kunst », Darmstadt, 22 octobre 1976 - 30 janvier 1977.
— « Du Bauhaus à l'industrie Wilhelm Wagenfeld », musée des Arts
décoratifs, Paris, 1975.
— « Futurisme et futurismes », sous la direction de Pontus Hulten,
Palazzo Grassi, Venise, 1986.
— « Joe C. Colombo, Charles Eames, Fritz Eichler, Verner Panton,
Roger Tallon. Qu'est ce que le design ? », CCI, 1969.
— « Joseph Maria Olbrich 1867-1908 », Mathildenhöhe, Darmstadt,
18 septembre - 27 novembre 1983.
— « Knoll au musée », musée des Arts décoratifs, Paris, 1972.
— « L'école d'Ulm. Textes et manifestes », Centre Georges-Pompidou,
Paris, février 1988.
— « L'industrie Thonet », musée d'Orsay, Paris, 1986.
— « 1900 », Galeries nationales du Grand Palais, Paris, 14 mars -
26 juin 2000.
— « Pionniers du XXᵉ siècle : Guimard, Horta, Van de Velde », musée
des Arts décoratifs, Paris, 10 mars - 31 mai 1971.

- « Ruskin and his Circle », Arts Council Gallery, Londres, 1964.
- « The Machine Age in America », Richard Guy Wilson, Dianne H.
  Pilgrim, Dickran Tashjian, The Brooklyn Museum - Harry N. Abrams
  Inc., New York, 1986.
- « The Machine as Seen as the End of the Mechanical Age »,
  K. G. Pontus Hulten, Museum of Modern Art, New York, 1968.
- « The New Domestic Landscape », Museum of Modern Art,
  New York, 1972.
- Catalogue de « The Great Exhibition of 1851 », Londres.

Ouvrages spécialisés

- *An Aesthetic Approach to Thermoplastics in Architecture, Art
  and Interior Decoration. XVIth Annual Technical Conference of
  the Society of Plastic Engineers in Chicago*, Illinois, janvier 1960.
- AINSLEY Jeremy, *Nationalism and Internationalism. Design
  in the XXth Century*, Victoria and Albert Museum, Londres, 1993.
- ALESSI Alberto, *l'Usine à rêves. Alessi depuis 1921*, Electa-
  Alessi, 2002.
- ASLIN Elizabeth, *The Aesthetic Movement Prelude to Art Nouveau*,
  Elek Books Ltd, Londres, 1969.
- BANHAM Reyner, *Theory and Design in the First Machine Age*,
  Praeger Publisher, New York, Washington, 1960.
- BONY Anne, *Meubles et décors des années 40*, Éditions du Regard,
  Paris, 2002.
- BONY Anne, *Meubles et décors des années 60*, Éditions du Regard,
  Paris, 2003.
- BOUILLON J.-P., *le Journal de l'Art nouveau*, Skira, Paris, 1985.
- BRANZI Andrea, *le Design italien*, Équerre, Paris, 1985.
- BRÖHAN Törsten et BERG Thomas, *Avant-Garde design 1880-1930*,
  Taschen, Paris, 1994.
- BURCKHARDT Lucius, *le Werkbund. Allemagne, Autriche, Suisse*,
  Éditions du Moniteur, Paris, 1981.
- DAVAL Jean-Luc, *Journal des avant-gardes. Les Années vingt
  et les années trente*, Skira, Paris, 1980.
- DE FUSCO Renato, *Le Corbusier designer : I mobili del 1929*,
  Electa, 1976.
- DE NOBLET Jocelyn, *Design : le geste et le compas*, Somogy,
  Paris, 1988.
- DORMER Peter, *le Design depuis 1945*, Thames and Hudson,
  Londres, 1993.
- DUNCAN Alastair, *Art nouveau*, Thames and Hudson, Londres, 1994.
- FAYOLLE Claire, *le Design*, Scala, 1998.
- FIELL Charlotte et Peter, *Modern Furniture Classics Postwar
  to Post-Modernism*, Thames and Hudson, Londres, 2001.
- FIELL Charlotte et Peter, *Design du XXᵉ siècle*, Taschen, Paris, 2001.

– Francastel Pierre, *Art et technique aux XIXe et XXe siècles*, Éditions de Minuit, Paris 1956.

– Gattegno Jean, *William Morris, contre l'art d'élite*, collection «Savoir», Hermann, Paris, 1985.

– Gere Charlotte et Whiteway Michael, *Nineteenth Century Design from Pugin to Mackintosh*, George Weidenfeld et Nicolson Ltd, Londres, 1993.

– Giedion Siegfried, *Mechanization Takes Command*, 1948.

– Godau Marion et Polster Bernd, *Dictionnaire du design en Allemagne*, Seuil, Paris, 2000.

– Greenhalgh Paul, *Essential Art nouveau*, V&A Publications, 2000.

– Guidot Raymond, *Histoire du design*, Hazan, Paris, 1994.

– Guidot Raymond (dir.), *Design, carrefour des arts*, Flammarion, Paris, 2003.

– Guillaume Valérie, Heilbrunn Benoît et Peyricot Olivier, *L'ABCdaire du design*, Flammarion, Paris, 2003.

– Howarth Thomas, *Charles Rennie Mackintosh and the Modern Movement*, Routledge and Kegan Paul Ltd, 1952.

– Jollant-Kneebone François, *la Critique en design*, Jacqueline Chambon, Paris, 2003.

– Lambert Susan, *Design in the XXth Century, Form Follows Function*, Victoria and Albert Museum, Londres, 1993.

– Laurent Stéphane, *Chronologie du design*, guide culturel, Flammarion, Paris,1999.

– Lueg Gabriele, *Design im 20 Jahrhundert. Collection du Museum für Angewandte Kunst*, Cologne, 1989.

– Marx Roger, *l'Art social*, préfacé par Anatole France, Bibliothèque Charpentier, Paris, 1913. Chapitre «L'art social : initiatives et réformes, exemples et réalisations». Textes sur Émile Gallé, Jules Chéret, Loïe Fuller.

– Olafsdottir, *le Mobilier d'Alvar Aalto dans l'espace et le temps. La Diffusion internationale du design 1920-1940*, préface de Gérard Monnier et postface de Tim Benton, Publications de la Sorbonne, Paris, 1998.

– Ostergard Derek, *E. Bentwood and Metal Furniture 1850-1946*, The University of Washington Press, The American Federation of Arts, 1987.

– Pevsner Nikolaus et Richards J. M. , *The Antirationalists. Art nouveau, Architecture and Design*, The Architectural Press, Londres, 1973.

– Pevsner Nikolaus, *les Sources de l'architecture moderne et du design*, Thames and Hudson, Paris, 1968.

– Pontus Hulten KG, *The Machine as Seen as the End of the Mechanical Age*, Museum of Modern Art, New York, 1968.

– Richards Charles R., « Industrial Arts », notice de *Encyclopaedia of the Social Sciences*, 1932.

— SCHWEIGER Werner J., *Art nouveau à Vienne, le Wiener Werkstätte*, Herscher, Paris, 1990. Éditions Christian Brandstätter Verlag, Vienne, 1990.

— SELZ Peter et CONSTANTINE Michael, *Art nouveau, Art and Design at the Turn of the Century*, The Museum of Modern Art, New York, 1959.

— SPARKE Penny, *Design in Context*, Bloomsbury, Londres, 1987.

— STEWART Johnson J., *American Modern (1925-1940), Design for a New Age*, Harry N. Abrams, ville, 2000.

— TAFURI Manfredo, *Projet et utopie*, collection « Espace et architecture », Dunod, Paris, 1979.

— THIÉBAUT Philippe, *Orsay, les Arts décoratifs*, Scala, Paris, 2003. TROY Nancy J., *Modernism and the Decorative Arts in France, Art nouveau to Le Corbusier*, Yale University Press, New Haven et Londres, 1991.

— ULMER Renate, *Jugendstil in Darmstadt*, Eduard Roether Verlag, Darmstadt, 1997.

— VAN DE VELDE Henry, *le Théâtre de l'exposition du Werkbund à Cologne, 1914 et la Scène tripartite*, J. E. Buschmann, Anvers, 1925.

— WHITFORD Frank, *le Bauhaus*, Thames and Hudson, Paris, 1984.

— WHITLEY Nigel, *Pop Design : Modernism to Mod*, Design Council, Londres, 1987.

Crédits Photographiques

Collection Comprendre et Reconnaître

Impression : Dédalo Offset (Espagne)
Dépôt légal : octobre 2008 - 302250
Nº projet : 11006782 - octobre 2008

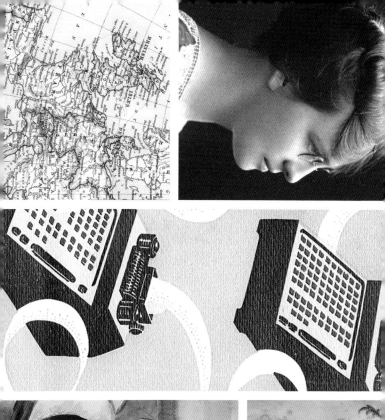

Bücher, Kunst
und Sammlerstücke
jeder Zeit.